Disaster: Archives and Memories

災害
その記録と記憶

専修大学人文科学研究所 編
Senshu University Institute of Humanities

専修大学出版局

はじめに

　本書は、2017 年度に専修大学人文科学研究所が 50 周年を迎えたことを記念して企画された。執筆者は専修大学の教員であるとともに、人文科学研究所所員として論稿を寄せている。

　本書のテーマの「災害」は、阪神・淡路大震災、東日本大震災、熊本地震や各地の洪水、火山噴火など近年の自然災害が続くなかにあって、諸学問領域において高い関心を持って研究が進められているテーマである。とりわけ東日本大震災の際には福島第一原発の事故が発生したことで広範囲の地域の人々が故郷を離れざるを得なくなり、生存の危機に立たされたことは、災害への関心を高める衝撃的な出来事であったと思う。

　本書の関心は、防災や災害直後の救援よりは、より長い時間軸や災害の概念にある。それは長期間にわたる復興の過程や、繰り返される過去の災害がいかに記録され記憶されたのか、人びとはそうした災害をいかに認識してきたのかといった問題関心とも言いうるかもしれない。本書のタイトルを『災害　その記録と記憶』としたのは以上の理由による。

　なお、この場合の災害とは、自然災害（天災）のみを意味しない。本書には戦争という人為的な災害（人災）についての論稿も収録されている。性質の違いはあるにしても、その被害者にとっては双方ともが災害にほかならない。

　防災や災害対策については、日本政府にも取り組みがあり、2003 年には過去の災害から教訓を学び将来の災害に対応するという目的をもって、中央防災会議に「災害教訓の継承に関する専門調査会」が設置された。ここでは 2010 年まで 4 期にわたって専門調査会が開催された。過去の災害について学際的な検討が進められ、地震、噴火、津波、水害などの災害について報告書が纏められている（内閣府の防災情報のページでダウンロードが可能）。なかでも関東大震災については 3 編にわたる膨大で緻密な報告書が纏められている（『1923 関東大震災』第 1 編：発災とメカニズム、第 2 編：救援と救済、第 3 編：復興と社会的インパクト）。報告書には、地震の発生のメカニズム、地震や津波、

火災による被害、国や地域の対応、復興と生活の再建に至るまでの経過が記されている。またこの時、朝鮮人が蜂起したという類いの流言が発生し、軍隊や警察、民間人によって朝鮮人、中国人、日本人の殺傷事件が起こったことについても触れられている。このような意味で、関東大震災は天災としての性格と、（直接に地震が引き起こしたわけではないが）人災としての性格を併せ持っていたと言えよう。

関東大震災における人びとの経験やこれに基づく記録は、たとえば芥川龍之介のような著名な作家の随想として見ることができる。他にも日記や作文として残されたものもある。そうした個々の記録の一部は震災当時から刊行されていたが、それは人びとの経験の総体からすればわずかなものに過ぎない。しかも、それらは編集の過程において、定式化され普遍化されたプロセスを通過して集約された。

この集約の過程でこぼれ落ちるものもあった。その最たるものは、前述の「人災」の記憶であろう。加害者とその周辺にとってこの事件はタブーであり、被害者側は権力による圧力などによりこの問題を語ることができなかった。この問題の解明が進んだのは戦後、とりわけ震災40年目の1963年になってからのことであった。隠されていた事実が表に現れるようになるためには、これだけの時間を必要としたのである。自然災害の被害者の苦難やそこから生まれる思いも、やがて失われ、あるいは変質してしまうことが予想される。こうした被害者の苦難や思いを受けとめうる社会をどのように構築していくかは、いまだ課題であると言わざるを得ない。以上のような、埋もれた過去の記録（記憶）を拾い上げ再評価しようという問題意識も、本書の論稿に見られるものである。

本書の構成は、大きく3編に分かれる。

「Ⅰ人間と災害」には、人間が災害をいかに認識するのか、その概念や歴史的な過程について検討した論稿が収録されている。「Ⅱ自然災害の記録と記憶」、「Ⅲ人災としての戦争とその「記憶」」にはそれぞれ、「天災」と「人災」に関わる論稿が収録されている。以下、各論考について収録順に紹介したい。

伊吹克己「「災害」と「技術」」は、ハイデガーの技術論を手掛かりとして哲学の立場から災害と技術をめぐる問題を論じたものである。私たちは、災害は

技術によって防ぐことができるし、その被害も軽減することができるという常識から、災害と技術は密接に結びつくものと考えがちである。だが、ハイデガーの言う技術論では、現代技術は生活を豊かにするものとして批判され、そこには災害は登場しない。その理由はナチズムとの関連である。ハイデガーはその運動に本来の人間を回復する運動を見ていた。そこに、アメリカ流の生活を便利にするだけの技術は必要ない。しかし、ハイデガーを超えて彼の議論を見るなら、それはまた同時に、災害の大きさに呆然と立ちすくむ弱い人間の姿を認識することでもある。つまり生活を便利にする技術は災害を乗り越えることはできない。本稿は、技術のそのような性格を認識したときにあらためて私たちは技術とは何かという問題を正当に立てることができる、とする。

　湯浅治久「日本中・近世における災害対応と「記憶」の形象化―駿河国「大平年代記」を中心として」は、日本中世の地域社会における災害対応の特質について、「大平年代記」という史料をもちいて論じたものである。中世の人々にとって災害は日常的なものであった。災害対応においても、近世以降の広域的な権力的対応はのぞめず、村や町といった中間団体とそのコアに位置する土豪らの社会的権力に依存せざるをえない構造があった。本稿は中世から近世にいたる記事を通じて、現在も継承される工学的・宗教的な水害への対応が、土豪を中核とした社会組織により構築されたものであることを論証し、近世社会へと継承されるものであることを論じた。また同時に、「年代記」が中世以降の災害に対する教訓的な「記憶の形象化」であった可能性があること、また大平地区における災害の記憶と記録の形成が、土豪の記憶・記録から「年代記」へ、そしてさらに近代の災害碑へと継承されたものであったことなどを論じた。

　赤坂郁美「マニラにおける 19 世紀後半の台風時の気象変化と強雨降水特性の長期変化」は、1865 年にスペインのイエズス会士によってフィリピンのマニラで開始された気象観測をもとにした論稿である。19 世紀後半のマニラにおける気象観測値が収録されている「マニラ気象月報」を用いて、台風に関する記載や気象観測値から当時の台風による天候変化の把握を行ない、台風のおよその位置や進行方向を推定できることがわかった。またイエズス会士による気象観測が米国に引き継がれた 20 世紀前半と、フィリピン気象宇宙局設立以降の 20 世紀後半以降の降水量資料とを併せて、強雨の長期変化と台風との関

係を検討し、1980年代後半頃から強雨日数が多い傾向にあることを論証し、1990年代後半以降の強雨の降水強度の変動の可能性を示した。

永島剛「昭和初期の疫癘—川崎における赤痢流行を中心として」は、小鹿島果編『日本災異志』(1894年)にも主要な災害として分類されている疫癘、すなわち疫病・感染症流行に注目する。この編纂が進められていた1880年代は、コレラ大流行が頻発していた時期であった。まずこの明治のコレラ大流行以降、昭和初期にいたるまでの水・飲食物の摂取によって経口感染する主要な急性感染症(コレラ・腸チフス・赤痢)の発生状況を概観し、コレラ大流行が沈静化したのちの昭和初期においても、依然として赤痢が人びとの日常生活における脅威であり続けていたことを確認する。コレラほど「目立つ」災害ではなかったため、こうした赤痢のような常在型急性感染症の流行に関する歴史研究はこれまで相対的に少なかったが、本稿では、その事例として1935年の神奈川県川崎市における赤痢流行に注目し、諸史料を用いながら、昭和戦前期において、人びとが急性感染症の流行発生とどのように対峙していたか考察する。

大矢根淳「アルメニア・スピタク地震の復興・生活再建の諸層—「仮の住処」と「終の棲家」をめぐって」は、1988年にアルメニアの北部で発生したマグニチュード7.2の直下型地震(アルメニア・スピタク地震)についての論稿である。震源に近いスピタク市をはじめ58の市町村が破壊され、約2万5,000人の犠牲が出た。アルメニアは被災当時はソ連邦の一角にあったことからその手厚い援助があり、また、ヨーロッパ各国からも多くの援助を得て、応急対応が進められた。だがソ連の解体により後ろ盾がなくなったことで、国交断絶している周辺イスラム諸国の武力圧力・経済封鎖が威力を発揮し、著しく復興は停滞した。被災30年をむかえる被災地ではいまだに被災者用住宅建設が遅れていて、コンテナ貨車に住み続けなければならない多くの人がいる。同震災の復旧・復興について、災害社会学の視角(東日本大震災を勘案しつつ)から、被災者の住宅再建の側面に関して、現地調査の知見を紹介・検討する。

髙島裕之「罹災資料としての陶瓷器—古琉球のグスク出土青花罐は何を語るか」は、遺物としての陶瓷器の破片の1つ1つに災害の記憶が刷り込まれていることを明らかにしようとする論稿である。陶瓷器は、土の中で腐らず変質することが少ないため、遺跡、遺構において過去の時代を語る重要なものさしと

しての役割を果たしている。特に罹災した証拠として、火災によって高熱を受け被熱し、表面がただれた陶瓷器が廃棄される事例がある。本稿は15世紀の古琉球のグスクでの元様式および明代前期の青花罐の出土状況（廃棄状況）に着目し、これの検討から共通点を見出し、そこから出土地のグスクが戦争に直面した可能性が考えられるとしている。

堀江洋文「アイルランドとスペイン内戦」は、アイルランド内戦とスペイン内戦の2つの内戦で敵味方となって戦った2人のアイルランド人、オーイン・オダフィとフランク・ライアンを中心に内戦の悲劇を描写する。本稿の叙述の中心はスペイン内戦であるが、ナショナリスト側（フランコ側）についたオダフィと、スペイン共和国政府側の国際旅団に加わったライアン双方とも、十数年前に戦ったアイルランド内戦時の思いを引きずってスペイン内戦に参戦していたという。カトリック教会 vs.「赤の脅威」という対立軸を強調して義勇兵を徴募するオダフィに対して、スペイン内戦をファシズム vs. 民主勢力の戦いと位置づけて国際旅団に加わったライアンは、晩年それぞれアイルランドとドイツにおいて数奇な運命をたどったが、双方とも常にアイルランドとの政治的、文化的接点を意識していた。左右真逆の思想を持つ2人が、それぞれ様々な批判や誤解を受けながらもアイルランドのナショナリストとして2つの内戦を戦い生き抜いた姿を描く。

砂山充子「スペイン内戦と子供たち─バスクからイギリスに渡った子供たちを中心に」は、スペイン内戦下で戦禍を逃れるために避難をした人のうち、1937年4月のゲルニカ爆撃後に、イギリスに疎開をした約4000名のバスクの子供たちについて取り上げ、戦争という体験が子供達にいかなる影響を与えたのかを考察した論稿である。彼らは教師や助手たちとともにビルバオ郊外の港からイギリスのサウサンプトンに渡った。そこで、屋外キャンプでしばらく過ごした後で、イギリス各地の施設に引き取られて行った。彼らのイギリスへの疎開を援助したのは、非干渉政策をとっていたイギリス「政府」ではなく、イギリスの「市民」たちだった。疎開先での生活、帰国のプロセスは様々ではあったが、多くの元子供たちがみずからの体験を素晴らしいものを感じ、後に語りついでいくための様々な試みを始めるようになったという。

以上の本書の執筆陣の専攻は、考古学、自然地理学、哲学、歴史学と多岐に

わたる。各論考はそれぞれ斬新な方法と内容を持つ研究である。本書が読者の
みなさんに何らかの新しい視角を提供するものになれば、事務局長の職責から
編集に携わった一人として望外の喜びである。なお、本書は、人文科学研究所
所長であり本稿の執筆者でもある伊吹克己氏の構想と企画により刊行したこと
を申し添えておきたい。

2018 年 2 月

田中正敬

vii

目 次

はじめに …………………………………………………田中 正敬　　i

Ⅰ　人間と災害

第1章　「災害」と「技術」…………………………………伊吹 克己　　3

1. はじめに：「災害」から「技術」へ　3
2. 「技術」の本質　6
3. 技術一般と現代技術　8
4. 自然とピュシス　10
5. 例示とその意味　14
6. Ereignis について　15
7. 存在に立ち去られていること Seinsverlassenheit　20
8. 結論：「技術」から「災害」へ　22

第2章　日本中・近世における災害対応と「記憶」の形象化
　　──駿河国「大平年代記」を中心として …………………湯浅 治久　　27

1. はじめに　27
2. 中世における災害と災害対応　27
　　(1) 前近代（中世）の災害対応の特質　27
　　(2) "「記憶」の形象化" という視点　29
3. 中世災害と年代記　31
4. 沼津市大平地区の災害と災害碑について　33
5. 中世大平郷と「大平年代記」について　38
6. 中世大平郷の開発と災害対応　42
　　(1) 土豪による工学的災害対応　42
　　(2) 地域社会の宗教的災害対応　46
7. 近世大平村の災害対応と「大平年代記」　51

viii

8. おわりにかえて　52

II　自然災害の記録と記憶

第3章　マニラにおける19世紀後半の台風時の気象変化と強雨降水特性の長期変化 ……………………………赤坂 郁美　59

1. はじめに　59
2. 20世紀以前のフィリピンにおける台風の記録　61
   (1) マニラ気象月報に記載された台風時の天候の変化　62
   (2) 19世紀後半の台風数の経年変化　67
3. マニラにおける降水の季節変化と強雨の長期変化傾向　70
   (1) 降水の季節変化と台風との関係　70
   (2) マニラにおける強雨の長期変化　72
4. おわりに　73
引用文献

第4章　昭和初期の疫癘 ——川崎における赤痢流行を中心として ………………永島　剛　79

1. 災害としての疫病　79
2. 疫病の歴史研究　80
3. 近代日本の消化器感染症流行　83
   (1) 法定伝染病統計　83
   (2) コレラ　84
   (3) 赤痢と腸チフス　86
   (4) 「非日常」／「日常」的な感染症流行　88
4. 1935年川崎市における赤痢流行　89
   (1) 1920〜30年代の増加傾向　89
   (2) 昭和初期の川崎市　92
   (3) 1935年1月　94
   (4) 水道原因説　97

目　次　ix

　　　(5)　東京からみた「川崎赤痢」　99

　　　(6)　衛生組合　101

　　5.　おわりに　105

第5章　アルメニア・スピタク地震の復興・生活再建の諸層
　　──「仮の住処」と「終の棲家」をめぐって …………大矢根　淳　111

　　1.　はじめに：アルメニアから／への思い　111

　　　(1)　震災報道番組から　111

　　　(2)　スピタク第三小学校から石巻市大原小学校に寄せられたお見舞い(2011年)　113

　　2.　アルメニア・スピタク地震の被災・復興概況　118

　　　(1)　被災概況　118

　　　(2)　復興概況〜各国の支援・調査　121

　　　(3)　被災者用住宅等の国際援助：現地踏査　123

　　3.　生活再建事例　127

　　　(1)　イタリア住宅：スサンナ・ハイラベチャンさん(2012年3月29日、訪問)　128

　　　(2)　スイス街：グレゴリーニャン・クナリクさん(2011年3月27、訪問)　133

　　　(3)　木造住宅：ヴァルターニャン・アリサさん(2013年3月25日、訪問)　139

　　　(4)　コンテナ貨車住宅：ヴァニャン・ヴァリャさん(2014年3月25日、訪問)　143

　　4.　仮設住宅の諸相　146

　　　(1)　日本の仮設住宅：「仮(設)住宅」の法制度上の位置づけとその弾力的運用の経緯　146

　　　(2)　「仮設住宅」の実相：バリエーション・概念の拡充　149

　　　(3)　仮設住宅における様々な工夫　154

　　　(4)　両国コンテナ住宅の異同　156

　　5.　むすびにかえて：「仮の住処」と「終の棲家」　160

　　参考文献

Ⅲ　人災としての戦争とその「記憶」

第6章　罹災資料としての陶瓷器
　　──古琉球のグスク出土青花罐は何を語るか …………髙島　裕之　167

x

  1. はじめに　167

  2. 被熱した陶瓷器　167

  3. 久米島具志川城跡出土の元様式青花瓷　169

  4. 古琉球のグスクでの青花罐の廃棄状況　172

  5. おわりに　177

  参考文献

第7章　アイルランドとスペイン内戦 ……………………堀江 洋文　181

  1. はじめに　181

  2. アイルランド旅団の召集　185

  3. イベリア半島のオダフィとアイルランド旅団　194

  4. フランク・ライアンの謎　203

  5. おわりに　209

第8章　スペイン内戦と子供たち

  ——バスクからイギリスに渡った子供たちを中心に …砂山 充子　217

  1. はじめに　217

  2. スペイン内戦と子供たちの疎開　220

  3. スペイン内戦とイギリス　222

  4. ハバナ号でサウサンプトンへ　227

  5. イギリスでの生活　231

  6. スペインへの帰国　238

  7. 結びにかえて：記憶を残す　BC37の活動　240

おわりに ………………………………………………伊吹 克己　251

I
人間と災害

第 1 章

「災害」と「技術」

伊吹克己

1. はじめに:「災害」から「技術」へ

「災害」の「意味」とは何か。

それに答えるには人間に何らかの影響をもたらす限りでの「災害」の「本質」を探る必要がある。人間に関係のない天変地異はさしあたって関係はない。「災害」という言葉が、われわれにとって導きの糸になる。確かに「災害」とはこの「事実」であり、あの「事実」だが、ここで問われるのは「災害」一般であり、それが人間の心に対して与える影響である。

われわれの古典を見ると、たとえば『平家物語』巻一には「霊神怒をなせば、災害岐（ちまた）にみつといへり」という文章があり、『愚管抄』第四巻には「永祚の風さらにおよばぬ天災なり」という文句が見受けられる。小学館版『日本国語辞典』によれば、「わざわい」とは「〈さきわい（幸）〉などの〈わい〉と同じ、悪い結果をもたらす神のしわざの意から」来ている語だとある。『日本書紀』や『宇津保物語』をひいてきて、「悪い結果をもたらすような種々の事柄、気配。また、その悪い結果。」などと書かれている。こうした辞書の説明からは、いずれも「災害」は人知のおよばない神仏に結びつけられている。これは、われわれの専門からすぐに思いつくカントの例に結びつく。

1755 年 11 月 1 日に起こったリスボン大地震は、その被害の大きさから当時のヨーロッパの知識人を惹きつけた。この地震を伝え聞いた大哲学者のカント

4

も、すぐに「地震原因論」という短い論文を第一稿として書いている。

　彼はまず異常な大事件に遭遇すると、人はすぐにその原因を突き止めようとする、と言う。あるいはまた、「運命というものはいつ襲いかかるとも限らない」[1]とも書いている。しかし、大学の教壇に立つカントは、学者としてそれに立ち向かわなければならない。その際の武器は「数学的確実性 der mathematischen Gewissheit」[2]である。ニュートンを評価したカントの面目躍如たるものがある。だが、それによって自分自身や人をねじ伏せることができるのかと言えば、それは不可能だということをカントは心得ている。では、人々はどう考えているのか。大地震が起これば恐怖心が起こる。カントはこう述べる。

　　　恐怖心は人々から考える力を奪うから、人々はこのような広範に及ぶ
　　災厄に対して、当然人々が自衛して然るべき災害とは全く別の種類の災
　　害に遭遇しているものと思い込み、運命の過酷さを神の興不興にひたす
　　ら身をゆだね、盲目的に服従することで和らげようなどと考える。[3]

　「数学的確実性」を標榜するカントにしてこういう感慨を述べている。これは、人々が災害に対してどう対応するのかの一つの表現だと言っていい。それは洋の東西を問わない。

　さてカントの心づもりとしては、この地震を「事実」として問題にする際にあの「数学的確実性」を駆使する必要があり、それでこの自然現象を説明し、その予測につなげることができるのかどうかである。それについて言及する時に、カントは「神」の存在に言及した。そして、「人間は自分が［神の］配在の唯一の目的だとうぬぼれている」[4]と指摘している。神は何をするのかを人間は知ることができない。それが神の存在の意味するところである。彼は「数学的確実性」に期待をかけているが、第2論文「地震の歴史と博物誌」の最後に「地震の効用について」と題した一文を持ってきた。つまり、地震には悪い面ばかりでなく、良い面もあるという考察である。悪い面は言うまでもないが、良い面としては、地震が引き起こされる原因に鉱物の生成や温泉の発生に結びつくことなどがあって、これは良い面を人間にもたらしているというのである。これをどう考えてみればいいのか。

第1章 「災害」と「技術」 5

こうしたカントの考察には彼の哲学としても、人間が「災害」に対処する仕方としてもそれなりの意味があるだろうが、それは後述するとして、これから少し別の側面から「災害」の「意味」という主題にアプローチしてみたい。

今見たようなリスボン大地震などの「事件」あるいは「出来事」には「技術」が動員されるはずである。技術は道具を指示するが、その道具がないとなれば、われわれは自分の身体を使って人を助けようとする。よしんばそれが物であっても、自分や他人にとって大切な物だから、それを救おうとする。その時われわれは気づくはずである。われわれの日常生活もこの技術の上に成立しているものであることを。つまり、「災害」は平凡な「日常生活」には関係がないように見えるが、根底ではつながっているということをわれわれは思い知る。われわれは抽象的に自分の存在を考え、極端な場合には「独我論」的な結論に導かれたりするが、その時には技術を忘れてしまっている。われわれの存在は技術という、ある客観的なものに支えられている。それをわれわれは拒否できるが、「災害」がそれを思い起こさせてくれる。「災害」とはまずこのような意味での「技術」を指示している。「災害」の本質は、人間にとっては「技術」の本質のうちに示される何ものかである。こうして「技術」から「災害」へという道筋にわれわれは導かれる。

これでマルティン・ハイデガーが書いた技術論にわれわれが注目する理由が示されると思われる。

その技術論[5]では、彼が主著と言われる『存在と時間』で示した「道具的存在者」が、最初の導きの糸となっているが、この概念はわれわれの周りにある「物」の存在論的な一側面を示す。技術は「物」に関わる限り、そこで示された彼の思想の一端が議論されているし、そうでなければならない。そこに彼の技術論の持つ意味もある。彼は人間を単独のものとして考察することはなかった。かならず物や世界と一緒に問題にしている。それが「存在一般」から人間の存在を見るという、彼の基本的な主張を理解するのに決定的な意味を持っている。この意味でハイデガー哲学を考えてみる上でも、その技術論は見過ごすことのできない何かを持っている。

但し、そこには大きな問題がある。単純にそうだとは言うことができない。彼は「ナチズム」を支持していた。「技術」から「災害」へという道筋は、

ハイデガーにおいては「ナチズム」を経由する問題である。これをわれわれは見過ごすことはできない。また、そのことがハイデガーの哲学にわれわれが全面的に依拠することを妨げてもいる。しかし、そこを経由しないとこの技術論と「災害」との関係を論ずることはできないとわれわれは考えている。そのことに関係すると思われるが、彼の技術論は別に「災害」から出発してはいないのである。ハイデガーの技術論は、これから述べるように、「技術」にうつつを抜かす近代を批判するための議論であった。ではどのような仕方で、そこで技術が問題になっているのか。そこから彼の議論に入っていきたい。

2. 「技術」の本質

技術を哲学の問題とするにはその本質を知らなければならない。

しかしハイデガーによれば、技術と技術の本質とは違う。われわれはたいていの場合、技術を一種の道具として見る。技術とは物に関わり、物とは、われわれにとっては道具だからである。それは使えるものであり、役に立たなければ捨て去られる。したがって、それは一つの手段にすぎない。これはもちろん『存在と時間』で論じられた近代人の、存在者の性格としての見られる「道具的存在者」に対応する。

だが、それではわれわれは一歩も前進しない。技術とその本質との関係をわれわれは「自由な関わり」(6)の中で見なければならない。道具だということに縛られていては、手段に行きつくだけのことであり、そこに縛られてしまって、われわれは技術を自由に見ることができない。技術の本質を問うのはいい。しかし、それはわれわれが通常理解する技術とは違うということもあり得る。そこからハイデガーの議論は出発する。準拠として与えられるのはギリシアである。彼はここでも古代ギリシア人の思索を参照する。

技術の本質を考える際に、それは技術の原因が求められていることだとして、2500年前にギリシアに生きたアリストテレスが持ち出される。彼はものごとの原因を四つに分けて考えることを述べたが、ハイデガーはその四原因の議論が「責めを負うことの相互に属し合う四重の仕方」(7)だとする。「責めを負う」

ということを近代人は道徳的に考えがちだが、ギリシア人たちはそうは考えなかった。ハイデガーは次のように言う。

　　責めを負うことの四つの仕方は、何かを現出へともたらす〔bringen etwas ins Erscheinen〕。⁽⁸⁾

ここから「本質」を考えると、それは〈こちらへと-前へと-もたらすこと das Her-vor-bringen〉⁽⁹⁾だとハイデガーは主張する。この事態に対して、彼は新しい言葉を持ってきて理解する。「開蔵」と「伏蔵」である。

「開蔵」とは entbergen というドイツ語⁽¹⁰⁾だが、彼の造語である。「伏蔵 Verborgenheit」されているものを「開蔵」する。そこに本質が現れるが、ギリシア人たちはそれに「アレーテイア」という言葉を与えた。「アレーテイア」は「真理」と訳される。つまり、この「本質」の議論に照らし合わせると、技術とは単なる手段ではなく、「開蔵」の一つの仕方なのである。つまり、技術の本質を問題にするとき、そこに示されているのは真理というある普遍的なものである。そして、技術は「テクネー」というギリシアの言葉に対応するが、ここではしたがって、「テクネー」の本質が真理として示されているということである。

ハイデガーは、この筋道に現代の技術の本質も対応するという。つまり、現代の技術といえども、単なる道具的なものにとらわれているだけではなく、「開蔵」という性格も持っていると主張する。その観点から見ると、現代の技術が〈こちらへと-前へと-もたらすこと〉は極めて乏しいとハイデガーは見た。では、それが乏しくないとき、つまりギリシア人には何が見えていたのか。

ギリシア語の「テクネー」が持ち出されるのはこの場面である。

「テクネー」はいわゆる技術だけについて言われていたのではない。それは「ポイエーシス」に属していた。これは古代のギリシア人にとっては、生産的製作一般を意味していたが、この言葉は、われわれにとっては、とりわけ詩、英語で言えば poem に結びつく。もちろん、ギリシア人も「ポイエーシス」はそこに結びついていた。「テクネー」という語が、そのような文脈を持っていたということが重要である。われわれが、それを極めて乏しく物を開発してい

8

くための手段として理解してしまった。そこで「テクネー」の意味が半分以上失われてしまったのである。われわれはこれを「開蔵」という見地から見なければならないとハイデガーは主張する。

3. 技術一般と現代技術

　「現代技術をくまなく支配している開蔵は、いまやしかし、「ポイエーシスの意味での〈こちらへと—前へと—もたらすこと〉としてその働きを展開することはない」[11]とハイデガーは言う。では、現代の技術はどのような見地から見ると、それをよく理解できるのだろうか。彼の答えは「挑発」である。「現代技術に存する開蔵は一種の挑発だ」(26)とハイデガーは言う。現代の技術は、たとえばエネルギーをすぐに寄こせ、と自然にせまる。エネルギーは有用であり、無用なものは必要が無い。これを「調達」と言ってもいい。すべてが、何か用をなす、役に立つという見地から見られる。その土地に何もなければ、土地自体に価格がつけられる。

　Bestellen（用立てする）というドイツ語を手がかりに、現代技術に見られる特徴を stellen（立てる）ということから理解し、こうしてハイデガーは現代技術の特質として、Ge-stell という言葉に行きついた。これは現代ドイツ語としては「台」、「台座」あるいは書架という意味での「架」や「棚」、「骨組み」や「フレーム」と訳されるが、ハイデガーは stellen の意味を利かせている。そういうものとして立てられてしまっている。われわれが参照しているこの論文の訳は、「集—立」という訳を示しているが、思い切って「調達」という訳語を当ててもいいのかもしれない。われわれとしては、ゲシュテル Ge-stell とは言ってみれば「隙間家具」であり、役に立つ物は何でも役に立てようと思ってそこに設置されるものと捉えるが、大差は無いだろうと考えている。ハイデガーの論証に隙は無い。問題は別のところにある。

　以上の技術論を展開するとき、ハイデガーは古代ギリシアの場合は「銀細工」を、現代の技術を問題にするときは「大規模技術」の例を持ち出す。機械化された食品工業としての農耕、原子エネルギーを作り出すために採掘されるウラ

ン、あるいは膨大な電力エネルギーを作っているライン川の水力発電所。これらの例は確かに技術を「作る」つまり「ポイエーシス」の見地から当然であるとは言え、その反面は見ていないのではないか、という疑問にわれわれを導く。

技術とはものを作るときに役に立つものである。しかし、技術にはそれ以外の面もある。それ以外の面というのは、言ってみれば受動的な面である。それが「災害」という見地に結びつく。古代ギリシア時代も当然のこととして、技術には「ポイエーシス」以外の面もあったはずである。「作る」ということが成功すると、それによって「作られる」ことが問題になる。そのことがハイデガーの議論に全面的にのってしまうと、見えてこない。水力発電のためにダムを造る技術が必要だが、それが決壊すると、人々に危害が与えられる。それで苦しむということが、ハイデガーの技術論には出ていないのである。職人がこつこつと製品を作り上げている「銀細工」が問題になるような社会においては、技術の問題は、芸術の政策の問題と並行して論じてかまわないのかもしれない。しかし、人に代わってロボットが製品製作に携わるような「大規模技術」が問題になる現代においては、それは見過ごすことはできないだろう。なぜ、ハイデガーはこうした受動的な側面を無視したのだろうか。

能動的なところを見るというのは、行う立場から見るということである。単純に見て、行為にはかならず「能動的な面」と「受動的な面」があり、「銀細工」のような手工業的なところではそれは見えない。あるいは、受動的な側面はまだ克服可能なものとしてとらえられていた。しかし、規模が大きくなれば、それは簡単に克服できないものになる。つまり、「銀細工」と「大規模技術」とでは、簡単に比較検討はできない。それを対立的に並列するということは、われわれとしては、何か意図があると考えざるを得ない。われわれとしては、ハイデガーが次のように言っているのをやり過ごすことはできない。

　　必要なのは、つねにすでに人間に呼びかけ、その労力を要求しているあのものを、先入見にとらわれずに聞き取ることだけである。人間はそのように呼びかけられ、要求されたものとしてのみその都度人間であり得る。それほど呼びかけは決定的なのである。(12)

「先入見にとらわれずに聞き取る」とは、まことにその通りと言う外はない。ハイデガーの言語論には、言語を伝達という面だけで考えようとするのは間違っているという主張がある。言語において、最初に気づくべきは、最初に何か語りかけられているということである。しかし、そこにダムの決壊などは含まれていないように見える。ここで「呼びかけ Anspruch」をしているのはあのゲシュテル Gestell である。それは一般的に言うなら、これまで彼が論証してきた技術の本質であるが、彼の例示から出発するなら、技術で苦しむ人間はそこに含まれていないことになる。技術で苦しむものは、技術だけでは如何ともしがたい「災害」に出会った人々である。ここに奇妙な断絶があると言っていい。

繰り返して言うが、ハイデガーの論証自体に狂いがあるわけではない。われわれはまだ例示が問題になるのではないのか、と言っているに過ぎない。

われわれからすると、ここにナチズム問題があると思われる。こうした議論のもって行き方は、彼のナチズム支持からして納得することができる。『存在と時間』に示されたように、われわれは先ず日常性に「頽落」した存在である。それを「決意性」をもって「本来性」に目覚めさせなければならない。問題は「為す」ことであって、それによって生じる犠牲はやむを得ないことであり、それを今生きている人間の倫理の基準で判断することはできない。彼は、その立場をよく考えるなら、やはり世の中を変えようとしていたのである。ヒトラー支持は誤算に終わったとは言え、変革の気持ちを変えるつもりは彼にはなかった。このことをよく理解するには、彼の言うところをもっとよく理解する必要がある。ここでわれわれの視野に「ピュシス」の問題が入ってくるが、ハイデガーもその技術論で言及している。

4. 自然とピュシス

われわれは、技術に自然の「調達」しか見なくなっているが、ギリシア人にはそうではなかった。彼らには、それを通じて、あの「アレーテイア」つまり、今日われわれが言うところの「真理」を見ていたとハイデガーは主張する。ギ

リシア人たちはなぜそう考えたのか。ハイデガーによれば、それは彼らが「存在」を根本的に捉えていたからである。そして彼はギリシア人たちが「存在」を「生成」において見ていたことを強調する。近代人の理解からすると、「存在」は存在であり、そこに「生成」を見てはいないが、彼らにはそれが重要であった。「生成」とは、存在しているものは存在し始めるのであり、ある時点でその存在は終焉を迎えるということである。この様相のもとに存在しているものを見なくてはならない。ギリシア哲学の最初では、そうであった。

　ここでハイデガーの初期ギリシア哲学への参照について、やはり断っておくべきだろう。技術そのものが言語の問題を指示すると彼は言う。技術者と言語の関係が問題になっていると言うことになるが、それは結局、言語そのものの問いへと還元される。そして、何かを言うことに言語の働きを限定することを批判した。われわれは、沈黙が何かを語っていることを知っている。しかし、それは無視される。こうして次のように言う。

　　　しかし、人間を取り囲んだり、支えたりしている存在そのものに対する人間の関係と、人間自身がそれである存在するものにたいする人間の関係とは、現出させること、すなわち語られると共に語られざる言うことにもとづく。そのかぎり、言語にとって本来的なことへの技術的言語の攻撃は、同時に、人間の最も固有な本質への脅威でもある。(13)

　後述するが、ここに聴くという発想はない。繰り返すが、確かに沈黙は何かを語っている。しかし、それは聴かれなければ何の意味もない。なぜハイデガーはこういう言い方をするのか、といえば、「災害」に巻き込まれてしまった人を無視するためだとしか、言いようはない。

　しかし、論理的に見るなら、ここに一貫性はある。彼は問題になっていることをギリシア語から理解していた。なぜなら、「ヨーロッパにとって基準的な、言語の経験、把握、解釈が、存在についての全く特定の了解から生じた」(14)からである。ここでわれわれの言う生成の契機もそこに関係する。つまり、ギリシア人が存在をそのように理解していたからである。存在とは生成であるが、それは「限界と終結とによって、存在するものは存在し始める」(15)からである。

これを忘れたのが近代であった。ヨーロッパの近代は、存在を持続的にそこにあり続けることと理解する。しかし、そうではなく、生成の相において見なければならない。存在とは「自分自身において—そこに—立っているもの」だと言うことができるが(16)、立つ前を考えてみる必要がある。それは立ったのであり、立つ前は横たわっていた。今述べたことを外から見るなら「自分自身を—そこに—立てるもの」(17)になる。ここで言う「立つ」とは現象することである。それは「おのれを見える姿のうちに提示する」(18)。これが「イデア」となった。「イデア」という見地は事態の半分しか見ていない。したがって、そこに示される「存在」は「ピュシス」として理解する必要があるとハイデガーは主張する。それは、通常言われるような「自然」では決してない。「自然」を目に見える花や空だと考えること、あるいはそう見えさせているものにこの概念を制限すること、それはわれわれ近代人の誤解である。

　しかし、この「ピュシス」はすぐに失われてしまうものでもある。これを手に取って人に見せるということはできるのだろうか。根源を把握するのが哲学であるとするなら、この「ピュシス」という語によって指示されているものこそ把握しなければならない。これが根源的なものであるなら、われわれの身の回りにある「技術」の探求においても示されなくてはならない。それが見えなくなったのは人間が現象に気を取られるからである。この事情をハイデガーは『存在と時間』で説いていた。人間は先ず日常に頽落している存在である。決意がなければ本来的なものと非本来的なものの両方を見ることはできない。これは必然的な事柄である。現にイデア論を唱えたプラトンがそうであった。これはわれわれの誤りというわけではなく、必然的な事柄である。これをハイデガーは「命運 Geschick」の議論で示した。

　「自然」つまりピュシスに歴史があるはずはない。歴史というものは、人間が問うことによってはじめて可能になる。ここで単純に人間を、問う主体だと考えてはならない。人間は実存しているが、これをハイデガーは ek-sistenz、脱存と解する。人間とは「存在」から抜け出た、逸脱したものである。それがピュシスを経験するには、「存在しているものは何か」と問う必要がある。このときに歴史が始まる。したがって、よく言われるように、人間が「現存在 Da-sein」なのではなく、「現存在」が人間を所有していると言うべきである。こ

のことを認識することを「命運 Geschick」と言う。これにもとづいて歴史も可能になる。逆に言うと、歴史があるためには、それは生成してこなくてはならない。つまりそれはある発生点を持つ。発生点があるということは、その前提として、何かが存在していなくてはならない。命運とはこういう事情を言う概念である。しかし、だからと言って、それはこの手に掴み取ることのできるものであるわけではない。命運は聞き取られるのであり、それだけである。「傾聴する者 Hörender」[19]がそこにいる。歴史に隷属するのではなく、必要なのは聴き取ることである。傾聴すべきは「開蔵」である。そこで開かれるのは、「伏蔵」されているもの、すなわちピュシスである。現代技術の本質は集‐立 Ge-stell に基づいているが、それは現代技術の運命がそこに示されているということではない。Ge-stell という仕方で、技術の本質がわれわれに開かれているという意味である。しかし、先に触れたように、ここまで聴くということを重視しながら、ハイデガーは奇妙な仕方でそれを回避している。

　「Ge-stell の支配は命運に属する」[20]と彼は言う。Ge-stell の支配という命運がその都度開蔵へと導く。われわれは立てられたもの（Ge-stell）に目が行ってしまい、立てられる前のものは忘れ去られる。だからそこには危険があると彼は述べる。Ge-stell ではないもの、たとえば銀細工仕事に黙々と従事していた人間には見えていたものが、見えなくなってしまったという危険が生じる。しかし、詩人ヘルダーリンが歌いあげたこの危険は、また回復への希望でもある。この回復は、ギリシア人の概念で言えば「ポイエーシス」を支持する。こうして次のように述べて、ハイデガーの技術論は終わっている。

　　　われわれが危険に近づけば近づくほど、それだけ救うものへの道は明るく光りはじめ、それだけいっそうわれわれはよく問うようになる。というのは、問うことは思索の敬虔さなのだから。[21]

　これを言い換えるなら、現代技術の本質に近づけば近づくほど、それだけ一層われわれは、そのことを問題にするようになるはずだということであろう。そうしていないのは理由があるに違いない。ハイデガーがここで、自らの命運という概念を踏まえて、現代技術を決して否定的にのみ捉えていないというこ

とは、よく理解できる。その結論は、「よく考えろ」ということだ。命運を軸にした彼の技術論の運びは見事であり、繰り返して言えば、隙が無い。それであればなおさら、言語の問題で示唆されているように、われわれとしては、ここで考えられなかったこと、つまりあの例示の意味を考えざるを得ない。

5. 例示とその意味

ハイデガーが、銀細工に初期の技術の手工業的で小規模のものを示し、それを現代の大規模技術に対比させていることは、命運という概念を媒介にすると、矛盾無く理解できるように見える。それは要するに、最初から技術の本質は変わっていないということである。現代技術の規模の大きさは、その現象を受け止めるわれわれには、ほとんど危機的状況にあるように見える。これはだから、思索の契機としては大きいものがあるということだろう。この意味で議論の一貫性はあるのだが、それで終わるのだろうか、という疑問に導くように思われる。もう少し言ってみれば、ハイデガーの技術論は、どう見ても、大規模技術を要請する現代への批判になっているのではないか、ということである。そうしたものを有用性の見地からのみ推し進めているアメリカ流の資本主義、別言するならグローバリズムへの批判になっている。

それに対してハイデガーは、命運の示す原初に立ち返り、もう一つ別の原初があり得たと考えた。それは結局、今とは別の生き方を求めて、あのナチズムに加担することを意味した。しかし、それだけなら、彼は戦後においてあれだけナチへの共鳴を示す必要は無かったはずである。「思索」あるいは「熟慮」を訴えて、ナチへの加担を自己批判すればいいだけのことである。ここに、われわれはハイデガーの論じた技術の意味を改めて考えてみる必要を見出す。

ハイデガーは、現代技術を生活の役に立つ、便利な生活の実現という観点でのみ考えた。しかし既にわれわれが言ったように、技術にはそもそも別の側面がある。それがわれわれの主張する「災害」である。技術とは、便利な生活をわれわれに約束するということもさることながら、日常性に「頽落」せざるを得ないわれわれを「災害」から守ろうとするものでもある。「災害」に会った

われわれは、人に教えられるまでもなく、さまざまなものを使う。それが技術の一面であることは、この「災害」の多い国に生まれたものであれば、誰でも熟知していることだろう。あるいは、ドイツ人なら、リスボン大地震についてあのような文章を書いたカントに帰れ、と言ってもいい。それは道具としての「物」との出会いである。だが、「物」であろうがそうでなかろうが、「災害」は人間を単独で考えることを許さない。ハイデガーが強調するように、近代ヨーロッパの誤りは人間を物から切り放して、それだけで問題化して見せたことである。それには命運の概念を待つまでもなく、必然的な理由があった。それはしかし、存在の忘却に拍車をかけたものでもある。ハイデガーがあらわした『存在と時間』は存在論の書とされるが、それは単に哲学上の問題を改めて取りあげたということに尽きるのではない。人間を「物」との関わりにおいて見つめ直すという意味を持っていた。そこに「存在 Sein」という語の意味があった。この語は言うまでもなく普遍的だが、それはこれまでの観点とは別のところから人間を見直すという意味を持っていた。人間は物と関わって生きて行かざるを得ない。したがって、人間を人間として考え、「物」の存在を欠いた哲学は間違っている。人間を考えるところには倫理の問題がつきまとって離れないが、「物」の存在それ自体は倫理とは何の関係もない。とするなら、そもそも人間の問題を人間だけで考えようという近代人の哲学の発想が間違っているのではないか。この発想に基づいて、彼は比較的早く『哲学への寄与』という本を書いているが、それは死後に刊行すべしという本人の要請があった。われわれはこの著作から、さらに突っ込んで「災害」の問題を考えていけると踏んでいるが、念のためにあらかじめ言っておけば、これについてハイデガーが直接に答えているわけではない。

6. Ereignis について

1930 年に脱稿したとされる『哲学への寄与』という著作には「Ereignis について」という副題がある。このドイツ語は、現代ドイツ語辞典を見ると、どの辞典も第一義として「事件」あるいは「出来事」となっている。しかし、ハ

イデガー用語としては「性起」という日本語訳が定着している。「性起」とは仏教用語であり、専門的に言えば華厳経学で用いられる概念である。悟った仏の立場から見ると、あらゆる現象は、その真実の本性にしたがって現れる、つまり人々の性質能力にしたがって現れるが、凡夫の立場からすると、縁起という語があてはまる。そういう意味があるとされる。ハイデガーの邦語全集や論文などを見ると、詳細に論じられているが、われわれとしては「事件」あるいは「出来事」という訳語に加えて、以上の説明があれば、取りあえずこの書を読み進むことができるのではないか、と考えているが、それはもちろん今の問題意識に照らしてのことである。論文などで議論されているところを闇雲に否定するつもりはないと最初に断っておきたい。別な言い方をすると、確かにそういう議論があるだけ、この Ereignis の邦訳は厄介であると言っていい。この Ereignis と「災害」とを結びつけるには、『哲学への寄与』という著作の最初の部分をどのように読むのかが問題になるとわれわれは考えている。以下に、われわれの読み方を中心において、この著作の最初のところを解説してみたい。

　まず「ここでわれわれは先駆者を持たず、手がかりもないままである」⁽²²⁾というハイデガーの文章を率直に受けとっておこう。この本の性格がそこに示されているし、われわれの読みを対峙させるにも都合がよい。さて、人間と物とを同一の視野に入れて議論するには、両方に共通する「存在」という概念が重要になる。ハイデガーは「存在 das Sein」と「存在 das Seyn」とを分ける。前者は普通に使用されるが、後者は古いドイツ語の綴りを持ってきて表記したもので、こちらの方が前者より根本的なものだとハイデガーは言う。「存在」こそが問題であり、それを知ることが問題となる。この存在は「没落する者」⁽²³⁾を必要とする。「没落する者」とはこの本の著者であり、あるいは広く取ってわれわれだとしてもいい。それが「Ereignis 性起」のうちで示される。

　「ここで〈私〉が思索することを、誰も理解しない」⁽²⁴⁾とハイデガーは言う。〈私〉とは多分ハイデガーのことだろうが、概念を使って強いて言えば、『存在と時間』で評判を取った「現存在 Dasein」を言っている。「現存在」はその限りにおいて固有のものを持つ。Ereignis を邦訳では「自性―現起する、自性化する」とも訳しているが、この「性起」によって私は私であることができる。

　しかし、私を通して「存在」が示されるが、私がそれを自覚しているわけで

はない。「存在」とは何か、と問うことができる時、「存在」は初めて私を通して語ることができるが、それをすべて私が統括することなどできはしない。ただわれわれは、それを聴くことができるだけである。真理を直接に語ることなどできはしない。これを通じてわれわれの耳目を惹くのは「別の原初」である。現在、歴史の彼方に示される原初、それとは違う原初があり得た。そのことにわれわれは気づく。それは思索のうちに与えられる「気分」を通じて示される。そうした根本的な気分は三種類考えられる。驚愕と慎ましさと畏れである。

　まず驚愕だが、これは単なる「驚き」ではない。ハイデガーは次のように語っている。

　　　驚愕は人間を、次のようなことの前面へ退き去らせる。すなわち、以前には人間にとり、存在者はまさしく存在者であったのに、〔今は〕存在者があるということである。言い換えると、存在者があるということ、そしてこのあるが—存在が—あらゆる「存在者」とそのように見えていたものとから立ち去り、存在者から脱け去ってしまった、ということである。[25]

　単に存在者があると言わなければならないようなところまでになったということが「驚愕」の気分である。しかし、「驚愕」とは「後ずさり」ではなく、また、途方に暮れたあげくの「〈意志〉の放棄」を言うのでもない。われわれは「驚愕」という気分を与えたものを、それは何なのか、と考える。呆然として、考えるほかはないのだが、それが「慎ましさ」を意味する。「災害」に出会うということを想定するなら、考えることも難しいのかもしれない。そこで示されるのが「畏れ」という気分である。怖いのではない。われわれの言葉を使うなら、「災害」を「畏れる」のである。何か、われわれのあずかり知らぬものがこの「天災」を引き起こしているのではないか、と気づくことである。ハイデガーはここでも「神」あるいは「神々」という言葉や、それに関連する言葉を多用する。「われわれは接合の指図にしたがって、神々に伝える」[26]と言うが、これは何を言っているのか、と彼は強く言う。「神」というのは、限界ある人間の知恵を超えた存在を言う。「神」は人間の及ばない存在だというの

が最も普遍的な言い方であり、その意味だろう。人間はいつも自分の能力の及ばないもの、そして混沌ではないものを設置して、それを目的と称してきた。たとえば理想であり、未知の何か、である。しかし、ハイデガーは理想を説いているのではない。「災害」においてわれわれは、人間を超えた存在に人間は関わるということを知らされる。「神」という言葉の淵源はそこにある。そして、「天災」という言い方の根拠もそこにある。この言葉に示されているのは、それが単なるわれわれの「体験」ではないということである。「災害」においては、自分あるいは親や子が亡くなるのであって、単なる人間が損傷を加えられて生命を落とすということではない。自分の住み慣れた家が破壊され、子供の頃から持っていた大切な何かをなくするのであって、単なる物質の破壊や消失という「体験」の中にわれわれが放り込まれるわけではない。われわれは単なる「騒音」の中に投げ出されるわけではないのである。ハイデガーは、思索する者にとって、という断り書きをつけたがるが、「災害」では誰しもそうせざるを得ない。それは「災害」が克服できないものだからであり、それを受け入れて諦めるほかにないからである。受け入れるのを拒否するのであれば、克服の道を選ぶしかない。それは無理なことだが、受け入れる人にとっても、「災害」は認められることではない。われわれができることといえば、その意味を考えることだけである。考えても克服はできない。しかし、その意味を考え抜くことはできる。だが、それは「災害」の問題から目をそらせることでもある。

　　存在を Ereignis〔つまり「事件」あるいは「出来事」〕として思索することは、原初的思索である。それは第一の原初との対峙として、別の原初を準備する。[27]

　ハイデガーは「別の原初」を主張する。ハイデガーは「考える」こと「熟慮する」ことを明言したが、これには必ず結論がある。思考は思考するだけで終わらない。思考の次にある行動を指示する。思考するということを、その中性的な衣装に惑わされては彼の言いたいことを取り逃がしてしまう。ハイデガーは何か積極的なことを言いたいのである。「災害」に会って呆然として、ただ佇んでいるだけの人には、もう用がない。考えを進めることが彼にとっては重

要なのである。それは次の言葉に明らかなように見える。

　　　窮し強いるもの、掴み取られないままに保たれているものは、本質的
　　にいかなる「進歩」をも凌駕している。なぜなら、それは真に将来的な
　　ものそれ自体であり、しかもそれはそもそも禍と善の区別から抜け出て
　　おり、あらゆる「算定」から脱け去っているからである。(28)

　「窮し強いるもの、掴み取られないままに保たれているもの」とは何か。も
ちろん Ereignis である。しかし、それだけで納得できるわけではない。「性起」
という訳の議論がわれわれに降りかかってくるだけのことである。しかし、そ
こに「災害」という語をあてると、少なくともその面からの理解は可能になる
はずである。この主語の原語は das Nötigende, unergriffen Aufbehaltene とい
う。われわれなら「強要するもの、把握できないままに保持されているもの」
と訳すだろうが、大差はない。これを「災害」のある面から見た一般的な理解
だとして、それほど間違ってはいないように思われる。「災害」に出会った者
は、こうして呆然とたたずむだけだと言ってかまわないだろう。この限りで、
ハイデガーには「災害」に右往左往する人々のことは視野に入っていたと判断
できる。「それはそもそも禍と善の区別から抜け出ており」のところは、es über-
haupt aus dem Untershied von Übel und Gud herausfälltes となっている。文
字通り、禍と善との区別から外にでている、つまりそのような区別とは無縁に
なっている（ちなみに Übel というドイツ語には「災害」という意味もある）。
あらゆる計算 aller Berechnung がもはや通用しないところにいる。よい、悪
い、計算する、そういうことが問題になるところにはもはやいない。これが、
人々に Ereignis、つまり「事件」ないし「出来事」が持っている意味である。
この体験が「災害」に外ならないが、それはわれわれがいきなり「ピュシス」
の世界に投げ込まれるということでもある。
　われわれの普段の生活に「事件」は存在しない。その意味で、われわれは現
象にとらわれた世界に生きている。われわれは立てられたものに向かって生活
をしている。その世界は「自由」であり、一切が把握できる。そう考えている。
しかし、ひとたび「事件」ないし「出来事」が起こると、われわれはあたふた

して、そもそもそういうことが考えられない世界に投げ込まれていることに気づく。日常生活は吹き飛び、自分が如何にそのことに対応できていないかを身にしみて実感する。だから、生活を便利にするだけの技術は批判しなければならない。

しかし、われわれは少しばかり先を急ぎすぎたようである。Ereignis の結果をよく見る必要がある。

7. 存在に立ち去られていること Seinsverlassenheit

今われわれが「災害」の観点から読み解いてみた文章は『哲学への寄与』第53節「窮迫 die Not」にある。見たとおり、ハイデガーはそこで「窮迫」ということを問題にするとき、そこですぐに「欠如」や「禍」を言い立てる人間の愚を主張する。その場にいる人間のことを見る必要があると訴えた。満ちたりた生活を送ることが普通は善しとされる。その限りで、「技術」はさらなる快適をもたらすことになるのだから、善しとされるだろう。だが、ひとたび「出来事」が起こってしまうと、人々は窮乏の生活を送ることになる。確実さが失せて、不確実なものになる。そこで、それを克服しようとするが、ハイデガーはそのことの意味を考えることの方に話を進める。問題は Ereignis が何を人間にもたらすのか、ということである。ハイデガーは次の節でこれに答えようとした。第54節の表題は「存在に立ち去られていること」である。

「事件」に出会うと、われわれにはそれまで確実に見えていたすべてのものが不確実なものとなる。確実性は真理として存在が保証していたはずである。それが今はもうない。「事件」は、今やわれわれを浮き足立たせる。そこには「いかなる必然性ももはや働いていない」[29]。必要なのは「後退への勇気 Mut dieem Rückung」を持つことである。Ereignis がわれわれに示すのは、われわれが普段は存在を忘却しているということに外ならない。ハイデガーは「存在の忘却には支配的な存在の理解が呼応する」[30]と述べて、それが認められる場所を十六にわたって列挙する。これは、言ってみれば Ereignis によって崩壊にいたるものである。理由は後述するとして、まずそれを煩をいとわずにあげ

てみたい。[31]

1として挙げられているのは「多義的なものに対する全くの無感覚の状態」として、たとえば「すべて民族と呼ばれているもの」、すなわち「共同体的なもの、人種的なもの、低俗で下級のもの、国家的なもの、留まり続けているもの、たとえばすべて〈神的な〉と名づけられているもの」、すなわちこういうものに対する無感覚さが「存在に立ち去られていること」を告知している。

2は、「制約とは何か」について無知なこと。なぜかと言えば、「自由」が求められているからである。

3は世界観的な思惟。ハイデガーの世界観哲学に対する批判はよく知られているが、彼はそれをまともに取りあげて論じているということに注目すべきである。

4として、一切を「〈文化〉―操業」の観点から見ていること。つまり、すべてが文化に還元されるということである。

5は芸術。

6は、「背反的で否定的な物に関する誤った判断」。これは要するに否定的なものを良くないもの、悪いものとしてのみ見て、それについて何も考えないことである。

7も同様だが、虚無的なものの意味を十分に考えなければ、そこから何も引き出すことができない。

8は「真理についての無知」。真理に関する伝統的な合致説を批判するハイデガーの著作に結実している。

9は、そこから人間は不安に突き落とされ、技術に示される有用性、算定可能性に逃げてしまう。

10として、そこから「不活発性、放任、断念」が出てくる。

11として、その結果、人間が何も期待しなくなる。

12は、こうしたことの帰結として、見えなくなってしまう存在の豊かさが覆い隠されてしまう。

13は、近代哲学がこうしたことを含んでいること。

14として、「窮迫」の無さに対する考察が不十分だということ。

15は、こうして「存在に立ち去られていること」が、「迅速性、算定、大衆

的なものの要求という意味での世界の暗黒化と大地の破壊への省察をめぐらすことによって、一層近くにもたらされること」。

そして最後に16として、「単なる心情の無力と、設立の暴力的行為との同時的な〈支配〉」。

長々と挙げてみたのは、ハイデガーの「存在に立ち去られていること」が文化的なものに集中していることを示すためであった。これは、反面として、彼の哲学の方向（著作の一覧）にもなっている。いずれにしても、われわれの関心である「災害」の場所はどこにもない。「災害」とは、ある意味で文化的なものでもあるので、解釈によればこの一覧に何ごとかを示すことはできるのかもしれない。しかし、「災害」はわれわれの見込みにおいては、もっと根本的なもので、解釈によって出てくるというていのものではない。「災害」は、人間を物との関係で見る限り、『哲学への寄与』の最初に述べられた Ereignis の一般論に直接関わる。すなわち「災害」とは Ereignis であり、事件であって、それは命運として与えられている。それをまともに受けとる限り、「災害」は正面から受けとるべきものであり、他ならぬわれわれの古典に言う「出家」という言葉がそれを示している。だが、ハイデガーの著作に「災害」についての言及を見出すことはできない。

どうしてこういうことが起こったのだろうか。技術論を見ても、『哲学への寄与』を読んでも、われわれはそこに「災害」を読み込まざるを得ないし、それは以上に見たように、可能である。しかし、それは最終的には拒否されてしまう。ハイデガーは「災害」については何も語らない。われわれの読みが、言ってみれば無い物ねだりであったのか、それともハイデガーの議論がおかしいのか。これについて一つの方向を示すことが最終的に問題になる。

8. 結論：「技術」から「災害」へ

ハイデガーが「技術」の性格として示した「徴発」あるいは「調達」は、よく言われるように同時代の作家エルンスト・ユンガーの「総動員」概念が裏側にある。「技術」とは確かに総動員的で、効率が重要視され、有用性という見

地が問題になる。しかし、これは太古の昔からそうであり、ハイデガーの主張するように、近代技術の特質ではない。技術の本質は、他の本質がそうであるように、真理という見地が当初から全権を握っていたわけではない。それは確かに真理を指示していたが、ハイデガーの言うとおり、本質を思索の見地からとらえた場合のことである。

　思索は与えられた状況を抜け出そうとする者にとって、意味を持つ。ここで問題になるのは、「災害」に出会ってしまった人の生命であり、その周囲の事物である。これは欲望に関係する事柄であって、思索ではない。われわれは、「災害」に出会うと、闇雲に己の生命や他人の生命を守ろうとするのであって、そこに思索の余地はない。余地はないが、しかしそれを排除するものでもない。ここで問題なのは、思索という見地を離れることであると言ってもいい。思索は言葉によって示されるが、そこで示される言葉とはすでに技術を超えたものである。それはハイデガーの言うとおりである。言葉は思索の本質を示す。言葉は、しかし災害の本質も示しているはずである。言葉はハイデガーが次のように言うとおりにある。

　　　本来的に言うこと、すなわち示すこと、すなわち現出させることができるのは、ただ人間にそれ自体を示すもの、それ自体から現出するもの、それ自体を明らかにし、それ自体を語り与えるものだけである。(32)

　言葉は、ハイデガーの言うように、単にメッセージを伝える技術として見られてはならない。災害を伝える言葉を単に技術的なものと見るなら、人はむしろ言葉を攻撃するに違いない。どういう災害が起こり、そこでどのような損害が出たのかを伝えるのは言葉だが、それは自ずからレトリックを否定する。そこにもしもレトリックが認められるなら、それが成功する場合だけだろう。そこに人の生命がかけられているとすれば、本来性に目覚めたからではなく、全く別のものがそこで問題になるからである。それを生命への執着だとみて、近代の意志論の残骸を見るのはたやすい。そうではなくて、そこにかけられているのは欲望だということに思いをいたすべきであろう。そこで問われているのは哲学的な「真理」ではなく、自己の生命を巡る欲望の持つ「真なるもの」で

ある。これが災害によって伝えられるものである限り、その認識は人間が生じ
て以来のものである。ユンガー的な真理は単に近代技術に通ずるものではなく、
その本質から除外されたものにおいても問題になる。ただし、それが本質とい
う真理とは別のものかもしれない。しかし、それは真理に匹敵するはずである。
この「真なるもの」としての欲望は、ハイデガーが近代技術の真理として見抜
いたものの正確な裏面として存在するのではあるまい。ハイデガーの技術論は
正しいが、そこに含まれている問題がすべてそこで解決されているとは限らな
いのである。

　こうしてわれわれは、あらためて問題の出発点に立つ。それは最初に見たよ
うに、われわれの古典、あるいはカントが書いていたような、地震に呆然とし
てたたずむ人の姿に重なり合う。

　良寛は次のように語っていた。「災難に逢う時節には災難に逢うがよく候
死ぬる時節には死ぬがよく候」[33]と。そしてこれは次の言葉に続く。「是はこれ
災難をのがるゝ妙法にて候」。これを結論だと見たら、良寛のこの言葉は意味
をなさない。これが出発点であるという認識にこそ、われわれの希望があるよ
うに思われる。

注

(1) Immanuel Kant: *Gesammelte Schriften*（*Akademie-Ausgabe*），第 1 巻 419．Ⅰ-XXIII『カン
　ト全集　第 1 巻』（2000 年、岩波書店刊）大橋容一郎、松山壽一訳 275．

(2) Kant 前掲書、同頁．

(3) 同書、第 1 巻 421、邦訳 1-277．

(4) 同書、第 1 巻 459、邦訳 1-323．

(5) Martin Heidegger: *Gesamtausgabe* Ⅰ. Abteilung: *Veröffentlichte Schriften 1910-1976,
　Band 7 Vorträge und Aufsätze*. Vittorio Klostermann． 邦訳、マルティン・ハイデッガー『技
　術への問い』（関口浩訳、平凡社刊［平凡社ライブラリー］）

(6) Heidegger 前掲書、9．邦訳、12．

(7) 同書、10．邦訳、14．

(8) 同書、12．邦訳、18．

(9) 同書、12．邦訳、19．

(10) 同書、13．邦訳、21．

第 1 章 「災害」と「技術」 25

(11) 同書、15. 邦訳、26.

(12) 同書、19. 邦訳、33.

(13) M. Heidegger, *Überlieferte Sprache und Technische Sprache.* 邦訳（同上『技術への問い』平凡社版所収）、198.

(14) M. Heidegger: *Gesamtausgabe* I. *Abteilung: Veröffentlichte Schriften 1910–1976, Band 7 Vorträge und Aufsätze.* Vittorio Klostermann. 64. 邦訳（創文社版『ハイデッガー全集 第 40 巻 形而上学入門』）、65.

(15) 同書、64. 邦訳、66.

(16) 同書、65. 邦訳、66〜67.

(17) 同書、65. 邦訳、66.

(18) 同書同頁.

(19) Heidegger: *Gesamtausgabe. Band 7 Vorträge und Aufsätze.* 26. 邦訳、44.

(20) 同書、26. 邦訳、46.

(21) 同書、36. 邦訳、66.

(22) Martin Heidegger: *Gesamtausgabe.* III. *Abteilung: Unveröffentlichte Abhandlungen, Band 65. Beiträge zur Philosophie (Vom Ereignis).* Vittorio Klostermann. 5. 邦訳（創文社版『ハイデッガー全集 第 65 巻 哲学への寄与論考』）、9.

(23) 同上、7. 邦訳、11.

(24) 同上、12. 邦訳、12.

(25) 同上、15. 邦訳、20.

(26) 同上、18. 邦訳、23.

(27) 同上、31. 邦訳、36.

(28) 同上、113. 邦訳、123.

(29) 同上、114. 邦訳、124.

(30) 同上、116. 邦訳、127.

(31) 同上、116〜119. 邦訳、127〜130.

(32) M. Heidegger, *Überlieferte Sprache und Technische Sprache.* 邦訳（同上『技術への問い』平凡社版所収）、(195〜6)

(33) 『良寛全集』下巻（東郷豊治編著、東京創元社）. この本の解説によると、ここで言及されている「災難」とは文政 11（1828）年 11 月 12 日に起こった越後三条の大地震である. 良寛、時に 71 歳。

第2章

日本中・近世における災害対応と「記憶」の形象化
——駿河国「大平年代記」を中心として

湯浅治久

1. はじめに

　日本中世・近世史研究における災害や災害対応に対する関心はきわめて高い
ものがあり、その成果と史料が蓄積されつつある。本稿はこれらの動向に刺激
を受け、中世後期から近世にかけて多く作成された年代記を検討の中心に据え、
その史料としての特殊性に留意しつつ、中世の地域社会における宗教的・工学
的な災害への対応のあり方、そしてその近世社会への反映を、災害の"「記憶」
の形象化"という視点のもとに論じてみたいと考える。

　周知のように、この問題については東日本大震災の影響も強く、様々な取り
組みと議論の蓄積がある。したがってまず、管見の限りだが本稿に必要な視点
の確保のために、研究史の紹介と論点の提示を行い、その上で具体的な分析に
取り組んでみたい。全体として試論の域を出ることは難しいが、筆者なりの今
後の議論の橋頭堡を確保できれば幸いである。

2. 中世における災害と災害対応

(1) 前近代（中世）の災害対応の特質

　日本中世史研究における災害・災害対応については相応の研究蓄積があるが、

ここで詳細にそれらをトレースする余裕はない。しかし、いくつかの局面を紹介するならば、代表的な災害である地震の史料の検討が継続的に行われ、その集成である『古代中世地震噴火史料データベース』の構築がなされ[1]、史料的環境の整備が進展し、藤木久志による『日本中世気象災害史年表稿』[2]に代表される災害年表の作成がなされている。

こうした成果をもとに、災害の要因であるところの自然環境、気候条件・変動の研究がなされ、さらにそれが如何に社会に影響を与えるかといった視点のもとに個別的な研究がなされるに至っている[3]。そして社会的影響の代表的なものとして飢饉や疫病の発生と展開を追う研究がなされている[4]。またとくに中世において顕著なものとして、災害と開発、そして環境条件との関連が問われていること[5]は特徴の一つと考えてよいだろう。

そのなかで、災害への対応方法についても論じられているが、ここではおもに近年の水野章二の研究[6]により、中世における災害・災害対応の基本的性格を検討しておこう。水野によれば、近代以降における災害とは、天災（自然災害）と人災を基本的に区別するが、これは近代科学に基づくものであり、中世においては全く異なり、両者は不可分に結びついている。したがってこれへの対応も、基本的には古代以来、中国の災異思想による神霊の祟り・怒りへの為政者の徳政的措置であった。中世に入ると、仏教の世俗への浸透がより一層すすみ、神仏への祈禱、経典を参照して解決法を探すなど、災害の消除を目的とした多様な信仰を生み出すことになる。この点において、災害の歴史とは信仰創出の歴史ですらあることになる。

中世の災害は、近代・現代と対比するとその性格をよく理解することができる。すなわち、現代とは、災害を高度な技術力と厖大なコストをかけることにより、ある程度押さえ込んでいる社会である。それゆえ災害が非日常的な性格を帯びるのに対して、中世では小規模な災害が日常的であったことになる。中世の人々は常に小規模な災害と共存するしか生きる方策がなかった。また災害対応においても、近代・現代のように国家や広域的な地域権力（行政）が前面に出て対応することは事実上不可能であった。

そのような認識のもと、水野は災害対応のモデル化を行い、四つの対応を指摘している。それは①宗教的対応、②工学的対応、③農学的対応、④社会的対

応、である。

そこでこの区分を参考に、筆者なりに災害への対応の性格を考えてみよう。伝統的な災害対応は、①を中心とするもので、為政者も現実的にはこれを中心に儀式的・徳政的措置を唱えることに終始せざるをえないが、実際には②③の局面において、インフラの再構築、堤防や用水路建設などの土木工事など技術的な対応が個別的に進められていただろうし、災害に強い種苗の品種改良や、施肥の充実なども図られていたに違いない（実際には史料的制約で不明な点が多いが）。そして問題は④である。国家や広域権力に依存できない中世社会において、この問題を考える際には、地域社会における中間団体である村や町といった共同体、あるいは地域の有力な社会的権力である在地領主、有徳人、土豪などの対応が期待されていたのであり、荘園領主や大名などの上級権力の方策も、基本的にはこれらが実際に担っていたと考える必要があると思われる。したがって重要なのは、④の充実度が、①〜③に具体性を付与していったと考えられることであり、実際の災害対応の鍵を握るのは、④であることになろう。というよりも④を土台に据えて、①〜③の対応の変化を追ってみるということが有効な方法になるものと考える。

(2) “「記憶」の形象化”という視点

こうした関心のもと、本稿では中世において年代記という史料を用いた試論を展開したいが、その前提として、倉地克直『江戸の災害史』（中央公論新社〈中公新書〉、2016年刊）の提起した視点が有効であると考えるので、その内容を紹介し検討しておこう。

倉地は、近世すなわち江戸時代における災害と災害対応の実態を通時的に検討し、かつそれに対する為政者としての幕府・藩＝公儀の組織的な対応を、四つに時期区分して論じている。まず17世紀における近世社会の成立期に、幕藩体制による救済システムが形成され、18世紀の災害頻発期にさらにそれが強化され、救済システムがより幅広いものになる。倉地はこれを「公共空間のひろがり」と表現している。そして18世紀後半に至ると、公儀による公共機能に限界がみえはじめ、地域の領主や村をこえた大庄屋など「地域の治者」が担うことが多くなり、「公儀」と領主または民間との「公共をめぐるせめぎあ

い」が見られる。さらに 18 世紀末〜19 世紀以降には、「地域」の自立性が高まり災害への対応がみられるが、村や地域を規定する「徳川システム」自体が疲労してゆき、やがて新たな救済のシステムが希求されるようになるのである。こうした近世社会の概観に接した時、領主層の結集が不十分でかつ地域の救済システムが未熟な中世における災害対応が、かなりミゼラブルなものであることは容易に想像できるであろう。

この点を確認した上でさらに注目したいのが、倉地が近世社会の救済システムの展開を分析するに際してとくに留意している近世社会における「記憶・記録の充実」という点である。つまり災害の記憶がどのように記録され、後世に伝えられたのか、という点であり、それが近世には格段に充実をみた、という視点である。

まず成立期には慶長の津波の記録が四国で「阿闍梨暁印置文」として伝えられ、明暦の大火を主題とした仮名草子である「むさしあぶみ」など、災害を報道する文学の成立を確認する。つぎに 18 世紀においては、元禄津波の犠牲者を追悼し、津波の記憶を後生に伝える供養塔が各地に建てられるようになったと指摘する。とくにこの供養塔が建立されるのは、現存の限り関東では元禄地震津波、関西では宝永地震津波からであるとし、中世にはこうした供養碑が基本的にみられないことを指摘する。その理由としては、中世人にとっては災害死や疫病死が日常的なことで特別に碑を建立する意識がなかったためであるとしている[7]。この倉地の指摘は、さきに確認した災害の中世的な特質とも符合しており、災害における近世と中世社会の相違を指摘しており興味深い。こうした論点を、本稿では仮に"「記憶」の形象化"とすることにし[8]、中世特有のその形態を追究することを課題としたい。

ところで災害碑については、最近、考古学の狭川真一も指摘するところである[9]。狭川によると、災害を碑に刻むことは、供養や教訓を後世に残す目的で広範囲に行われてきたが、津波災害碑にふれて、従来は最古と言われていた正平 16 年（康安元年：1361）の地震に際し死者を供養したとされてきた徳島県美波町の「康暦碑」には災害供養に関する文字がみえず、否定されるべきものであり、確実な事例は慶長 9 年（1604）の徳島県海陽町鞆浦の「大岩慶長宝永津波碑」であるという。この碑にはその名のごとく、宝永 4 年（1707）の宝永

津波の災害記事が追刻されており、明らかに災害を後世に伝えることを目的としている。とくに慶長の碑の教訓により適切な措置が講じられ、宝永には死者が一人も出なかったことが記されているという。ここではこれに、明応津波についての静岡県の事例を付け加えておこう。伊豆国仁科（現西伊豆町）の佐波神社に伝来する慶長10年（1605）の棟札は、前年の慶長9年の津波で神社が倒壊し再興された際に作成されたものであるが、その裏書によれば、「甲辰年」（慶長9年）を上回る「戊午年のなミ」（明応7年の津波）がはるかに奥地にまで及んだことを「末世ニ其心得可有之候」と願栄なる者が記している[10]。明応と慶長は約100年余の隔たりがあるが、慶長時に明応津波の「記憶」が呼び起こされ、それが具体的に災害の対応を促す目的で記されたのであれば興味深いが、逆に言えば、やはり中世最大の地震災害である明応地震・津波でさえも、100年もの間、教訓的な災害碑は建立されなかったともいえよう[11]。

これらの事例からは、近世初頭の地域社会に教訓的な意識のもと、「記憶」の形象化による自覚的な災害対応を確認することができるのであるが、このことは中世社会にはこうした意識と対応が基本的には存在せず、碑も造られなかったことを示していることになろう。それでは中世には災害の記憶を何らかの方法で記録し、教訓的な意味合いにおいて後世に伝えることは行われていなかったのだろうか。この点、関連する古文書・古記録がきわめて乏しいなかで、重要な史料として本稿が注目するのが、年代記という史料である。本稿ではこの年代記にこうした機能がある可能性を指摘することを目的の一つとしている。そこでつぎに年代記一般における史料的性格について検討しておこう。

3. 中世災害と年代記

年代記の史料的性格と災害史の関連については、地震史料としての年代記について言及した田良島哲の論考がある[12]。これをもとに年代記についてみておこう。

年代記とは、「歴代の天皇・将軍名、年号、干支などを簡略に記述し、歴史上重要とされる事項を書き込んだ、今日でいう年表」だが、そこに所持者によ

る書き込みや追記があり、その中に他に見られない貴重な歴史的事実が含まれていることが多い、というもので、そこに独自な災害記事や災害対応が記されていることになる。「皇代記」「王代記」「皇年代記」「王年代記」などと呼ばれるもので、日本ではすでに平安時代中期にはこの形式が成立していた。そして京都や奈良の大寺社でも個別の内容を伴ったものが作成され、武家政権においても「武家年代記」「鎌倉大日記」などの年代記が作成される。これに加えて各地でもおもに寺社によりこれに類似した年代記が成立しており、「中世の人々が歴史を記述する一つのスタイルとして定着していた」と考えられるという。

田良島はこうした地域における年代記の性格について、ケーススタディとして能登国の「永光寺年代記」をとりあげて検討した結果、すでに中央での事件や全国的な事件が書き込まれた古い原年代記に、地域での歴史的事件を書き加えたものであったことを指摘し、年代記の記事については、同時代の史料や他の年代記との比較検討が必要であること、また原年代記の性格把握が必要であること、などを述べている。

田良島のこれらの指摘は、年代記を史料として操作する際の留意点の指摘として有効である。やはり個別の史料の性格を吟味した上で利用することが肝要であることになろう。そこで災害や災害対応の研究ですでに有効な分析がなされている年代記である「常在寺衆中記」について紹介することで、実際の方法を検討してみることにしたい。

「常在寺衆中記」は、別名「勝山記」「妙法寺記」などと呼ばれ、富士山麓の河口湖・富士吉田市周辺にいくつかの写本が伝来していたが、近年これらが本来は日国という日蓮宗の僧侶とその法脈につらなる複数の常在寺の僧侶たち（常在寺衆中）により書き継がれていた戦国期の記録をその後編纂したものであることが、周辺寺院の史料調査により明らかにされた[13]。常在寺は沼津の岡宮光長寺を本寺とする寺院で、河口湖沿岸の大原庄の鎮守の勝山御室浅間神社の宮寺・法伝寺が弘安年間に日蓮宗に改宗した寺院である。

この「常在寺衆中記」は、6世紀からの年代記の部分と、文正元年（1466）から永禄6年（1563）に及ぶ年録の部分からなる。この年録の部分は、地域に生きる僧侶たちの記した詳細な記録であり、戦国期の社会の情勢を十分に窺えるものと評価されている。

第2章　日本中・近世における災害対応と「記憶」の形象化　33

　これについては、かつて拙著で記したところであり[14]、その中身を要約すれ
ば、富士北麓において、頻繁に繰り返される災害や飢饉、そしてその結果であ
る病や餓死の様相が詳細に記され、また世間の富貴などに作物の良好な事態を
示す記載もある。また作物の相場や銭の動向や、下吉田の小室浅間神社の筒粥
神事など民俗の様相も記される。また明応7年（1498）に起こった大地震につ
いての記述もある。僧侶の記録であるから、そこに介在する日蓮宗の布教や信
仰のありかたが紹介される。これらはおそらく、僧侶という立場からくる宗教
的な解釈の必要性から、日常に頻発する災害と、これとは異なる規模の非日常
的な大災害を記録し、かつ生活の世界を記録しており、きわめて価値が高いも
のとなっているのである[15]。

　このように、「常在寺衆中記」の史料としての信憑性を高めたのは、周辺史
料の検索により記主の実態が明確にされたことと、現地の地域社会の歴史的・
民俗的様相とのすりあわせによると言える。そこで本稿では、こうした視角の
もとに、村が残した年代記として著名な「大平年代記」と、その舞台である中
世の大平郷、現代の沼津市大平地区における災害対応について、分析を進めて
みたい。

4.　沼津市大平地区の災害と災害碑について

　まず、歴史的分析の前提として、現沼津市大平地区とそこにおける災害の様
相についてみてゆこう。大平地区は現在でも沼津市の市街地からはやや離れた
地域で、南東から北西に狩野川が流下し、南西を小高い山々に囲まれた小宇宙
である。しかし「大平」の名にふさわしく、東西に約2.5キロメートル、南北
約1.5キロメートルほどの平坦な地形である（[図1][16]）。

　しかし蛇行する狩野川の存在は、一見してこの地区にその氾濫の危険性があ
ることを示唆している。また周囲の山々から湧き出る水が湛水しやすく、この
二つの条件において、水害に遭いやすい地域であることを容易に見て取ること
ができよう。

　大平地区については、詳細な民俗調査が静岡県史と沼津市史の編さんの過程

[図1] 大平の位置（2万5千分の1地形図「韮山」に加筆縮小
　　　　福田アジオ注（17）論文より引用）

でそれぞれ行われており、その成果が刊行されている[17]。そこにおいても災害の問題は大きなウエイトを占めて分析されているので、これらを参考に概要を把握しておこう。

　まず大平の集落と耕地のあり方をみたい。北を除く三方を山で囲まれた大平を狩野川の堤防上から眺めると、一面に水田が広がり、その水田の先の山裾に家々が列上に並んでいるのを確認できる。集落は大きく二つの種類に分かれている。一つは山麓部に分布するもので、規模は大小あるが、十四ほどある。その名は、小山・松下・横代・大井・午前帰・鴻鳥（小踊）・戸ケ谷・天滴・多比口・山口・吉田・南蔵・新城・政戸である。

第2章　日本中・近世における災害対応と「記憶」の形象化　35

[写真1] 三分市地区をのぞむ

[写真2] 江川と江尻橋（中世の大橋）

　これに対して、形態の異なる集落が一つある。それは三分市と呼ばれる大きな集落で、大平地区のほぼ中央部に位置し、島状に存在する微高地に位置している。この集落は現在の大平の中心地区であり、小学校、市役所出張所、農協の支所、郵便局、診療所などの公共機関が集中している。三分市地区は、かつての狩野川の流路が作り出した微高地であるが、他の集落とは異なる開発の様相を示していることになる。この点はのちにあらためて問題としたい。
　つぎに開発のための用水について述べよう。大井の集落に、用水の取水口があることが象徴しているように、この地区では山裾からの湧水が基本的な水田開発の用水であり、集落の開発はこれによるもので、湧水を集めたいくつかの樋（水路）が狩野川に向けて流下している。その最大のものは現在の江川である。この湧き水は過度の降水にはすぐに湛水して湿地を形成しやすく、田畠が冠水する。降雨時にはこの冠水と狩野川の氾濫とにさらされる危険性がある。また、湧水に依存することは、逆に干天時には水が不足しやすい地域でもあることを意味している。
　大平地区はこのように「水」に悩まされる地域であると言ってよいが、しかしやはり大平の災害の最たるものは、狩野川の氾濫の引き起こす水害（洪水）であった。以下おもに『沼津市史　通史別編　民俗』中の「大平の水害と農業」[18]から実態をみておこう。
　大平では「雨がミツボ（三粒）降れば水が潰く」と言われるほど昔から洪水に悩まされてきたという。狩野川本流の水位が上がれば、江川の水が逆流し、

[写真3] 江尻水門の現況

大平は水浸しとなる。さらにヤミズとよばれる山々から流れ落ちる雨水が行き場を失い被害が増大するという。洪水の記憶は人々に新たなもので、大正3年（1914）や昭和13年（1938）の水害の記憶が生々しく記されている。後者では大平側の狩野川の堤防が四か所も切れた大きな被害があり、三分市地区では多くの人が新城の円教寺へ逃げ、そこから山づたいに吉田の龍音寺や知り合いの家へ逃げたという。また周知の昭和33年（1958）の狩野川台風の際は、死者行方不明者総数853名の犠牲者が出た。大平の上流で土手が切れ大平では死者は出なかったが、土手（堤防）が水流で揺れて氾濫の一歩手前まで水がきたという。

　ところで重要なのは、洪水については江川と狩野川の合流点である江尻に敷設された水門についてである。この水門の構築については「大平年代記」に中世のこととして記述がある。この点についてはのちにあらためて検討したいが、近現代の水門は岩を刳り貫いて狩野川と結び、そこに木製の門を付けたものが原形であった。この水門を閉じることにより狩野川の水の流入を防ぐのだが、水門を閉じると、さきほどの大量のヤミズが行き場を失って湛水を引き起こすので、江尻の水門を閉めるタイミングは、狩野川とヤミズの状況をよく見定める必要があった。水門の開閉は手動では難しく、流れてきた障害物でうまく閉じられないことがあった。昭和13年の水害はこの水門の大破が要因となった。この水門は昭和60年（1985）に湛水防除の設備が整い、自動的に開閉ができる施設となった。

第2章　日本中・近世における災害対応と「記憶」の形象化　37

[写真4]　洪水紀念表

　およそ以上が近代以降の大平地区を襲った災害の実態であるが、この点に関わって、大平地区内の新城の狩野川堤防に災害碑である「洪水紀念表」があることが注目される。これは明治40年（1907）の洪水の翌年に新城の住民原弘一郎氏が個人で建てたものである。この碑にはつぎのように記されているという（便宜上年号に西暦を補った）。

　　亥之満水　寛政三年（1791）八月大風　百八十年前
　　未之大水　安政六年（1859）七月廿五日東風　五十年前
　　明治廿三年（1890）寅八月二十三日　大水
　　明治四十年（1907）八月二十四日　大水

　これに加え、一尺ごとの目盛りが刻まれており、水位を測るために利用されていたことが窺えるという。この碑は、まさに近世～近代の大平の災害碑であると言え、災害に常に見舞われる大平地区を象徴するものと言えよう。そして大平地区には、この碑が記す年代をさらにさかのぼって災害を詳細に記している「大平年代記」が存在するのである。以下、この史料の検討にうつろう。

5. 中世大平郷と「大平年代記」について

中世大平郷の史料上の初見は、享徳3年（1454）、「日本洞上聯灯録　七」の近江国の興国玄晨禅師が駿河国の「大平郷」に曹洞宗の桃源院を開山したという記事である[19]。続いて延徳2年（1490）には足利義材が「駿河国大平・得倉・日守参箇郷」を布施梅千代丸に安堵している記事が「伺事記録」にみえる[20]。大平郷はこのようにまず15世紀後半に宗教史料や室町幕府関係の史料に散見されるが、これ以後は、16世紀の天文年間以降の戦国期、北条・今川・武田・徳川といった近隣の大名諸氏の発給文書にみえるようになる。

大平郷には、永享2年（1430）の某判物から天正18年（1590）に及ぶ34通もの中世文書が伝来しており、こうした大名らの文書を受ける主体として、郷内に桃源院、そして星谷氏、片岡氏といった土豪が存在していた[21]。そしてこれら中世史料の所蔵者と深く関わって、「大平年代記」が存在している。「大平年代記」は、大平郷の開発に携わったとされる片岡家に伝来した大平郷の中・近世の歴史を記す記録であり、郷村の歴史を記した希有な史料として、従来から注目されてきた。そこには多くの大平を襲った中・近世の災害の記事が記されているのである。しかし、その全てを信頼に足る事実とすることには躊躇するかのような記事も確かに散見される。そこで以下、史料的な吟味が必要となる。

「大平年代記」については、これをはじめて活字化し紹介した『大平年代記付大平旧事記・大平道之記』[22]における友野博の「「大平年代記」解題」が詳しく、さらに沼津市史編さんの過程で出版された『沼津市史叢書七　大平村古記録』[23]における木村茂光の「史料解説」が参考になる。木村の解説は、友野らの成果を踏まえ、中世大平郷の展開と「大平年代記」の成立過程をあわせて論じているので、おもに木村の成果を参照して、「大平年代記」の性格をまず把握しておこう[24]。

「大平年代記」は、以下のように八冊に分かれ年代順に記載がある。

① 四冊の内　1　元暦元年（1184）〜応永20年（1413）

② 四冊の内　2　応永 21 年（1414）〜永禄 12 年（1569）

③ 四冊の内　3　元亀元年（1570）〜慶長 19 年（1614）

④ 四冊の内　4　元和元年（1615）〜慶安 5 年（1652）

⑤ 四冊の外　1　承応元年（1652）〜宝永 7 年（1710）

⑥ 四冊の外　2　正徳元年（1711）〜享保 21 年（1736）

⑦ 四冊の外　3　元文元年（1736）〜安永 8 年（1779）

⑧ 四冊の外　4　文政 11 年（1828）〜明治 4 年（1871）

このうち、①〜⑦の原「大平年代記」は、片岡家に所蔵されていたものであるが、⑧は沼津市史編さんの過程で新たに綾部家から発見されたものであり、⑦との間に約 50 年の空白があり、何らかの理由で断絶があるとされる。

ところで「大平年代記」には、おもに寛永年間までの記事に、「古帳」を参照して叙述しているという記載があるが、この記載は、④すなわち“四冊の「内」”と称されるものに存在している。木村はこの「古帳」という古記録の存在を想定し、これを「中世の記憶」と規定し、この「古帳」を残したのが星谷氏であると推定している。また、この点も踏まえ、「大平年代記」に「内」と「外」とあることについて、この変化の時期が大きな転換点であり、その内実は、中世的地侍の衰退と近世村落の形成という転換であるとしている[25]。

つまり、おそらくは近世初頭まで書き継がれてきた「古帳」があって、それを基礎に 18 世紀前半（1700 年代前半）までにはじめの部分が成立し、その後も書き継がれて明治に至ったということになるのであろう[26]。

そこでさらに問題とすべきと筆者が考えるのは、「中世の記憶」と、他ならぬ星谷氏・片岡氏らの中世土豪の家の展開との関連である。さきに述べたように、大平郷に関連する中世史料は、星谷氏・片岡氏の所蔵（あるいは旧蔵）のものを含め少ないながら相当数存在する。そこでそれらと「大平年代記」の記述の関連を以下で検討することにしたい。

星谷氏・片岡氏、桃源院の所持する史料は、さきのように、基本的にはおよそ天文年間、16 世紀初頭から中世最末期の天正年間の間となる。これは「大平年代記」の②の半ば以降の記述となるが、興味深いことに、この間の「大平年代記」には戦乱と戦国政治史に関わる記事がきわめて多く散見される。これ

は、この前後の「大平年代記」にはみられない大きな特色と言ってよいが、星谷氏らの土豪が生きた時代こそがこの時代なので、これは当然と言えよう。そこで問題は中世史料との関連である。「大平年代記」の記事を確認してみよう。まず②の末尾 21 頁[27] にはつぎのような記載がある。

　　然ルに時移り世変す、文正年中より大水、享禄ニ至ル六十年余、伊豆、相
　　模、駿河、申（甲）州、遠州、三河悉く騒動し、軍役重ク此節難義至極候、

　文正年中（1466〜）の大水から享禄年中（1528〜）に至って世が騒がしく、伊豆から三河まで争乱に巻き込まれそのため軍役が重く難儀したという様相が記されている。この記事は享禄元年から天文 5 年（1536）の間にある記事で、文正から享禄に至る記載がすでにこの前にあるが、そこには具体的な「騒動」に相当する記載はない。つまりこの記事は、一般的な記載として記主が天文以降のまえぶれとして記した慨嘆であり、それ自体一つの「記憶」であるが、まさに天文 5 年以降が一つの画期であることを示唆している。具体的にそれは、翌天文 6 年に勃発する駿河国駿東・富士郡に北条氏が乱入して開始される今川氏との抗争、いわゆる「河東一乱」の開始である。そしてこれ以降、大平郷に大名らの文書が発給されるのであり、「大平年代記」も新たな時代を迎えることになる。これが画期の中身であろう。
　まず同年 2 月、北条氏綱の制札が「大平之内　星谷殿」へ宛て発給されている[28]。つぎに同 9 年（1540）、今度は桃源院に北条氏康の禁制が発給されている[29]。同 14 年（1545）に今川氏が北条氏を退けると、大平郷の支配は今川氏に帰すが、同 21 年（1552）には星谷氏と片岡氏に同年月日の今川義元判物が出されている[30]。これは「大平郷八社神田之事」に関する取り決めであり、その維持を基本的に行うこと、陣参の時は朝比奈氏に属し、片岡氏・星谷両氏が打ち代わり勤めるべきことなどが記されている。
　戦国期の大平郷に「大平郷八社」なる神社組織が存在していること、また星谷氏と片岡氏の連帯がみられることなどが具体的にわかる貴重な史料だが、同時に重要なことがある。それはこの史料の内容に合致する「大平年代記」の記載があることである（② 21〜22 頁）。ここからは、「大平年代記」が星谷・片

第2章　日本中・近世における災害対応と「記憶」の形象化　41

岡氏に発給された今川の判物を参照していたことを確認できるのであり、その戦国期の記述に一定の信憑性を付与することができる。ただ「大平年代記」は、これを近世的な言語により「読み替えて」いるのであり、そこに近世的な要素が混入されている可能性がある。この点に「大平年代記」の一定の史料的信憑性と限界が同時に表れていると言えるだろう。この史料の読み込みにはこの点への留意が必要となる。

　これ以降も、戦国期の大平郷に関する史料は相当数存在するが、しかし基本的に「大平年代記」に明確に対応するものは見あたらない。わずかに該当の可能性のあるのは以下の記事である。まず武田氏の駿河侵攻により戦乱が激しくなった元亀3年（1572）3月に今川氏真が桃源院に発給した禁制[31]が、「大平年代記」の同年9月に掲載されている制札（③24頁）に関連する可能性があるが、これは文言も異なり、最大限にみても事実の反映にすぎない。

　つぎに天正7年（1579）に星屋（谷）氏に竹木の徴用を命じる北条氏の判物[32]があるが、「大平年代記」に記載された同7～9年の大平周辺での北条・武田の紛争に関連する可能性がある（③24～26頁）。とくに戸倉（徳倉）合戦と呼ばれる同9年の合戦については、「大平年代記」には大平の様相が詳しく描かれ、土豪たちの動静や「八社神領」の退転も描かれているが、関連する他の史料を見いだすことができない。何らかの情報を参照し、叙述した可能性が指摘できるだろう。

　以上のように、「古帳」の作成にあたっては、土豪各家や桃源院に伝来する史料とその他の情報をあわせて、戦国期の様相を叙述したことを、ひとまず指摘することができるだろう。つまりこれは土豪らの「記録＝史料」による叙述なのである。すると、これ以前の記述、すなわち「年代記」①と②の半ばまでの記述とは、同じ「古帳」に相当するとしてもその性格は異なり、いわば土豪の家の「記憶＝伝承」に依拠したものであったことになる。

　したがって現代の歴史学の手法では、この部分の記述を実年代の「事実」として扱うことはやはりためらわれる。しかしこれが「土豪の記憶」である点において、全くの創作とすることもまた妥当ではないと考える。その理由を述べるためにも、つぎにこの部分の記述と地域社会の様相とを関連づけて検討したい。具体的にはこの地域の開発と災害に関する分析ということになる。

6. 中世大平郷の開発と災害対応

(1) 土豪による工学的災害対応

　まず「大平年代記」①と②の半ばの記事を検討しよう。記事は「昔より駿豆之堺ニ而何共不分明之処也」から始まり、元暦元年（1184）に北条時政が関を置いたと始まる。「土豪の記憶」として興味深いのは、元弘元年（1331）に越前国朝倉の浪人星屋（谷）修理之亮が大平の地に土着して開発を進めた記事、続いて建武元年（1334）に上野国乗村から片岡権之輔が徘徊し、魚取りを生業としている記事である。これらは土豪の始祖伝承としての「記憶」が記された部分であろう。

　そして特筆すべきは、(1)開発と災害の頻発と、(2)寺社の建立である。まず前者をみてゆこう。まず災害の記事を［表1］としてまとめた。これに明らかなように、延元元年（1336）8月3日に「大水ニ而新地田畠悉く指埋」の記事を最初にして、「満水」「出水」が頻発している。一方、開発は星屋（谷）氏の入部とともに開始されるが、注意すべき点は、文和元年（1352）に

　　　満水も無之、寄々申合、是より先杭ヲ立、土手をなして水除を先とし、開
　　　発を後ニ可致と之評議之内今年より

とある点である（①5頁）。大平郷では水害とは開発を阻害するものとして認識されており、満水がないこの時を好機とし、水害を防ぐために土手＝堤防の構築を優先することを決議していることが理解される。ここに開発を進めるために、災害対応の必要性が認識されている点が明らかになる。そこで応安2年（1369）・3年（1370）の記事が注目される。以下に掲出しよう（①5頁）。

　　　^{（応安）}
　　　同二年酉年、江之尻へ水門を伏て、上を築立而橋となし、是を江尻橋とい
　　　ふ、又中ニ橋を掛、東西之通行とす、長サ七間四尺是を大橋といふ、

　　　^{（応安）}
　　　同三年庚戌、畠之中ニ手々ニ小屋を掛、出作場と定メ、出水之節ニハ根付

第2章　日本中・近世における災害対応と「記憶」の形象化　43

［表1］　「大平年代記」にみる中世の開発と災害・災害対応

年次（年・月・日）	出来事
延元1・8・3	大水にて新地田畠悉く指し埋まる。
暦応3・5	満水にて土地埋まる。
康永1～3	数度の出水。作は不実皆損。開発も退屈。
貞和～観応～文和	開発なし。
文和1	是より先ず杭を立て土手をなし水除を先にし、開発を後にする。
貞治1～5	7月出水にて夏物・小物等皆無。
貞治6・8	満水入江を埋め一面海のごとし。江の尻を屈割水を落とす。
応安2	江の尻へ水門を伏て上を橋となす（江尻橋）・なかにも橋を架ける。畠の中に小屋がけ出作場とし向原とす。小屋13軒。
永和2～4	春に水除普請をする。
応永9・5	大旱魃。秋霖雨・大風。冬地震。畠は少々。田作は皆損。
応永10まで	年貢不納。
応永11～16	年貢半減。
応永32・9	満水にて両所の橋流れ落ちる。原の中に13ケ所の土手をなす。作は退転。10月に御屋形の御見分あり。
永享8・春～9夏	疫病流行り人多く死す。
嘉吉3	大旱魃・日損。
寛正5	秋大雨にて山崩れ3ケ所の堤指し埋まり退転。
寛正6	旱魃にて田畠ともに皆損。藤松明を焼く。御見分役人少々持参。
文明4～5	日損・水損にて皆損。
文明6～7～12まで	諸国虫付にて大違。年々不作困窮。
文明16・秋	大水豆州堺狩野川急水にて指し埋め。流死7人。作は勿論（不作）。
文明17～18	川瀬替り諸破損につき年々水除普請。
長享1～2	1年に3度出水。2年大水。水除普請もなくうち過ぎる。
延徳1～3	度々出水。
明応1～6	度々出水。土地高くなり極上畠地になり日守里新田と名づく。
文正年中	大水。
天文6	度々出水。
天文7・7・4	大雨・雷7ケ所へ落ちる。
天正15	文安年中取り立てた堤、度々破損。堤を上に築く。
天正17	大雨永く山崩れ（向岳庵指し埋め）。
天正18	此の節には乱世後で田畠荒地となり当村困窮。
天正19・6	あられ降る。

※下限は天正末年とした。

へ引退居而出作す、是を向原と名く、小屋十三軒

　これに先だって貞治元年（1362）以降同6年（1367）まで出水が続き、満水
が入江を埋め一面海のようになってしまった。そこで「江之尻」を掘削し水を
落とし入江が沼地として土地が固まったという記事がある。これを受けた大平
郷内の水の調節のための措置が応安2・3年の記事である。しかもこれは水門
と橋の設置にとどまらず、「向原」への出作を意図した、まさに開発策と一体
となった災害対応策である点が興味深い。
　この後「大平年代記」はこの地が安定にむかい、至徳2年（1385）には片岡
氏に駿府（今川氏）より「開発之内」の「三分一」の免租が認定されたことを
記している（①6～7頁）。
　問題は、この一連の記事を中世のものとして評価できるであろうか、という
点である。この江尻（江之尻）の水門については第4節で検討したように、現
在においても機能する大平地区の水害対策の要となっているものであり、その
形成は、大平地区の開発と災害対応の根本にかかわる問題でもある。
　そこで江尻水門に関わる史料として、元禄5年（1692）9月作成の「大平村
下絵図」を検討しよう[33]。これは桃源院に伝来したものであり、塚本学の基礎
的検討がある[34]。塚本の作成したトレース図を［図2］として掲げよう。
　この絵図からまず確認すべきは、三分市村がすでに成立しており、江川と江
尻水門も所与の存在として描かれていることである（［図］2中に表記）。ここ
からこれらの施設が、少なくとも17世紀の後半までには成立していたことに
なる。これより以前、「大平年代記」によれば、大平村内は小山組、三分市組、
平組の三つに分かれており、小山組は星谷氏、三分市組は片岡氏、平組は土屋
氏が名主を務めていた。しかし17世紀の前半にはこの三家が当主の死ととも
に後退し、名主役が他家に代わることになる[35]。その詳細は「大平年代記」が
記すところであるが、塚本によれば、この絵図はこうした新旧勢力の交代に端
を発した新代官の命令によって作成された可能性が高いという。とするならば、
当然この集落の形態はそれ以前にさかのぼるだろうし、その開発者は、小山組
の星谷氏と三分市組の片岡氏が想定される。したがって江川を整備し、江尻水
門を形成し、水害を回避し土地を安定化させ、「向原」に出作して近世大平村

第2章　日本中・近世における災害対応と「記憶」の形象化　45

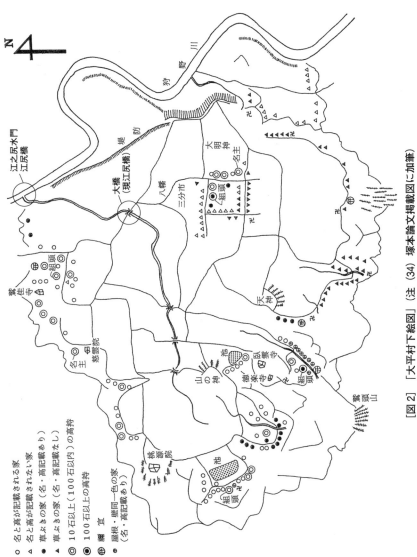

[図2] 「大平村下絵図」（注(34)塚本論文掲載図に加筆）

の祖型を築いたのは、やはり星谷氏・片岡氏らの戦国期土豪であることは間違いないものであろう。

また「向原」がこの時点で「三分市」となっているのは、「大平年代記」にある「三分一」の免租に由来するものであろう。そこで気になるのは、元亀2年（1571）の桃源院宛の今川氏真判物写である[36]。これによれば、氏真は大平郷の桃源院領50貫文のうち、「三ケ弐」を借り置き、残る「参ケ一分」を寺領として安堵している。これはさきの至徳年間の「三分一」免租に類似している。これが「三分市」の名の由来として付託されたのではなかろうか。

また天正3年（1575）には、星谷氏に宛て北条氏が「被官屋敷十二間」を下し置いて安堵している事実がある[37]。これは、「向原」の「小屋十三軒」を想起させる内容ではなかろうか。塚本の分析によれば、「大平村下絵図」の三分市村には三十九軒の農民の家が存在するが、その中核にある根本百姓が「小屋十三軒」であり、星谷氏配下の被官であったのではなかろうか。星谷氏の配下から分かれ、片岡氏の統率のもと、「向原」の開発に入植した人々を指し示している可能性もあるものと考える。

以上、現存する戦国期の史料と「大平年代記」の「向原」開発の動向が符合することを指摘したが、ここからは、「大平年代記」の記述に関して二つの可能性を指摘することができる。一つは、土豪らの戦国期における災害対応と開発の事実が、ここに反映されているということであり、二つにはそれが「土豪の記憶」として戦国期以前の記述に変換された叙述となったということである。この点において少なくとも以下のことが言えよう。すなわち「大平年代記」が記す災害対応と開発は、土豪らによる中世的なものであること、とくに彼らによる地域編成の展開のなかで実現したもの、である。中世後期の村落社会において、社会的権力である土豪の社会編成が中核的なものであることはかつて論じたところである[38]。すなわち本稿が想定した社会的対応の進展に基づいた工学的な対応の一類例として、これを提示したい。

(2) 地域社会の宗教的災害対応

もうひとつ、「大平年代記」に顕著なのは、大平郷における宗教的な災害対応である。「大平年代記」①②には、中世における宗教施設に関わる記事がき

第2章　日本中・近世における災害対応と「記憶」の形象化　47

[表2]　「大平年代記」にみる中世の主な宗教関係記事

年次(年・月・日)	出来事
元徳1〜2	豆州高山寺玉翁西堂、旦越の依請により当境に草庵を結び、2年に引き移る。
建武2・春	星屋修理之亮、鎮守御嶽権現を祭り、毎年9月12日に祭礼とす。
暦応2・8	臥雲庵西堂逝去。臥雲庵開山なり。
永和1・8	八幡宮を鎮座せしめ毎年8月15日を祭礼日と定む。
康暦1	「関西五ケ所（寺）」なる。五寺：臥雲庵・幽洞庵・高岳庵・円成寺・鷺柱庵（明徳1の記事による）
永徳1	関西に庵室出来。駿府へ聞こえ、翌2年使者来る。
康応1	平百姓四社神共に祭礼して毎月3日に祭礼。これを「関西八社之神」とす。八社：富士浅間宮・御嶽権現・正八幡宮・住吉明神・白鬚明神・白山権現・山王権現・湯屋権現
明徳1	学翁来りて庵室をむすび阿弥陀を安置す（学翁庵＝白雲庵）。
応永17	修験を請じて江尻橋で雨乞の祈祷をす。村の祈願所となる。当光院・南蔵院となる。
正長1	駿府屋形、水難・旱損の難所ゆえ、神明の冥感のために神事・祭礼をなすべきとの仰せあり。
永享1	三分一引高を八社神領となし祭礼をなすべきとの仰せあり。
永享2〜3	屋形判形により三組の禰宜職を決める。
永享4	丸山に山神を祭り毎年正月に郷中祭礼す。
永享9〜10	前年よりの疫病のため、夏まで種々祈祷、宮々祭礼、次第に疫病軽くなる、百万遍念仏修業。
永享11〜12	三分一村百姓志願により阿弥陀堂建立。百万遍行う。
宝徳2	桃源院建立。
寛正4	円成寺、観音山頂上に御堂を建立し遷し祭る。
文明1	伊予国より日損・水損の守護神とて鷺頭明神を勧請す。
文明13	鷺頭明神を山の山頂に鎮座し、年来祭りを八社神と同様にする。
永正7	根付石雲庵廃壊するも、石雲山龍音寺となり桃源院末寺となる。
永正11	三ケ郷長百姓、八社祭礼怠慢を奉行に注進する。
大永1〜6	諸社の造営記事多し。
享禄1	八社神に15貫余を毎年引き取る墨付くださる。円成寺消失後四ケ寺預かるも猥りにあいなる。
天文25	戦乱の軍役などにより、八社神宮退転する。駿府の屋形に訴え、修復のための判形を下さる。
永禄1〜2	八社神書き替え出る。
永禄3	大平五ケ寺の御触れは天文年中の通りとの天降寺殿判形あり。
天正9	北条氏より鷺頭明神の普請と神主屋敷構の願の旨仰せつかる。
天正10	前年の徳倉の合戦により八社神領も上がり祭礼無し。
天正17	大雨に山崩れ、向岳庵指し埋まる。
天正18・秋8月	正戸浪人・百姓衆鎮守を造営し内八社とする。内八社：結大明神・諏訪大明神・木宮大明神・佐口神・八幡宮・稲荷大明神・金山大権現・子之神宮

※下限は天正末年とした。引いた宗教記事はすべてではない。

わめて多い。その主要なものを［表2］として掲示した。大平郷にとって重要な寺院であった桃源院についての記事は多く、古文書も残されており、その動向が明確になる一方で、その他の寺社についての記事も比較的多い。

元徳元年（1329）の伊豆高山寺の玉翁西堂による草庵・以隠寮（のちに臥雲庵（寺）・現存）の設置を皮切りに、多くの寺社の創建などが記されている。建武2年（1335）の片岡氏による「鎮守御嶽権現」の勧請は、土豪による勧請であり、康暦元年（1379）には寺も増え「関西五ケ所」となり繁盛している。これは臥雲庵・幽洞庵・高岳庵・円成寺・鶯桂庵の五つで、さらに康応元年（1389）には「関西八社之神」がそろった。富士浅間宮・御嶽権現・正八幡宮・住吉明神・白髭明神・白山権現・山王権現・湯屋権現である。

ここで注目されるのは、第5節で指摘した戦国期の天文21年（1552）の今川義元判物にみえる「大平郷八社神田之事」であり、これが「関西八社之神」に相当することは明らかであろう。今川氏がその管理を片岡氏・星谷氏に命じているのである。これを踏まえるならば、鎌倉〜南北朝期の五寺・八社などの寺社の建立という「事実」も、基本的に「土豪の記憶」に拠る記述である可能性が高いことになり、この点において、災害対応の記述とも共通性があることが指摘できる。

そして戦国期においてこれらの寺社が、土豪に管理される地域における重要な鎮守であったことを、今川義元の判物は意味していることになる。これ以降、「大平年代記」の中世部分には、しばしば八社の造替の記事がみられ、戦国期の天文25年（1556[(39)]）には「当社八社神宮之退転仕候」という事態となる。これは戦乱の故であり、今川氏へ訴え出て「村方」による祭礼の興隆が図られる、という記事に続いてさきの義元判物に類似した記事がみえ、社領の安堵が記述されているのである（②21〜22頁）。この部分は明らかに義元の判物を参照していると考えるべきである。ではこの部分をどう読んだらよいだろうか。これは戦国期の八社祭礼の維持・管理が、土豪を中核とした大平郷の村落連合の重要課題であったことを意味していると考えるのが妥当であろう。寺社の創建がいつであるにせよ、戦国期において寺社祭礼は地域社会にとり不可欠であったのである。ではそれは何故か。この点に関しては、つぎの記述を参照したい（②10頁）。

第2章　日本中・近世における災害対応と「記憶」の形象化　49

（応永）
同十七年庚寅、又夏旱魃ニ付、修源（修験、以下同じ）を請して江尻橋ニ
おゐて雨乞之祈祷、此年より雨次も宜敷候而、作毛茂宜敷故、此年より修
源を居置テ、村之祈願所とす、西ニハ当光院、東ニハ南蔵院といふ、

　応永17年（1410）のこととして、旱魃について江尻橋で修験が雨乞いの祈
禱を行い、雨がよく降るようになったので、修験をそのまま据え置き「村之祈
願所」となすという内容である。これ自体、いわゆる宗教的災害対応と言えよ
うが、その場所が水害対策として成形した江尻橋であったことは興味深い。そ
こにはおそらく象徴的な意味あいが込められているのであろう[40]。その修験の
寺庵として当光院・南蔵院があげられているが、いずれも現存しない。しかし
当光院については現地比定が可能であり重要な機能が見いだせるので、この点
は後述したい。いずれにせよここに地域社会（村）が主体となった宗教的対応
が見いだせるのであり、それが同時に土豪による工学的対応の結果構築された
水害対策の施設で行われることからは、両者の一体性を認めることができると
考える。
　同様の事は、正長（1428〜）から永享年間（1429〜）に至る記事にも散見さ
れる。「駿府屋形」が水難・旱損の難所としての大平を神明の加護により守る
ための神事・祭礼と神領の興隆を謳い、疫病対策のために種々の祈禱が行われ
ているのである。そしてつぎの文明元年（1469）の記事である（②16頁）。

　一、文明元已丑ノ春、伊予国より日損・水損守護神とて鷲頭明神勧請、則
　　観音之御堂と双而鎮座せしむ、神主も同国より附来ル、依之伊予殿と言

　この記載は、現在も大平郷を囲む山稜の一つ鷲頭山に鎮座する鷲頭明神の勧
請の次第を述べるが、これが水害・旱魃への宗教的対応であったことを如実に
物語る。しかもこの記事に続けて、同13年まで日損・水損で不作が続いたた
め、明神を観音堂の側から山頂に鎮座しなおし、「年来祭りハ八社神と同様ニ
す」とある。これは明神を勧請したにもかかわらず効果がなかったため、鷲頭
山山頂に遷座し祭礼を「八社」と同様とするという意味である。「八社」並み
にするということは、土豪を中核とした村落社会の総意で維持されることを意

［写真5］　大平郷土史研究会の説明板　　　［写真6］　「どうめん（道免）さん」の現況

味しているわけで、おそらくこの措置により、この宗教的な対応は効力を発揮することになったのであろうと推測できる。ここにも、地域社会による宗教的な対応を認めることができるのである。

　さて、大平郷における宗教的災害対応は、八社＋鷲津明神や五ケ寺など宗教施設の祈禱などにとどまらない現実的な機能がある。それは、これらの寺社が、大平郷内部の各村落に隣接して比較的高台に位置していることから、いわゆる避難所（シェルター）として機能していたと考えられる点である。これは、第4節で指摘した、水害に直面した三分市地区の人々が新城の円教寺に避難し、さらに山づたいに吉田の龍音寺へ逃げたという近代の事例からも推測できるが、さらに当光院の事例の検討からも指摘できる。

　当光院はさきにみた修験の関与した寺庵だが、現小山地区の集落の段丘上の奥部に跡地が比定されている。そこには「どうめん（道免）さん」の伝承がある。平成18年（2006）に大平郷土史研究会が設置した説明板によると、この地は「大平年代記」の記す応永9年（1402）の災害（旱魃・霖雨大風・なひ割れ＝地震）に直面し、農民たちがここに仮堂を建て祈禱を始めたところ、御利益があったので、翌10年にお堂を建立し「当光庵」と名付け、庵主・道免の指導のもと農耕と祈禱を行ったという。これは「大平年代記」の記述を参照したものであるが、一方で「どうめん（道免）さん」など明らかに異なる伝承も加味している。しかしここが「年代記」の言う当光院の比定地とされていることは興味深い[41]。「大平年代記」と現地の伝承が一体となり、農民のための庵

が建立されたという認識が成立していること自体が重要なのである。この地区の立地と災害との関連からして、ここが単なる跡地であるのみではなく、農民たちの避難所であった可能性は高いと考える。「道免」は「堂免」の転訛であり、中世の堂があった可能性も高いのではなかろうか。

　ここが確実に中世（戦国）以来の当光庵跡地であるかは別として、大平郷の住民の避難所と考えられる場所と宗教的施設（跡）が伝承上で一致していることが重要である。翻って、中世の宗教施設にこうした機能を想定することも、あながち的はずれであるとは言えず、むしろそうしたところに、社会的対応、そして土木的対応と宗教的対応の一体となった中世（特に戦国期）の災害対応の現実的なあり方をみるべきであると考える。

7. 近世大平村の災害対応と「大平年代記」

　以上で本稿の主張する中世的な災害対応のおよそを指摘しえたと考える。最後に「大平年代記」後半の近世部分における災害の記述の特質と、さきに指摘した大平地区の災害碑の問題に言及して、中世と対比してみよう。ただ、その記述を詳細に検討する余裕がないので、およその概略にとどまることを承知されたい。

　「大平年代記」は③の後半、慶長年間より近世の記述が登場するが、それ以降も災害に関する記載はかなりある。そして、およそ「旱損水損」「大水」などの災害に対して基本的な対応が、「検見」・「御見分」を領主に求める姿勢に変化していることが指摘できる。これは戦国期以前の中世と大きく異なる点である。幕藩体制への災害対応を求める姿勢は、倉地が述べた近世の災害対応の基本原則であり、「大平年代記」にもその点が如実に反映されていることを指摘できる。

　さて、そこでさきの大平地区における災害碑との関連をみよう。まず第一に、「大平年代記」が明治4年（1871）までで終焉を迎えており、碑が建立された明治40年（1907）、それ以前の明治23年（1890）の「大水」は、碑の建立者による独自の記憶によるものであることがわかる。またつぎに、それ以前の災

害として碑に記された安政6年（1859）・寛政3年（1791）についてみれば、安政6年については「大平年代記」⑧74頁に「古来稀成大洪水」として記載がある。寛政3年については、「大平年代記」の空白期間であるため確認ができない。

　いずれにせよ、災害碑には近代について独自の認識（記憶）が存在する。これは「大平年代記」以降の、近代の大平地区の人々の災害認識の一事例と位置づけることができよう。

　また近世においては、「大平年代記」の記事を反映している可能性が高い。近世において「大平年代記」は大平郷の災害記録として参照すべき役割を果たしていたことが明らかであると言えよう。

8.　おわりにかえて

　本稿では、「大平年代記」を分析し、その中世部分が星谷氏・片岡氏ら大平郷を開発した戦国期の土豪の「記録」と「記憶」によるものであり、近世的な言語化を経てはいるものの、災害認識と対応において中世（実際は戦国期）のものとすることが可能であることを指摘した。またこの対応は、中世的な「社会的対応」の進展を基礎に、「工学的対応」と「宗教的対応」としての性格を持ったものであったことを論じた。

　そして、土豪の"「記憶」の形象化"により明確化した中世（戦国期）の災害対応を記すことで、「大平年代記」が大平地区における災害認識の基礎を地域社会に提供していたこと、近世に入っても「大平年代記」のこうした基本的な性格は継続していたこと、やがて近代に至ると、災害碑による"「記憶」の形象化"が本地域にもみられることを指摘した。この過程を整理するならば、

　　中世の記憶→戦国期の記憶から記録（古帳）へ→近世初頭の「大平年代記」
　　→近代の災害碑へ

と連続するのではないだろうか。こうした災害認識の歴史の展開を、本稿は大

平地区の中世～近代に見たいのである。

〈付記〉本稿に掲載した写真は、2017年9月16・17日の現地調査の際に、筆者が撮影したものである。

注

(1) 古代中世地震噴火史料研究会編、2008年。

(2) 高志書院、2007年刊。

(3) 代表的なものとして、磯貝富士男『中世の農業と気候』（吉川弘文館、2002年）、藤木久志『飢餓と戦争の戦国を行く』（朝日新聞社、2001年）をあげておく。

(4) 代表的なものとして、前掲注（3）藤木著書、峰岸純夫『中世災害・戦乱の社会史』（吉川弘文館、2001年）、矢田俊文『中世の巨大地震』（吉川弘文館、2009年）、清水克行『大飢饉、室町社会を襲う』（吉川弘文館、2008年）などがあげられる。

(5) 代表的なものとして水野章二『中世の人と自然の関係史』（吉川弘文館、2009年）、井原今朝男編『環境の日本史3　中世の環境と開発・生業』（吉川弘文館、2013年）、田村憲美「自然環境と中世社会」（『岩波講座日本歴史　第9巻　中世4』岩波書店、2015年）があげられる。

(6) 水野「中世の災害」（北原糸子編『日本災害史』吉川弘文館、2006年）、同前掲注5著書、同「災害と開発」（前掲井原注（5）編著所収）、同「中世の災害観と神仏」（『悠久』129、2013年）。

(7) 倉地前掲『江戸の災害史』160頁参照。なお災害供養塔については、各地における地道な調査が必要である。新田康二『いのちの碑―地震碑・津波碑・遺戒碑・供養塔・墓碑等―』（私家版、2014年）が三重県の100基もの碑を集成していることを記しておく。

(8) 災害研究における「記録」と「記憶」をめぐる論点についての最新の成果として、『国立歴史民俗博物館研究報告　第203集　［共同研究］災害の記録と記憶をめぐる資料論的研究』（樋口雄彦編、国立歴史民俗博物館、2016年）がある。

(9) 狭川真一「津波教訓碑に学ぶ」（文化庁編『日本人は大災害をどう乗り越えたのか』朝日新聞出版、2017年）。

(10) 『静岡県史別編2　自然災害誌』（静岡県、1996年）312頁に掲出。

(11) 前掲注（10）『静岡県史別編2　自然災害誌』は、明応津波を伝える文亀3年（1503）の同じ西伊豆町田子の多胡八幡若宮権現の棟札銘を紹介するが、「津波以後宜当社成□（就カ）」とあるように、やはり教訓的なものではないことに留意すべきであろう。

(12) 田良島哲「地震史料データベース化における史料学的課題―中世の年代記を中心に―」

54

（『月刊地球 2005 年 11 月号〈通巻 317 号〉総特集　地震史料の校訂とデータベース化―日本の古代・中世を中心に―』所収）

(13) 末柄豊「『勝山記』あるいは『妙法寺記』の成立」（『山梨県史研究』3、1995 年）、勝俣鎮夫「戦国時代の村の民俗」（『日本の中世月報 9』中央公論新社、2002 年）、同「庶民の生活と災害の頻発」（『山梨県史通史編 2　中世』山梨県、2007 年）。

(14) 拙著『戦国仏教』（中央公論新社〈中公新書〉、2009 年）。

(15) 僧侶の記録としては、ほぼ同時代の禅僧円通松堂による『円通松堂禅師語録』が、明応 7 年の大災害、すなわち明応の大地震に関する災害について、説法の場で言及している。広瀬良広『禅宗地方展開史の研究』（吉川弘文館、1988 年）によれば、遠江国で松堂は僧侶・在俗を前にして災害の意味を神仏との関連で論じ、自己規制により救済を説いている（同書 405〜407 頁）。このように僧侶の本来的な救済論的災害把握が基礎にあり、現実の災害や生活環境をリアルに描写することが可能となり、説法という「場」でそれが活かされているのである。僧侶の記す年代記に、こうした機能の台本的な要素を認めてよいのではなかろうか。

(16) ［図 1］は、福田アジオ注（17）論文より引用した。

(17) 『静岡県史民俗調査報告書第三集　大平の民俗―沼津市―』（静岡県、1987 年）、福田アジオ「沼津市大平の民俗的世界」（『国立歴史民俗博物館研究報告　第 43 集　民俗の地域差と地域性 1　特定研究「日本歴史における地域性」成果報告 1』国立歴史民俗博物館、1992 年）、『沼津市史　通史別編　民俗』（沼津市、2009 年）。また、『沼津市史　通史編　原始・古代・中世』（沼津市、2005 年）、『同　通史編　近世』（沼津市、2006 年）の大平に関する記述も参照。

(18) 「大平の水害と農業」（前掲注（17）『沼津市史　通史別編　民俗』所収）。

(19) 『沼津市史　史料編中世』（以下『沼津中世』と略す）197 号。

(20) 『沼津中世』213 号。

(21) それぞれの史料は『沼津中世』に収録されているが、固まりごとの基本的性格については則竹雄一が「沼津市域の中世文書」（『沼津市史研究』16、2007）にまとめており、これを参照した。

(22) 沼津市立駿河図書館編集発行、1981 年刊。

(23) 沼津市史編集委員会編・沼津市教育委員会発行、2000 年刊。

(24) そのほか、大平地区には類似の史料として「大平旧事記」「駿東郡大平邑歳代記」「大平道の記」があるが、いずれも「大平年代記」の成立の影響下において二次的に成立したものであり、ここでは考察の対象から除外している。

(25) この点と、村の記録であることを重視すれば、「大平年代記」は、岩橋清美がいう「村方旧記」の系譜との関連を考慮すべきかもしれない。岩橋によれば、18 世紀初頭を画期にして、近世の村は自らの歴史（「村方旧記」）を書き記すようになるが、その要因としては

土豪百姓を中心とする村落から近世的村落が成立することがあげられるという（岩橋『近世日本の歴史意識と情報空間』名著出版、2010年）。しかし「大平年代記」は他の「村方旧記」と比較しても、やはり年代記的要素が強いようにも見受けられる。「村方旧記」と「大平年代記」の関連は今後の課題としておく。

(26) 前掲『沼津市史通史編　原始・古代・中世』562頁。

(27) 今後は各「大平年代記」の丸番号とテキストの頁数により史料の所在を表記する。なお引用にあたって異体字は適宜常用漢字にあらためた。

(28) 『沼津中世』264号。

(29) 『沼津中世』270号。

(30) 『沼津中世』313・314号。

(31) 『沼津中世』474号。

(32) 『沼津中世』553号。

(33) 『沼津市史別編　絵図集』（沼津市、2004年）にカラー写真と解説が収録されている。

(34) 塚本学「大平村の下絵図から」（『民俗の地域差と地域性―中間報告Ⅰ―』国立歴史民俗博物館、1987年）。なお本論文の閲覧については田中大喜氏のご配慮を得た。記して感謝したい。

(35) 前掲『沼津市史　通史編　近世』53〜54頁。

(36) 『沼津中世』463号。

(37) 北条家印判状写（『沼津中世』516号）。

(38) 拙稿「惣村と土豪」（『岩波講座日本歴史　第9巻　中世4』）、同「中近世移行期における社会編成と諸階層」（『日本史研究』644、2016年）を参照。

(39) 記事の干支は「辛亥」だが、天文25年は本来「丁巳」である。「辛亥」であれば天文20年（1551）となる。

(40) 前掲注（6）水野諸論文に、豊富な実例が紹介されている。

(41) 平成18年（2006）9月の大平郷土史研究会による解説板による（写真5）。

II
自然災害の
記録と記憶

第3章

マニラにおける19世紀後半の台風時の気象変化と強雨降水特性の長期変化

赤坂郁美

1. はじめに

　フィリピンは世界で最も海面水温の高い海域に位置しており、日本と同じく台風による天候の変化や自然災害の影響が大きい地域である。フィリピン周辺の海域は、1～2月を除いて台風の発生条件の一つである海面水温27℃ 程度以上という条件を満たしており、フィリピン気象宇宙局（PAGASA）の台風監視領域（Philippine Area of Responsibility：PAR）で発生する台風や熱帯低気圧は年間20個ほどで、世界の台風発生数の約25% を占めている（Bankoff 2003）。またフィリピンの年平均台風上陸数（1977～2011年）は4個と、中国に次いで世界第2位となっている（筆保ほか 2014）[1]。台風による降水は重要な水資源である一方、強雨や強風、高潮等を伴うため自然災害の誘因にもなっている。本稿執筆中の2017年12月にも台風により24時間で約780mm の雨がもたらされ、地滑りや洪水が発生している。また、2013年11月に台風・ハイエン（Haiyan）が襲来したときには高潮によって6000人以上が犠牲になるなど、毎年のように甚大な被害が生じている。

　台風[2]は世界各地で自然災害の誘因となっており、台風の発生及び発達のメカニズムを明らかにするための調査・研究が世界各国で進められている。最近では地球温暖化に伴い台風の勢力が増していく可能性も指摘されており（IPCC 2013）、着実に進行している気候変化への適応策を講じるために、台風のより

長期的な変動特性の解明も求められている。しかし実際には、台風の発生数及び経路や各地域への影響を把握するために必要となる、台風の中心位置・気圧、低気圧域内の風速データ等が世界的に統一して整備されている期間は 20 世紀後半以降に限られている。理由としては衛星気象観測による雲画像等のデータが利用可能になったのが 1970 年代後半以降であることや、台風の定義が定量的ではなかったこと、20 世紀半ば以前は気象観測値が不足していること等が挙げられる（熊澤ほか 2016）。そのため、近年では米国大気海洋庁（National Oceanic and Atmospheric Administration：NOAA）が中心となり、19 世紀半ば以降の台風の中心位置や経路に関するデータを世界的に収集し作成した全世界台風データセット「IBTrACS（International Best Track Archive for Climate Stewardship）」（Knapp et al. 2010）の整備や公開が進められている[3]。このような世界的なプロジェクトの進展により 19 世紀半ば以降の台風に関する解析が可能となってきた一方で、20 世紀半ば以前の気象観測資料を用いた台風時の気象概況に関する報告は依然として少ない。その理由として、20 世紀半ば以前には公的な気象機関が設立されていなかった地域が多く、世界的な気象データの共有が進んでいなかったこと等が挙げられる。また戦争により気象観測の中断があったことや、気象データが軍事機密データとして扱われ国内に留められたこと、戦乱による気象関連資料の消失があったことも無視できない（例えば小林・山本 2014）。

　そのため近年では、過去の地上及び高層気象観測データの収集と整備を進めるための「データレスキュー」というプロジェクトも国際的に進められている（財城 2011）。とくにアジア地域では、20 世紀半ば以前に公的な機関により気象観測が行われていなかった地域が多く、データの空白域となっている場合やデータの空白期間が長くある場合も多い（Lawrimore et al. 2011）。本稿で対象とするフィリピンにおいても、PAGASA が設立される前（第二次世界大戦以前）の気象観測データは、様々な歴史的背景により旧宗主国であるスペインや、オランダ、米国、英国、日本に散逸していた（赤坂 2014）。そのため著者らはデータレスキュープロジェクトの一環として、100 年スケールでのフィリピンの気候変化をとらえるために、19 世紀後半〜20 世紀前半のフィリピン気象観測資料の収集と電子化を進めてきた。これらの気象観測データが充分に利

用可能であることが示されれば、熊澤ほか（2016）のように各観測地点の気圧や風向・風速の変化から台風の接近・上陸数を把握できる可能性もあり、これまでよりも長期的な視点で台風数の変化や台風による天候変化をとらえることができる。そこで本稿では、とくにアジア地域で測器による気象観測データが乏しい19世紀後半を対象に、マニラにおける台風通過時の気象状況の把握を試みる。著者らが収集してきた19世紀後半のマニラ気象月報（Observatorio Meteorologico de Manila）には、気象観測値に加えて各月の気象概況に関する記述や、台風経路を示すグラフも含まれているため（赤坂2014）、本稿ではこれらの情報も利用し、事例とする台風を選定する。加えて、日降水量データが利用可能な1868～2010年を対象に、19世紀後半以降のマニラにおける強雨に関する降水特性の長期変化傾向と台風との関連も考察する。

2. 20世紀以前のフィリピンにおける台風の記録

フィリピンでは台風に関する記録は古くからあり、16世紀後半にはスペインのイエズス会士等により台風の脅威とその影響に関する記載がなされていた。フィリピン気象宇宙局の前身であるフィリピン気象局（Philippine Weather Bureau）の局長を務めたMiguel Selga[4]は1930年代の研究において、これらの歴史文書に残る16世紀以降の台風の記録をまとめた[5]（Ribera et al. 2008; Garcia-Herrera et al. 2007）。Selgaは1566～1900年の期間を対象に、652の熱帯低気圧の記録をまとめており、そのうち524を台風として報告している。しかし、台風がフィリピンもしくはその周辺を通過した場合や、フィリピンの大型船が海洋上で被害にあった場合にのみ台風に関する記載がなされるため、Selgaによって歴史文書から復元された18世紀以前の台風数は、現在の気象観測によりとらえられる数と比較して少ない傾向にある。たとえば、19世紀前半以前の台風確認数は20～40個であるのに対し、19世紀後半の台風記録は422個となっている（Garcia-Herrera et al. 2007）。これは台風の数が増加したことを示すのではなく、前述の理由に加え、19世紀後半にはテレグラフの導入により、マリアナ諸島やグアム、東アジアの国々と気象観測値や台風に関す

るデータを通信するようになっていたことも影響している（Bankoff 2003）。

19世紀後半になると、マニラ観測所（Manila Observatory）が設立され、1865年に最初の気象観測が開始された（Udias 1996）。スペインのイエズス会士は台風や地震などの自然現象に興味をもっていたこともあり、1879年には台風に着目した予報や台風警報の発令も開始され、気象観測測器により得られる定量的なデータが活用されるようになった[6]（Udias 2003；US Weather Bureau 1949）。そのため1865年以降の台風事例数は、歴史文書から復元されたそれ以前の台風記録数より信頼性の高いものであると考えられる（Bankoff 2003；Garcia-Herrera et al. 2007）。これを踏まえ、本稿でもこれまでのデータレスキューにより利用可能となった1868～1900年の気象観測データを用いて、台風前後の気圧や降水の変化について確認することとした[7]。

(1) マニラ気象月報に記載された台風時の天候の変化

先にも述べたように1900年以前の北西太平洋における台風記録は、Selgaによりまとめられており、Garcia-Herrera et al.（2007）がこれを再編し台風一覧を示している。本稿ではこの台風一覧のうち、観測場所（Location）がマニラ（Manila）もしくはマニラ湾（Manila Bay）で、かつ気象観測データの利用が可能である1868年以降の台風事例を対象とした［表1］。19世紀のマニラ気象月報に台風に関する記載があった場合や、月報に収録されている気象チャートに台風に関連する気象の変化が認められた場合には［表1］に加筆した。台風通過時の気象チャートの例を［図1］に示す。また香港観測所（Hong Kong Observatory）発行の1884～1953年のフィリピン周辺の台風経路図（Chin 1958）に、マニラ周辺を通過する台風があった場合にも台風に関する情報を加筆した。［表1］に出てくる地名や島名は［図2］に示す。

［表1］をみると、マニラもしくはマニラ湾で観測された台風の気圧の最低値は、970～996hPaほどで、とくに低いわけではない。中心気圧が比較的高い場合でも多量の雨をもたらす台風はあるが、マニラで観測される気圧が台風の中心気圧の値とは限らないことも関係している。またマニラでの気象観測値に台風の影響が最も大きく表れるのは9月末～11月であることもわかる。これはフィリピン周辺の台風経路の季節変化に関連している。10～12月には、夏

第3章 マニラにおける19世紀後半の台風時の気象変化と強雨降水特性の長期変化　63

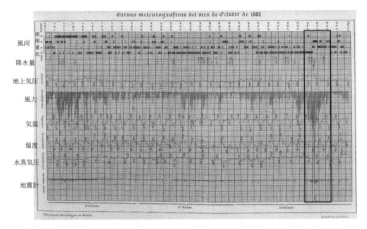

[図1]　マニラ気象月報に収録されている気象チャート（1883年10月）
グラフの横軸は日にちを示す。縦軸は気象要素名（スペイン語）のため、グラフ左の欄外に加筆した。四角で囲んだ期間は台風による影響が観測された期間を示す。台風の通過に伴い気圧が急低下し、風力が強まっていることがわかる（気圧と風力は縦軸が上下反転しており、気圧は山型のグラフの時に低いことを、風力は谷型のグラフの時に強まっていることを示す）。気圧の低下直後には連続して南風がみられる。UK Met Office Archives 所蔵。

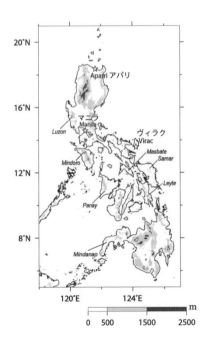

[図2]　フィリピンの島名、地名とその位置
星印の地点は図8で示される地点（マニラ、アパリ（Aparri）、ヴィラク（Virac））の位置を示す。グレースケールは標高を意味する。

64

[表1]　19世紀後半にマニラ周辺で観測された台風（baguios）[8]

年　月　日	気圧（mmHg/hPa）Garcie-Herrera et al.（2007）より	場所	台風に関する記載内容、気圧、日降水量マニラ気象月報より
1868/11/20〜24	747.47/996.3	Manila	19〜22日に台風による天候の変化。21日の気象観測値は、南東側を強い台風が通過しつつあることを示した。22日は南西の風が非常に強く、正午には南風が強くなった。マニラでの気圧の最低値は21日午後6時の746.99mmHg。21日と22日の降水量はそれぞれ29.0mmと138.8mmで、とくに22日午後に98.0mmの降水が記録された。前後の期間には降水無し。
1871/9/29	711/947.7	Naga	マニラは1日中雨で、日降水量は29日に56.7mm、30日に42.8mmを記録。気圧が顕著に低下し、18〜21時に暴風。
1873/10/18	マニラの気圧には大きな変化なし（マニラ気象月報）	記載なし	サマル島とマスバテ島の南、パナイ島の北、ミンドロ島の南を通過。マニラでは気圧の低下は小さかった。18日の日降水量は6.0mm。
1873/10/25	749.15mmHg10/25午前6時（マニラ気象月報）	Manila	カビテやマニラ周辺に被害をもたらした。25日には風向変化、気圧変化などから、フィリピン諸島内を台風が通過していたと推定。26日には前日の台風の影響でラグナ湖で被害。この擾乱はマニラを通過しなかったにもかかわらず、測候所では10月18日より大きな気圧低下を観測した。25日の日降水量は34.7mm。
1873/10/28	716/954.4	Masbate	28〜30日にサマル、マスバテ、ロンブロン、ミンドロの各島で死者があり、船舶への被害も有り。マニラでも気圧が大きく低下。28日の降水量は0mmで、29日に36.0mmを記録。
1875/10/24〜31	744.21/992.0	Brig Progreso、Manila Bay	この年のマニラ気象月報の所蔵先は不明（未収集）。
1880/10/18〜22	727.60/969.8	Manila Bay	マニラの北を北西方向に通過する経路をとった台風。日降水量は22日に22.8mmを記録。
1882/10/20	727.60mmHg10/20正午（マニラ気象月報）	Manila	気圧の値として、マニラでこの日に最も低かった値、観測された時刻も付した。20日の日降水量は165.2mmで、10月降水量は320.3mm（1865〜1900年の平均10月降水量は187.8mm）。1865〜1900年の10月の中では4番目に降水が多かった。
1882/11/4〜5	737.36mmHg11/5午前9時（マニラ気象月報）	Manila	マニラでは5日の午前中を中心に暴風。5日の日降水量は67.2mm。
1883/10/28〜31	747.8/996.7	Manila	マニラ気象月報は未収集で、各月の気象チャートしか収集できていない年。図1にこの台風に関するチャートを示した。
1891/11/16	747.8/996.7※757.52mmHg11/16午後11時（マニラ気象月報）	Manila	香港観測所の台風経路図でみると、マニラに台風が直撃した日。日降水量は180.6mm。13日にもマニラ周辺を台風が通過（13日の気圧の最低値は753.50mmHgで日降水量は21.7mm）。1891年11月の月降水量は306.6mmで、1865〜1900年の11月の中では2番目に多かった（11月平均降水量は133.4mm）。
1893/9/30	705.0/939.7	Cabragan Viejo and others	"Baguios o tifones de 1894"に記載有り。9月30日〜10月1日に天候の変化が大きかった。30日に最も日降水量が多く、23.2mmを記録した。

Garcia-Herrera et al.（2007）に基づき作成したが、この文献に記載がなかった場合でも、マニラ気象月報の各月の天候欄に台風の記載があった場合には表に加え、マニラの気圧観測値で最も低かった値を記載した。また香港観測所の台風経路図も利用し、経路を確認した。

第3章　マニラにおける19世紀後半の台風時の気象変化と強雨降水特性の長期変化　65

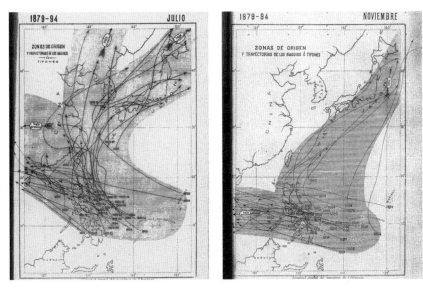

[図3]　1879〜1894年の7月（左）と11月（右）の台風経路
期間中の全ての台風経路を重ね合わせたもの（「Baguios o tifones de 1894」に収録）。
気象庁図書館所蔵。

季と比較してフィリピンの東の海上で発生した台風が、強い勢力のままルソン島南東部やビサヤ諸島東部に最初に接近もしくは上陸し、マニラ近くを通り甚大な被害を与える傾向にある［図3］。

　［表1］の台風の中で最も降水量が多かったのは、1891年11月16日でマニラに台風が直撃した日であった。この日の日降水量は180.6mmで、同年11月の月降水量（306.6mm）の半分以上がこの日に集中した。同年11月13日にもマニラ周辺を台風が通過したため、11月の降水量は、1865〜2010年の11月降水量の上位10位内に入る値となっている。

　次に、1891年11月と同様にマニラでの降水量が多かった1882年10月20日の台風時の天候変化を［図4］に示す。マニラに台風が最も接近した10月20日の正午には気圧が急激に下がり、この気圧変化に応じて風力も強くなっており暴風が吹き荒れたと考えられる［図4a］。午後3時には気圧は元に戻りつつあるため、台風がマニラ周辺を通過したのは、正午を中心とする3〜4時

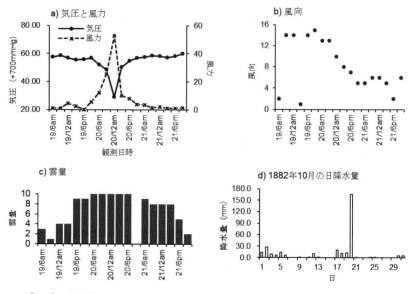

[図4] 台風接近に関連したマニラにおける気象変化（1882年10月20日の事例）
a）気圧と風力、b）風向、c）雲量、d）1882年10月の日降水量。風向は1〜16
までの値で示され、1は北北東、8は南を意味する。雲量は1〜10までの値で示され、
10は全天が雲で覆われている状態を意味する。気圧、風力、風向、雲量は午前6時〜
午後9時の3時間間隔の観測値。20日午後9時の雲量は欠測。

間の間であったと考えられる。風向をみると、台風が通過する前には台風に吹き込むような北西よりの風が吹いていたが、通過する時刻には南よりに、通過後には南東よりに変化しており、台風はマニラの南東から北西方向へと移動したと考えられる［図4b］。よって、台風がマニラ周辺を通過した場合には、風向の変化から台風のおおよその進行方向を推定することが可能である。雲量は19日午後6時から21日午後3時まで8以上となっており、台風の接近と通過に伴い3日間、曇天もしくは雨天が続いたことがわかる［図4c］。降水量は17日頃から多くなっているが、20日の降水量がとくに多く、160mmを超えている［図4d］。1882年10月の月降水量は320.3mmであったため、10月20日の一日のうちに月降水量の約半分の降水がもたらされたといえる。この値は1868〜2010年までの欠損年を除く133年の間で上位15位内に入る。

本稿では1882年10月20日の台風による天候変化のみを示したが、マニラ

第 3 章　マニラにおける 19 世紀後半の台風時の気象変化と強雨降水特性の長期変化　67

周辺を台風が通過する場合には、同様の気象変化がみられると予想される。そのため、台風の中心気圧や経路に関する情報が確かでない 19 世紀後半の台風の特徴を把握するために、マニラ気象月報からの情報が有用であることが示唆される。

　[表 1]で示した台風の他にも、Selga の台風一覧に基づき、Ribera et al.（2008）はフィリピンもしくはアジア大陸で死者数の多かった台風の襲来日、死者数、被害の大きかった地域をまとめている。マニラ気象月報のデータが利用可能である 1868〜1900 年の間に、フィリピンで死者数が多かったのは、1897 年 10 月 7 日と 1881 年 8 月 16 日で、アジア大陸で死者数が多かった台風は 1881 年 9 月 27 日と 1894 年 9 月 15 日である［表 2］。これらの台風のうちマニラで観測された気圧と日降水量において、台風の影響が明瞭に表れていたのは 1881 年 8 月と 1894 年の事例であった。

(2) 19 世紀後半の台風数の経年変化

　1880〜1898 年までの月別の台風（baguios[8]）確認数については Algue（1903）[9]にもまとめられている。この期間に確認された台風数は 397 個で、年間台風数の平均は約 20 個である。この数は近年の台風監視領域（PAR）における平均年間台風確認数と一致する（Bankoff 2003）。月別にみると 7〜11 月の確認数が全体の約 76 % を占めており、1〜3 月の台風はまれであることがわかる［図 5］。この特徴は、Boquet（2017）が示した 1948〜2014 年の PAR における台風発生数の季節変化と同様であるが[10]、近年観測された台風数は 7〜10 月の各月でほとんど変わらず、10 月に最も多い点で異なる。1880〜1898 年で最も台風の年間確認数が多かったのは 1894 年の 34 個で、1890 年以降はそれ以前よりも個数の多い年が連続している［図 6］。

　台風数の多い 7〜9 月について、1880〜1898 年のマニラにおける夏季（7〜9 月）降水量との関係を［図 7］に示した。夏季は、[図 8]に示すようにマニラで降水が最も多くなる時期でもある。降水には 10 年程度の変動周期があることが一般的に知られているが、台風にも同様の変動周期があることがわかっている（例えば Kubota and Chan 2009）。台風ごとの勢力や経路の違い、それらの季節変化を考慮する必要はあるものの、[図 7]に示される夏季の台風数と

[表2]　1868〜1900年でフィリピンもしくはアジア大陸で死者数が多かった台風

年　月　日	気圧 (mmHg/hPa) Garcia-Herrera et al.（2007）より	場所	台風経路 Ribera et al. （2008）より	備考 Ribera et al. （2008）より	マニラの気圧変化と 降水量 マニラ気象月報より
1897/10/ 7	710.00/946.4	Samar, Leyte and Mindoro	カロリン諸島西部の東から移動し、サマル島、レイテ島を通過し、ミンドロ島南部を通り南シナ海に向かった。	Selga の記録に残るフィリピンに襲来した台風のうち2番目に死者数が多い。死者数は1500名で、高潮によりサマル島南部とレイテ島北部の沿岸でいくつかの街が破壊され、かなり多くの犠牲者がでた。ミンドロ島でも被害有り。フィリピン領域内にあった数多くの船舶が破壊された。Garcia-Herrera et al.（2007）では場所は Guiam と Samar。	7日には雷を伴うスコールが観測された。気圧はとくに低くはない。日降水量は10.7mm。1897年10月の月降水量は121.7mm、月降水日数は22日（10月平均はそれぞれ187.8mmと16日）。
1881/ 8 /16	736.8/982.1	San Ishidoro（ミンダナオ島東の島）	記載なし	死者数2名。ルソン島で被害。	8月19日午後9時に気圧が最低値（749.50mmHg）を記録した。日降水量は19日に53.3mm、20日に118.8mmで、8月の月降水量は440.7mm（8月平均は363.5mm）。
1881/ 9 /27	717.50/956.4	Luzon, the Tong King Gulf	台風はマニラの東南東に現れ、カマリネス、タヤバス、バタンガス地方に被害を与えながら、西北西に進んだ。	フィリピンとアジア大陸で壊滅的な被害。アジア大陸での死者数は2万人。南シナ海で著しく発達した。	9月25日午前6時に気圧が最低値（752.22mmHg）を記録した。27日と28日の日降水量はそれぞれ15.3mmと21.4mmであった。
1894/ 9 /15	736.8/982.0	Marianas, Luzon, Mindanao, Hainan, Hong Kong and Macao	台風はミンダナオ北部の東から西北西に移動し、ヌエバエシハ州に入った。コルディエラ山脈で分岐し、一方は西（サンバレス）へ進み、もう一方は海南島の北の大陸に達した。	フィリピンで壊滅的な被害。マカオと香港で被害が大きく、2000人の死者が出た。気圧の最低値はサンイシドロで観測された736.8mmHg（約982hPa）。北に分岐した台風の最低気圧は737.15mmHg（約982hPa）、もう一方はボリナオで740.0mmHg（約986hPa）。	台風はその後、日本に向かい、四国と本州に被害を及ぼした。9月14〜18日にかけて雨が多く、非常に天候が悪かった。この期間の気圧の最低値は17日正午の751.01mmHg。日降水量の最大値は17日の62.7mmで、期間合計降水量は144.4mm（1894年9月降水量は399.2mmで19世紀後半平均より約20mm多い）。

Ribera et al.（2008）の一覧表から抜粋。気圧データは、Garcia-Hererra et al.（2007）の台風一覧表に対応する場合には、その一覧表から気圧の値と場所を加筆した。上2つの事例はフィリピンで死者が出た例、下2つの事例はアジア域での死者が多かった例である。それぞれ死者の多い順に並べた。

降水量の変動周期との間にはある程度の対応がみられる。そのため、台風頻度の変動がマニラの夏季降水量変動に与える影響は大きいことが示唆される。同様のことは20世紀後半の降水量データを用いた研究でも指摘されており、

第 3 章　マニラにおける 19 世紀後半の台風時の気象変化と強雨降水特性の長期変化　69

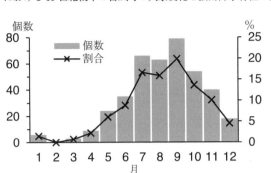

[図 5]　1880〜1898 年における月別の台風数（baguios）の季節変化
出典：Algue（1903）の Table 45 に基づき作成。

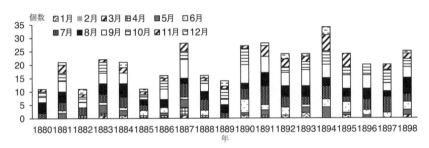

[図 6]　1880〜1898 年の台風数（baguios）の経年変化
出典：Algue（1903）の Table 45 に基づき作成。

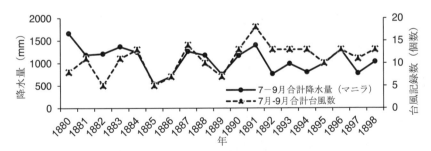

[図 7]　1880〜1898 年における 7〜9 月の合計台風数（baguios）とマニラの降水量の経年変化
出典：Algue（1903）の Table 45 に基づき作成。

Kubota and Wang（2009）はフィリピンのルソン島北部における7〜10月の降水のうち、台風に起因する降水割合が50%を超えることを明らかにした。また Cayanan et al.（2011）はルソン島西部における6〜9月の強雨は、台風と地形の影響により発生する割合が高く、水害等の誘因となっていることを示している。

3. マニラにおける降水の季節変化と強雨の長期変化傾向

(1) 降水の季節変化と台風との関係

　次に降水の季節変化と台風との関係を考察するために、旧宗主国の気象観測が米国に引き継がれた20世紀前半と、フィリピン気象庁設立後の20世紀後半以降の日降水量資料とを合わせて、マニラにおける平均的な月降水量と月降水日数の季節変化を年代別に示す［図8］[11]。また台風による影響を受けやすく、1901年以降の降水データが利用可能なルソン島北部のアパリ（Aparri）、ルソン島南東部沖合のヴィラク（Virac）における月降水量の季節変化も併せて示した[12]。

　マニラはルソン島西岸域に位置するため［図2］、夏の南西モンスーンの影響により7〜9月に降水と降水日数が最も増加し、10月から12月にかけて減少する傾向を示す。10月には北東モンスーンへの交替によりマニラは卓越風の風下側に入るため、9月よりも200mm近く降水量が減少し、降水日数も減少し始める［図8a］。とくに台風が少なく北東モンスーンや貿易風の風下側となる1〜4月は明瞭な乾季となっている。これはどの年代にも共通の特徴であるが、19世紀後半（1865〜1900年）には7〜9月の月降水量と月降水日数がほとんど変化しない点で異なる。また20世紀前半（1901〜1940年）は6〜12月の月降水日数がどの年代よりも多く、平均年降水量も最も多い2,219.2mmとなっている[13]。

　一方で、ルソン島北部に位置するアパリでは、南西モンスーンが開始する5月から12月にかけて月降水量と月降水日数が共に増加傾向を示し、降水量は北東モンスーン期の10〜11月にピークを迎える［図8b］。年代別にみると、

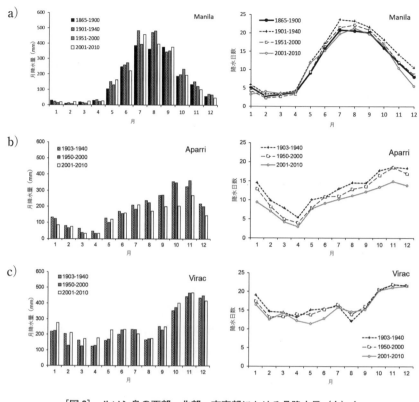

[図8] ルソン島の西部、北部、南東部における月降水量（左）と
月降水日数（右）の季節変化
a）マニラ（Manila）、b）アパリ（Aparri）、c）ヴィラク（Virac）

2001～2010年平均の8～12月と1月の各月の降水量と降水日数が他の年代と比較してとくに少なくなっており、近年、乾燥傾向がみられる。

ルソン島南東部沖合に位置するヴィラクでは、マニラとアパリのような明瞭な乾季はみられない［図8c］。北東モンスーン期後半にあたる11～12月に降水、降水日数共にピークを迎える。年代別にみると、2001～2010年平均の1～5月の月降水量が他の年代よりも多い一方で、3月を除く1～6月の降水日数は減少傾向にあるため、この期間の降水強度が増加していることが示唆される。ヴィラクの降水量は北東モンスーンの影響も受けるが、北東モンスーン期の後

半にあたる 11～12 月に降水がピークを示すことから、台風経路の季節変化とも関係していると考えられる。

　台風の発生域は、夏季（7～9 月）には海面水温の上昇と共に北へと拡がる。これにより、台風は北太平洋高気圧縁辺の気流の流れなどに乗って、ルソン島の北部や北を通り、日本や台湾へと進路を変えるものが多い［図 3 左］。そのため、7～9 月の台風はとくにルソン島北部における夏の降水量増加に影響を与えている可能性がある一方で、東岸域ではマニラやアパリと比較して台風の影響は小さいことが予想される。10～12 月になると海面水温の高温域の南下と共に台風経路も南下し、北緯 15 度付近を中心に台風の接近・上陸が多くなる［図 3 右］。そのため、ヴィラクをはじめとするフィリピン東岸域では、この時期には北東モンスーンによる影響に加え、台風が降水量の増加に寄与していると考えられる。

(2) マニラにおける強雨の長期変化

　(1) で示したマニラにおける降水の季節変化特性をふまえ、最も長期でデータが得られるマニラを対象に強雨特性の長期変化傾向を解析した。強雨の基準として、日降水量データが使用可能な 1868～2010 年の 1～12 月を対象に 95 パーセンタイル値を算出し、59.5mm/日の値を得た[14]。この強雨基準値を超えた日の合計降水量と年間強雨日数の経年変化をみると、強雨が年降水量に占める降水はおよそ 500mm 前後で、年降水量のおよそ 25% にあたる。一方で、強雨日数は年間 6～12 日であるため年降水日数の 5～10% 程度である［図 9］。1920 年代には強雨による降水量が 1,500mm を超える年もみられ、強雨が年降水量の変動に与える影響が大きいことがわかる。1970 年代半ばに欠損年があるため経年変化の特徴はとらえにくいものの、とくに 1980 年代以降は強雨日数が極端に減少する年が少ない。強雨合計降水量には強雨日数ほどの明瞭な変化はみられないが、500mm を超える年が 1980 年代後半以降に連続している。

　［図 7］では 19 世紀後半のマニラにおける夏季合計降水量と台風の変動周期との対応を示したが、強雨に関する経年変化にも台風が関係している可能性がある。そこで、北西太平洋の台風データが整備された 20 世紀後半以降のフィリピン周辺とマニラ周辺における台風頻度の経年変化を［図 10］に示す[15]。7

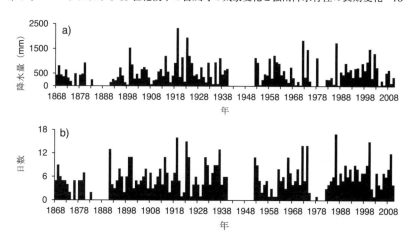

[図9] マニラの強雨合計降水量（上）と強雨日数（下）（1868～2009年）
強雨の基準として95パーセンタイル値を使用した。(a)と(b)はそれぞれ日降水量が基準値を超えた場合の合計降水量と降水日数を示す。棒グラフが示されていない年は欠損が多いため値を算出しなかった年を意味する。

～9月と10～12月で平均的な台風経路が異なることを考慮し、時期を分けて台風頻度を示した。[図10]をみると、7～9月と10～12月のどちらにおいても、1990年代後半に台風頻度が減少し、その後も少ないまま推移している。一方で、強雨日数と強雨合計降水量には減少傾向はみられず、むしろ1980年代後半以降に、それ以前より各平均値が高くなっているようにみえる。そのため、近年は一つの台風がもたらす降水量が増えている可能性が示唆される。またBankoff（2003）は、1880～1994年の7～12月のフィリピン周辺における台風頻度割合の変化を解析した。結果として、20世紀後半に10月と12月の台風が多くなっていることが示され、台風の季節性が変化している可能性が示唆された。強雨特性の長期的な変化と台風との関係をさらに明らかにするためには、今後はより長期の台風頻度データを用いて調査を行うことが必要である。

4. おわりに

本稿では19世紀後半のマニラ気象月報の中にみられる台風に関する記述や、

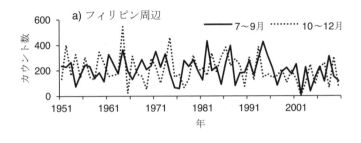

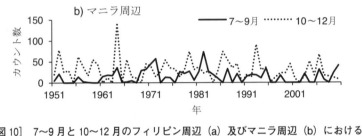

[図10] 7～9月と10～12月のフィリピン周辺（a）及びマニラ周辺（b）における
台風存在頻度（1951～2010年）

フィリピン周辺として、北緯5.5～20.5度、東経119.5～127.5度の範囲を、マニラ周辺として北緯12.5～16.5度、東経120.5～122.5度の範囲をとった。

気象観測値に表れる台風に伴う天候の変化に着目した。ルソン島を中心とする気象観測からとらえられた19世紀後半の台風数は、現在よりも少ないものであったが、台風の平均的な季節変化は現在の台風データから得られるものと同様の特徴を示していた。またマニラ周辺を通過した台風に限るが、気象観測値を用いて台風による天候の変化をとらえることができた。19世紀後半のマニラ気象月報は、旧宗主国により編纂された気象観測資料であるため記載がスペイン語であり、また世界各地に断片的に収蔵されていることもあって、とくに気象観測値に関してはこれまであまり活用されてこなかった（赤坂2014）。今後は、マニラ気象月報における気象観測値を利用して、台風の中心気圧や経路に関する情報が確かでない1880年以前の台風に関する調査・研究を進めてみたい。また近年では古気候研究において、堆積物コア等のプロキシを用いて台風の発生数をさらに長期に復元する試みも行われている。これらの研究成果とも併せて、19世紀後半のマニラ気象月報が活用されることが期待される。

第 3 章　マニラにおける 19 世紀後半の台風時の気象変化と強雨降水特性の長期変化　75

注

(1) 1977～2011 年の（全世界台風データセット IBTrACS）のデータを用いて算出された値に基づく。筆保ほか(2014)では国境線を作成し、各国の台風上陸数を見積もっており、IBTrACS から得た各台風の 6 時間間隔の中心位置を直線で結び、この線がある国の国境線と交差した場合に台風が上陸したとみなしている。この推定方法では日本（南西諸島を含む）の年間台風上陸数は約 3.7 個となり、世界第 3 位となる。

(2) 発達した熱帯低気圧は発生海域により呼称が異なり、北東太平洋及び大西洋ではハリケーン、インド洋ではサイクロンと呼ばれるが、本稿では台風として統一する。

(3) IBTrACS は世界 13 の国際機関で観測されたデータを集約したものであり、2012 年 10 月に公開された。現在の最新のデータセットは version3 であり、1848 年以降の熱帯低気圧に関するデータが公開されている。

(4) スペインのイエズス会士で、1926～1946 年頃にフィリピン気象局局長を務めた。Manila Observatory 最後のスペイン人の所長である（Udias 2003；Ribera et al. 2008）。歴史的な文書と測器の記録を用いて、1600 年代後半から 19 世紀にかけてのフィリピン周辺の台風に関する記録をまとめた（Bankoff 2003）。

(5) Selga, M. 1935. Catalogue of typhoon 1348-1934.

(6) Algue（1903）によると、1880 年頃になるとテレグラフの技術により、マニラ、香港、マカオ、サイゴン、台湾、上海、東京の間で台風に関するデータの通信をしていた。

(7) 著者らは 1867 年以降のマニラ気象チャートや気象月報を収集しているが、1900 年までの間に何年かの資料欠損年がある。詳細は赤坂（2014）を参照。

(8) 台風はフィリピンの現地語で baguios もしくは bagyos と呼称されており、図 5～7 を作成する際に用いた Algue（1903）の Table 45 のタイトルには "Monthly and yearly distribution of baguios：1880-1898" と表記されている。現在は台風を含む熱帯擾乱は、国際分類により tropical depression、tropical storm、typhoon に分けられているが、ここでの baguios にはその区別はない。

(9) Udias（2003）によると、Jose Algue は 1897 年から Manila Observatory の所長を務めた。米国に気象観測が引き継がれた 1901 年には新たにフィリピン気象局（Philippine Weather Bureau）局長となり、1926 年まで務めた。

(10) tropical depressions、tropical storms は含まず typhoon のみの場合。tropical depressions と tropical storm は 7～9 月に最も多くなり、その後 10 月から 12 月にかけて減少する。

(11) マニラでは 1865 年に気象観測が開始されたが、1884 年にアテネオの建物の北西から、マニラ湾の東に面するエルミタ（La Ermita）近隣に観測地が移転したことがわかっている（Udias 2003；US Weather Bureau 1949）。本稿では、移転の距離が直線で 10km 程度であり、標高も大きく変わらないことから、そのままデータを接続して使用した。

(12) アパリ、ヴィラクの観測地点では 1890 年頃から日降水量データが得られるが、現在の

76

降水の季節変化と異なる特徴がみられたため、本稿では20世紀以降のデータを用いて図化した。

(13) 1865～1900年の年降水量と年降水日数は1,946.8mmと約137日、1901～1940年は2,219.2mmと約157日、1951～2000年は2,111.8mmと約140日、2001～2010年は2,050.5mmと約135日である。

(14) マニラにおける降水ピーク時期の7～9月、台風が東岸域に上陸する10～12月の期間別にも95パーセンタイル値を算出した結果、それぞれ72.2mm/日、43.0mm/日の値を得た。なお、1940年代と1970年代半ばのデータは欠損であるため、この期間は解析対象外である。

(15) 図10の台風存在頻度のデータは、ハワイの米軍合同台風警報センター（Joint Typhoon Warning Center：JTWC）が公開している6時間おきの台風の中心気圧、位置（緯度、経度）のデータから加工して作成した緯度・経度1度メッシュのデータである。

引用文献

赤坂郁美.［2014］フィリピンにおける19世紀後半から20世紀前半の気象観測記録.専修大学人文科学研究所月報第273号：1-15.

小林 茂・山本晴彦.［2013］東アジアにおける戦中期の気象観測体制の展開とその間の未集成観測データの探索.歴史地理学267：82-98.

熊澤里枝・筆保弘徳・久保田尚之.［2016］「1900年から2014年における日本の台風上陸数」天気63：855-861.

財城真寿美.［2011］「新用語解説 データレスキュー」.天気58：172-175.

筆保弘徳・伊藤耕介・山口宗彦.［2014］『気象学の新潮流2 台風の正体』.朝倉書店.

IPCC. 2013. IPCC第5次評価報告書 第1作業部会報告書（気象庁訳）.

Akasaka I., Morishima W. and Mikami T.2007. Seasonal march of rainfall and its spatial difference of rainfall in the Philippines. *International Journal of Climatology* 27 : 715-725.

Algue J. 1903. The Climate of the Philippines. Census of the Philippines : 1903. 103pp.

Bankoff G. 2003. Cultures of disaster Society and natural hazard in the Philippines. RoutledgeCurzon. London and New York.

Boquet Y. 2017. The Philippine archipelago. Springer.

Cayanan E.O., Chen T., Argete J., Ten M. and Nilo P. 2011. The effect of tropical cyclones on southwest monsoon rainfall in the Philippines. *Journal of Meteorological Society Japan* 89 : 123-139.

Chin P.C. 1958. Tropical Cyclones in the western Pacific and China Sea area from 1884 to 1953. Royal Observatory Hong Kong.

Garcia-Herrera R., Ribera P., Hernandez E. and Gemeno L. 2007. Northwest Pacific typhoons

第3章 マニラにおける19世紀後半の台風時の気象変化と強雨降水特性の長期変化 77

documented by the Philippine Jesuits, 1566-1900. *Journal of Geophysical Research* 112. D 06108, doi: 10.1029/2006JD007370.

Knapp K.R., M. C. Kruk, D. H. Levinson, H. J. Diamond, and C. J. Neumann. 2010. The International Best Track Archive for Climate Stewardship (IBTrACS): Unifying Tropical Cyclone Data. *Bulletin of the American Meteorological Society* 91 : 363-376.

Kubota H. and J.C.L. Chan. 2009. Interdecadal variability of tropical cyclone landfall in the Philippines from 1902 to 2005. *Geophysical Research Letters* 36 : doi.10 : 1029/2009GL 038108.

Kubota H. and Wang B. 2009. How much do tropical cyclones affect seasonal and interannual rainfall variability over the western North Pacific. *Journal of Climate* 22 : 5495-5510.

Lawrimore J.H., Menne M.J., Gleason B.E., Wuertz D.B., Vose R.S. and Rennie J. 2011. An overview of the Global Historical Climatology Network monthly mean temperature data set, version 3. *Journal of Geophysical Research, Atmosphere* 116, doi: 10.1029/2011JD016187.

Ribera P., Garcia-Herrera R. and Gimeno L. 2008. Historical deadly typhoons in the Philippines. *Weather* 63 : 194-199.

Udias A. 1996. Jesuits' contribution to meteorology. *Bulletin of the American Meteorological Society* 77 : 2301-2315.

Udias A. 2003. Searching the Heavens and the Earth : The history of Jesuit Observatories. Kluwer Academic Publishers.

US Weather Bureau. 1949. Preliminary final report. Philippine Weather Bureau rehabilitation program.

付記

19世紀のフィリピン気象資料の収集にご協力頂いた成蹊大学・財城真寿美准教授に心より御礼申し上げます。また降水データの収集・整備にご協力頂いた首都大学東京・松本淳教授、北海道大学・久保田尚之特任准教授、PAGASA の Esperanza O. Cayanan 研究員、Rosalina D. Guzman 研究員、1951年以降の台風存在頻度データの編集にご協力頂いた日本大学・森島済教授、1860〜1870年代のマニラ気象月報の記載内容の翻訳にご協力頂いた森淳子博士にも厚く御礼申し上げます。本研究の一部は文部科学省の DIAS および GRENE 事業と、日本学術振興会科学研究費補助金（26220202 及び 15K16283）の支援により実施した。

第4章

昭和初期の疫癘
——川崎における赤痢流行を中心として

永島　剛

1. 災害としての疫病

　1894（明治27）年に日本鉱業会から出版された『日本災異志』という書物がある。編者の工学士・小鹿島 果（1857〜92）は、工部大学校を卒業後官吏となり、統計院、会計検査院などをへて農商務省鉱山局課長にまでなったが、肺結核のため36歳の若さで亡くなっている。この本は彼の遺稿であり、同僚・友人や旧藩主・大村伯爵らの尽力によって出版されることになったことが、妻・筆子（のちに滝乃川学園園長となる石井筆子）による「おくがき」に記されている[1]。

　この本は、『日本書紀』以来の史書・年代記や日記など、古今の文献に災害に関する記述を探し、それを災害の種類ごとに分類のうえ、年代順に列挙したものである。全体は、以下の12部に分かれている。

　　1. 飢饉、2. 大風、3. 火災、4. 旱魃、5. 霖雨（長雨）、6. 洪水、
　　7. 疫癘、8. 噴火、9. 地震、10. 海嘯（津波・潮津波）、11. 蟲害、
　　12. 彗星

使われている言葉にはなじみのないものもあるが、最後の彗星を除けば現代でも違和感のない分類といえよう。「人災」であることも多い火災と、日本で遭遇しうる主要な「天災」がおおよそカバーされている。

　われわれにとってこの本に使いにくい点があるとすれば、その一つは和暦の

元号と明治政府が定めた皇紀しか記されていないことである。収録されている一番古い記録は、崇神天皇5年・皇紀568年（西暦に単純に換算すれば紀元前92年）「諸国、疫癘流行、死亡大半」という『日本書紀』からのものであるが、もちろんこれをそのまま信じるわけにはいかない。扱いには注意を要する記録もあるが、ともかく古代から1885（明治18）年までについて、古今の文献史料に記載されている災害に関するかなりの件数の記述データ（明治以降については統計も含む）が、若干の集計を挟みながら、年表形式で淡々と列挙されている。

　なぜ小鹿島が、公務のかたわら、多大な労力を割いてこの『日本災異志』の編纂にあたったのか、その動機について本人の弁は残っていないのだが、おそらく技師として災害対策に使命を感じ、統計官としての経験から記録の収集に関心をもっていたことが大きかったのではないか。日本の災害史を考える上で出発点となりうる書物である。

　この章では、『日本災異志』にも主要な災害として分類されている疫癘、すなわち疫病・感染症流行に注目する。小鹿島が『日本災異志』の編纂を思い立ち史料調査にかかっていたと思われる1880年代は、コレラ大流行が頻発していた時期であり、これが彼を疫癘の記録収集に向かわせた動機の一つとなっていたかもしれない。ここでは、この明治のコレラ流行以降、昭和初期に至るまでの、水・飲食物の摂取によって経口感染する急性感染症の発生に注目しながら、災害と人びととの関わりのありようを探ってみたい。

2. 疫病の歴史研究

　実際の感染症流行に注目する前に、もう少し疫病史研究の先達についてみておきたい。『日本災異志』と同じく古今の文献史料にあたるという手法をとりつつ、近世までの疾病の記録を収集した書物として、富士川游著『日本疾病史』（初版1912年）がある。疾病史といっても、復刻版の解説者・松田道雄が指摘するように、集められた記録のほとんどは急性感染症に関するものであり、日本疫病史の書物といって差し支えない[2]。

著者・富士川游（ゆう）（1865〜1940）は、広島医学校を卒業後上京し、明治生命の保険医となるかたわら中外医事新報社のライターとして、精力的な文筆活動を続けた医師である。西洋医学を学びつつ中国や日本の医書にも通暁していた富士川自身の分析・考察が加えられていることは、『日本疾病史』が、疫癘記録を年表式でリストしてあるだけの『日本災異志』とは異なる点である。病状の記載がなかったり、現代の医学に照らして病名がわからなかったりする疫病の記録が多いが、わかるものについては、痘瘡（天然痘）、水痘、麻疹、風疹、コレラ、流行性感冒（インフルエンザ）、腸チフス、赤痢に分けて考察されている。

浜野潔の集計によれば、『日本疾病史』に収録されている疫病は446件で、『日本災異志』の352件（明治以降のデータを除く）より多いが、後者にのみ収録されているものも34件あるという。『日本疾病史』に収録された流行の件数を世紀ごとに整理すると、8〜9世紀と18〜19世紀において、その間の世紀よりやや多い。しかし、これは依拠できた文献史料の残り方や、局地的発生をどうカウントするか（たとえば病名を特定でき、時期的・地理的に近接する発生の記述を一つの流行としてカウントできれば、件数は少なくなる）にもよるので、実際の流行発生頻度を反映しているとは必ずしもいえない[3]。

富士川がこの本を著すにあたっては、ヨーロッパ、とくにドイツにおける歴史疫学の研究者たちの著作を参考にしていた。わけても、ベルリン大学の医学教授アウグスト・ヒルシュの著書『地理的および歴史的病理学のハンドブック』（第2版、1881〜86年）は全3巻に及ぶ大著で、おもにヨーロッパ各地の書誌から得られた疾病情報の集成であり、今日でも参照に値する疾病史研究の古典となっている[4]。富士川は、おそらく1898〜1900年のドイツ・イエナ大学留学中にヒルシュらの著書に接し、日本疾病史の研究を思い立ったものと考えられる。彼は、過去の経験を参照するためのこうした研究が、たんに歴史への興味にとどまらず、現在の医学・医療の実践にとっても有益な情報を提供すると信じていた[5]。彼は呉秀三らとともに日本医史学会の前身となる学会の設立に参加し、『中外医事新報』がその機関誌となった。1927（昭和2）年、この学会が日本医史学会となり、富士川はその3代目理事長に就任した。機関誌も『日本医史学雑誌』と改称され、医史の専門誌として今日まで継続している。

しかし欧米でも日本でも、医学者たちによって行なわれていた疾病の歴史研究と、一般の歴史学研究との関わりは概して希薄であった。人文・社会科学系の歴史学において、疫病史の重要性についての指摘が目立ち始めたのは、1960年頃になってからだった。たとえばイギリスの社会史家エイザ・ブリッグスは、1961年に発表された「19世紀におけるコレラと社会」と題する論文のなかで、フランスの歴史家ルイ・シュヴァリエの編著『コレラ：19世紀の第1次流行』（1958年）を引用しながら、疫病が人びとに及ぼした被害・影響、そして社会が疫病の発生に対してどのように反応したか、疫病をどう解釈し状況に対応していったのかを明らかにするような、狭義の医学的関心に留まらない比較史研究の必要性を提起した[6]。こうした提起も受けて、ヨーロッパでは、とくに中世から近世にかけてのペストや19世紀のコレラ流行などに関するものを中心に、各地の感染症流行についての社会史的研究が1970年代から80年代にかけて興隆した。歴史人口学、生活史、医療・公衆衛生の社会史、フランスのアナール学派に発する心性史、そしてミシェル・フーコーらの影響を受けた生権力論などの展開とも連動していた[7]。

1976年には、シカゴ大学の歴史家ウィリアム・マクニールによって『疫病と世界史』が出版された。人やモノの移動の拡大・頻繁化にともなって未知の（人びとが抗体をもたない病原体による）疫病が伝播したとき、その社会に壊滅的な被害をもたらす。たとえば16世紀アメリカ大陸では、コンキスタドールとともにやってきた病原体によって現地社会は壊滅的な被害を受け、ヨーロッパ人による植民地化を助ける要因となった。このようにマクニールは、病原体とその宿主としての人間との関係に注目しながら、紀元前500年からの世界史を大胆な仮説・推論を交えながら論じている。この本では日本についても若干言及されているが、マクニールはその部分については富士川の『日本疾病史』を参照していた[8]。

日本でも、先駆的な立川昭二『病気の社会史』が1971年に出版された[9]。1980年代から90年代にかけて、欧米の研究動向が紹介されるとともに、西洋史研究者を先駆として、日本でも疾病の社会史的な研究が現われ始めた[10]。21世紀初頭の現在、疾病・医療の社会史研究の定着とともに、西洋以外の地域における感染症流行に関心を持つ人文・社会系の歴史研究者は以前に比べれば増

えている[11]。

3. 近代日本の消化器感染症流行

(1) 法定伝染病統計

　組織的に疾病統計がとられていなかった近世までの疫病を調べるには、小鹿島や富士川のように、残存する文書史料から断片的な記録を探すことが主にならざるをえない。宗門人別帳・寺院過去帳の歴史人口学的分析によって死亡数の変動はある程度まで推計できるが、檀家の人びとの死去を記録する過去帳でも、その死因まで記録されていることは多くはなく、人びとが疫病で亡くなった数を網羅的に把握することは困難をともなう[12]。

　明治期になって出生・死亡などの届出制度が始まり、人口動態統計の一環として死因統計も作成されるようになった。また衛生行政の整備がはかられ、いくつかの主要急性感染症については、罹患した際の当局への届出が義務化されたことから、死亡数のみならず罹患数についての統計の作成も可能になった。まず1877（明治10）年に「虎列刺病予防法心得」が出され、コレラ罹患者が発生した際の行政への届出が規定された。届出が必要な病気は、1880（明治13）年の「伝染病予防規則」によって、コレラに加え、腸チフス、赤痢、天然痘、発疹チフス、ジフテリアの6種となり、さらに1897（明治30）年の「伝染病予防法」でペストと猩紅熱が追加され、8種となった。これらがいわゆる「法定伝染病」である。急性感染症患者発生情報の収集は、防疫政策をとる上での基本となるものだった。罹患の看過や隠蔽、そして診断の不確実性などの問題のため、とりわけその草創期においては、届出情報が患者発生状況を必ずしも正確に反映しているとは限らない。しかし後年の歴史分析にとっても、こうした届出にもとづく罹患情報は、戸籍事務の死亡届出とともに、近代日本の感染症流行史の重要な基礎情報となっている。

　こうした法定伝染病統計を参照しながら、以下ではまず、コレラ、腸チフス、赤痢という水・食物の摂取によって感染する3つの消化器感染症の流行状況を概観しておこう。

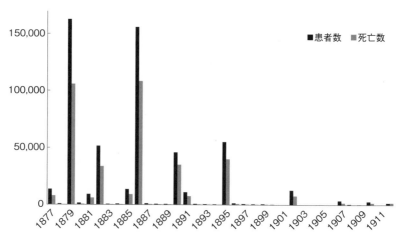

[図1] 日本全国 コレラ罹患数・死亡数 1877～1912年
出典：厚生省『医制百年史 資料編』1976年。

(2) コレラ

　明治政府がとくに緊急な対策を迫られたのはコレラであった。もともとインド・ベンガル地方の風土病であったコレラは、通商の活性化にともない、19世紀中に数度にわたりパンデミック化した。江戸時代においても、少なくとも2度、1822（文政5）年と1858（安政5）年に日本に伝播し流行をひきおこしていた。明治に入ってからの10年間はコレラ流行から逃れていたが、1877（明治10）年、横浜と長崎から流行が始まった。とくに長崎から侵入した病毒は、西南戦争にともなう人の移動により拡散されたことが考えられる。

　[図1] は、その1877年から明治末年（1912年）までの、全国におけるコレラの届出患者数と死亡数を示したものである。1879（明治12）年と1886（明治19）年は、患者数が15万人を超える最大級の流行となっている。このほか1882（明治15）年、1890（明治23）年、1895（明治28）年も、患者数5万人前後に及ぶ大流行があった。このうち1895年流行には、日清戦争からの兵隊の帰還も影響していたとみられる[13]。そして、これらの流行年のいずれにおいても、死者数は罹患数の6割を超えており、当時のコレラの致死率の高さがう

かがえる。

　コレラ流行下で早急に防疫態勢をとる必要性から、感染症発生時の行政の初動は警察機構に委ねられた。届出を受けると警察官が患家を訪れ、石炭酸など消毒剤の散布、伝播をくい止めるための患家周辺の交通遮断や、自宅での隔離の徹底が難しいと判断された場合には、患者および家族の隔離施設（避病院）への移送を行なった。また、政府の防疫対策と個人・家族との間に介在する地域社会が主体的に防疫に協力するような体制づくりも模索された。この観点から 1897（明治 30）年の伝染病予防法では、基本的に地域の全戸が加入し、住民が連携して自主的に地域の衛生・防疫活動に関与する「衛生組合」の設置が規定された。

　明治のコレラ大流行はまた、上下水道整備などをつうじた衛生環境対策の必要性への認識が高まる契機ともなった。1890（明治 23）年の水道条例、1900（明治 33）年の下水道法により、地方政府による水道・下水道それぞれの事業推進・運営の権限が規定されたが、費用は基本的に市町村の負担とされたため、資金調達力によって事業の進展は地域ごとに差が出ることになった。

　再び［図 1］をみると、明治後期には、1902（明治 35）年を除いて罹患者数が 1 万人を超えるコレラ大流行はおきていない。世界規模でのパンデミックが沈静化に向かいつつあることによって海外からの病毒の侵入リスクが下がったことに加え、その警察主導の強権性の是非はまた別に検討される必要はあるものの、届出・隔離・消毒といった国内における防疫活動が流行を局地的なものにくい止めることに一定の効果を発揮したとみてよいであろう。ただしコレラ患者の発生自体は日本のどこかで昭和初期までほぼ毎年続いていたし、ときにそれが一定規模の流行につながることもあった。たとえば 1916（大正 5）年には、患者 1 万人規模の流行が再びおきている。そして多額の資金を必要とする上下水道整備は、財政的に比較的恵まれた東京や大阪など大都市においてすら、早急には進んでいなかった。上水道は当初の計画が完了しても、都市人口の急増によってすぐに不充分になることもあったし、下水道についてはさらに難航し、汲取り処理が一般的な状態が続いた。このため、コレラ流行は以前に比べると小規模で散発的になった一方で、コレラと同じく水・食物による経口感染の病気である赤痢や腸チフスなどが蔓延を続けていた。

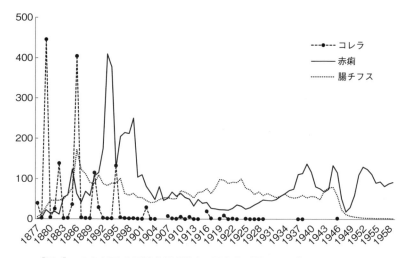

[図2] 日本全国 主要消化器感染症の罹患率(対10万人) 1877〜1959年
出典:厚生省『医制百年史 資料編』1976年。1877〜99年の罹患率算出については内閣統計局による人口推計データを用いて補った。ただし、1920(大正9)年の第1回国勢調査以前の人口データの信頼性については注意が必要である。

(3) 赤痢と腸チフス

[図2]には、コレラに加え、赤痢、腸チフスの日本全国の罹患率を、第二次大戦後の1959(昭和34)年まで示してみた。明治のコレラ大流行が沈静化したのちも、赤痢、腸チフスは頻発を続けていたことが見てとれる。とくに赤痢についてみると、1893(明治26)年に、コレラの1879年、86年流行に匹敵するような罹患率水準に達しているが、それをピークとして1880年代から90年代にかけて大流行していた。この大流行末期の1897(明治30)年、東京の北里研究所で細菌学研究を始めていた志賀潔によって、赤痢菌(*Shigella dysenteriae*)が発見されている[14]。20世紀に入ると赤痢の爆発的な発生は一旦やや収まったようにみえるが、昭和初期に罹患率の水準は再び上昇している。赤痢患者の継続的な発生、そのための隔離施設などの必要性を考えると、社会への負荷はむしろコレラよりも大きかったのではないかという指摘もある[15]。

その罹患率の乱高下から想像されるように、コレラは、その地域の外からの病毒の侵入によって大流行したあと一旦は収束したのち、また大流行と収束を

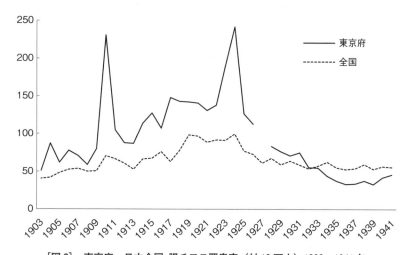

[図3] 東京府・日本全国 腸チフス罹患率（対10万人）1903〜1941年
出典：〔全国〕図2と同じ。〔東京府〕内務省『衛生局年報』1903〜1937年版；厚生省『衛生年報』1938〜1941年版。

繰り返すという、いわば「襲来」型の流行様態をとった。これにたいし腸チフスや赤痢については、20世紀半ばに至るまで明らかな収束は見当たらない。いわば「常在」化していた急性感染症だった。第二次大戦後に抗生物質が普及するまでは、特効薬も乏しかった。

もちろん流行状況は地域ごとに違いがあった。［図3］は、［図2］にもしめした全国の腸チフス罹患率を、1903年から41年までについて、東京府の腸チフス罹患率と比較したものである。まず東京府の水準が、1930年代初頭まで全国を上回っていたことに気づく。急速な人口増加・都市域の拡大が進む東京では、上水道供給や下水処理システムの整備が追いつかず、おもに水回りの衛生環境の問題が、腸チフスの蔓延を助長していたと考えられる。また、全国規模ではわからなかった罹患率の乱高下が、東京府について確認することができる。このように地域を限ってみると、腸チフスがときに平年よりも大きな流行に発展した年があったことがわかる。このうち1910（明治43）年における罹患率の急激な上昇は、その年の8月におきた荒川の大水害（荒川放水路建設のきっかけとなった大洪水）により流行が深刻化したものだった。そして1924（大正13）年における急上昇は、前年9月の関東大震災の影響によるものであ

88

る。地震によって、水道をはじめとする衛生設備も打撃を受けた。とくに市内の避難所における衛生状態は劣悪化し、腸チフスが多発したのである。これらは、災害がしばしば複合化して被害を大きくすることの典型例であるといえる[16]。

(4)「非日常」/「日常」的な感染症流行

近代日本の疫病史研究においては、これまでのところ、幕末から明治期にかけてのコレラ流行に注目する研究が多い。流行時における猛威、嘔吐・下痢・脱水症状をともなうその症状の激烈さと病勢の急速な進行、致死率の高さなど、コレラが当時の社会や人々に与えたインパクトの大きさを考えれば、当然ともいえる。明治における「近代」的な衛生行政・防疫政策の導入・確立は、コレラ流行になんとか対処しようとするなかで進められたし、それに対する人びとの戸惑いや反発は、コレラ騒動というかたちで噴出することもあった[17]。

またコレラ以外の急性感染症のなかでは、おもに幕末以来の種痘の導入・実施との関連で、天然痘（痘瘡）が注目されることが比較的多い[18]。コレラと同様に、明治期には突発的な天然痘の大流行が数次にわたって襲来していたが、大正から昭和にかけて患者発生の頻度は小さくなっていった（敗戦直後の流行をのぞく）。襲来型の流行様態をとった主要な急性感染症としては、このほか、コレラよりもさらに致死率が高かったペスト、1914（大正3）年に東日本で突如流行が発覚した発疹チフス、第一次大戦期にパンデミック化した新型インフルエンザなどがあった[19]。発生が稀な状態から突発的に大流行となったこれらの急性感染症は、いわば「非日常」的な災害としての性格が強い疫病だったと考えられよう。

こうした観点からみて対照的なのは結核だった。20世紀半ばまで死因順位の上位にあり、「国民病」といわれるほど罹患者が多かった、より「日常」的な病気だったのである。肺結核は病状の進行が緩慢な慢性感染症であり、措置の緊急性は低い反面、罹患期間は長期化するため、一過的な対応では済まない。病状の進行には体力の消耗や栄養状態が影響し、貧困と病状悪化との悪循環を生みやすい深刻な病気だった。疫学者・石原修による『女工と結核』（1914年）は、紡績工場で働いていた女工たちの間で広まる結核の実態を明らかにした講

演録として有名である。コレラやペストなどの襲来型急性感染症への対応がひとまず落ち着きつつあった1919（大正8）年、政府は「結核予防法」を制定した。結核も、その社会問題との密接な関係から、近代日本の疫病史研究において注目を集めてきた病気の一つである[20]。

そして、コレラに代表される「非日常」災害としての襲来型急性感染症の大流行と、より「日常」的に広く蔓延していた慢性感染症である結核との中間に、赤痢や腸チフスなど常在型の急性感染症を位置づけることができよう。常在型の流行様態をとった法定伝染病としては、他にパラチフス、猩紅熱、ジフテリアがある。法定伝染病とはなっていなかったが、戦後「届出伝染病」となる麻疹、百日咳、流行性感冒なども毎年発生する急性感染症だった[21]。結核に比べれば罹患率・死亡率の水準が常に高いわけではなかったが、毎年一定以上の罹患者を出していたという意味では、これらの病気はコレラより日常的だった。そして、コレラほど致死率の高い激烈な大流行を繰り返したわけではないが、ときには局地的に比較的大きな「非日常」的流行となって人びとに被害をもたらすことがあった。

コレラほど「目立つ」災害ではなかったため、こうした常在型急性感染症の流行に関する歴史研究はこれまでのところ相対的に少ない。しかしコレラ大流行の沈静化後の大正期から昭和初期においても、急性感染症が人びとの日常生活における脅威であり続けていたこと、そして人びとがそれにどのように対峙していたかをみるためには、常在型感染症の流行にも目を向ける必要がある。以下では事例として、1935（昭和10）年の神奈川県川崎市における赤痢流行に注目してみたい。

4. 1935年川崎市における赤痢流行

(1) 1920〜30年代の増加傾向

赤痢とは、血・粘液が混じって便が赤くなる下痢症の総称であり、細菌だけでなくアメーバが病原体となるものもあるが、ここで注目しているのはもっぱら細菌性赤痢である。富士川游によれば、赤痢という病名はすでに奈良時代か

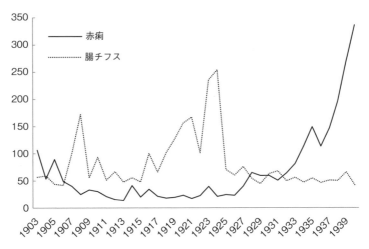

[図4] 神奈川県 赤痢・腸チフス罹患率（対10万人）1903〜1940年
出典：内務省『衛生局年報』1903〜1937年版；厚生省『衛生年報』1938〜1940年版。

らみられ、今日でいう赤痢とみてほぼ間違いないと思われる最初の記述は、『三代実録』にある、861（貞観3）年に京都で子どもたちに多数の死者が出たとする流行についてであった。赤痢は古代から近代に至るまで、ときに大流行を引きおこしながら日本に常在していたと富士川はみる[22]。明治になって統計収集が始まってからは、1880年代から90年代にかけて全国規模での大流行があったことは［図2］でみたとおりである。

その後1920年代前半まで、日本全国の赤痢の罹患率は低下傾向にあったが、1920年代後半から再び上昇し始めた。統計上は1941（昭和16）年から一旦下降しているが、これは戦時体制下の事務上の混乱が関係している可能性もあり、実際のところは不確かである。敗戦の1945（昭和20）年から翌年にかけてまた上昇し、戦後もしばらくは罹患率の高止まりが続いていたが、致死率は低くなった。

神奈川県の状況について、腸チフスと比較しながらみておこう（［図4］）。双方とも経口感染の腸管感染症でありながら、両病の流行状況はかなり異なっていた。まず腸チフス罹患率をみると、1910年代後半から上昇傾向にあったが、1923〜24（大正12〜13）年に際立ったピークがある。これについては、

東京府（[図3]）と同じく、関東大震災の影響が考えられる。しかしその翌年から罹患率水準は下がり、以後1940年に至るまでほぼその水準で推移している。震災後の防疫対策の強化、屎尿処理システムの改善、水道の復旧・拡張などによって、大流行への発展はなんとか抑えこむことができていたとみてよいだろう。

　腸チフスとは対照的に、赤痢罹患率はとくに1930年代になって急上昇している。これをどう説明するかについては、諸説ある。まず統計上の問題として、以前は下痢症・腸炎などとして処理されていたケースが、震災後の細菌学的な検病調査の強化によって、赤痢と診断・届出されることが多くなった可能性が考えられる。死因統計で確認すると、この時期、「下痢・腸炎」の件数に下降傾向があることから、こうした診断・届出上の問題が寄与した可能性は否定できないが、ただそれだけで説明がつくわけではなさそうだ。

　当時の衛生行政担当者や研究者たちが、しばしば指摘しているのは、流行を引き起こす菌型の変化である。1890年代に大流行を引き起こし、志賀潔によって世界で最初に同定された赤痢菌は毒性・伝染性がかなり強いものであったとされる。その後、同じ赤痢菌属に分類できるものの、毒性が異なる亜種が数種あり、それぞれの種においてもさらに細菌学上異なるタイプが存在することが、世界各地の研究者によって相次いで明らかにされた。これらは発見者や発見場所にちなんで、志賀菌（*Shigella dysenteriae*）、フレクスナー菌（*Shigella flexneri*. 発見者サイモン・フレクスナーは野口英世の「先生」として知られる）、駒込菌（東京市立駒込病院長・二木謙三によって発見。駒込A菌・B菌など、さらに分類される）などとよばれた。志賀菌による大流行の収束後、日本では毒性が比較的弱い菌型による赤痢が主流となった。このため1910年代・20年代前半においては罹患率が低かったが、その後それよりは比較的毒性の強い（といっても志賀菌よりは弱い）タイプが優勢となったため、再び赤痢流行が顕著になったという見立てである[23]。

　死亡率をみると（[図5]）、1930年代において罹患率ほど急激な上昇は示していない。赤痢に有効とされたサルファ剤の開発は1935年だが、日本では戦前には広く普及していたとまではいえないようだ[24]。したがって罹患率と死亡率の乖離（すなわち致死率の低下）を、治療効果の向上だけに求めることには

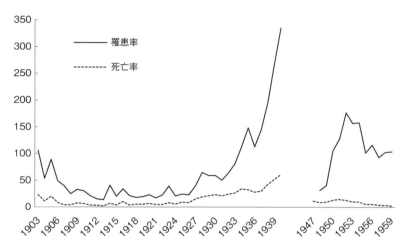

[図5] 神奈川県 赤痢罹患率・死亡率 (対10万人) 1903〜1959年
出典：内務省『衛生局年報』1903〜1937年版；厚生省『衛生年報』1938〜1940, 1947〜1959年版。

難がある。となると、軽微な症状の赤痢患者の届出が増えたとみることは、妥当なように思われる。

罹患者の年齢構成をみると、腸チフスがおもに成人に被害をもたらす病気だったのにたいし、赤痢は圧倒的に子どもたちに大きな被害をもたらす病気だった。赤痢罹患率急上昇の理由をここで特定することはできないが、昭和戦前期においてもなお、汚染された水・食物から感染症に罹るリスクは、とくに子どもたちにとって、今日より日常的なものだったと考えてよいだろう。

(2) 昭和初期の川崎市

[図6] は、神奈川県川崎市の1930年代における赤痢罹患率・死亡率である。ここで注目したいのは、1935 (昭和10) 年における罹患率の突発的上昇であるが、その検討に入る前に、当時の川崎市について概観しておこう。

川崎市の市制施行は1924 (大正13) 年。橘樹郡川崎町・御幸村・大師町の合併によって川崎市が誕生した。その後、同郡田島町 (1927年) および中原町 (1933年) を編入し、1935年における市人口は約15万5000人だった。このときの市域は、現在の川崎市川崎区・幸区および中原区の大部分にあたる (位

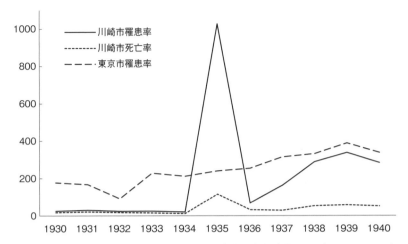

[図6] 川崎市 赤痢罹患率・死亡率／東京市 赤痢罹患率（対10万人）1930～1940年
出典：内務省『衛生局年報』1930～1937年版；厚生省『衛生年報』1938～1940年版。ただし1935年の川崎市の数値については、『衛生局年報』に誤りがあると考えられるため、『神奈川県統計書』（昭和10年版）の数値を用いて補正した。

置関係は［図8］参照）。その後1939（昭和14）年までに、現在の高津区・宮前区・多摩区・麻生区にあたる地域の大部分も編入され、現在の市域にだいぶ近づいた。

　旧川崎町付近は、江戸時代から東海道の宿場町として栄え、1872（明治5）年には鉄道駅（川崎駅）が開業している。旧大師町も川崎大師の門前町として、多くの参詣客を集める地域だった。臨海部の旧田島町（渡田・大島方面）には、大正年間に日本鋼管、浅野セメントの工場が設立されるなど、京浜工業地帯の中心地として多くの労働者が集まっていた。1933（昭和8）年に編入されたばかりの旧中原町地区は、当時はまだ農地も多い郊外住宅地だったが、すでに1926（大正15）年に東京横浜電鉄（現東急東横線）が開通していた。市域を縦断する南武鉄道（現JR南武線）も、川崎・登戸間が1927（昭和2）年に開業している。ちなみに、現東急田園都市線の溝の口（現高津区）までの延伸、現多摩区・麻生区を通る小田急線の開通も1927年だった[25]。

　多摩川に沿って市域が広がる川崎市は、かつてたびたび水害に襲われていた。1914（大正3）年には、御幸村（平間・丸子付近）の村民たちが早期の築堤を

94

もとめて決起し、編笠をつけて神奈川県庁に陳情に押しかけるという「アミガサ事件」がおきている。その後 1918（大正 7）年から 1926 年にかけて、築堤工事が行なわれた[26]。

　川崎市民にとって、多摩川は大事な水源でもあった。古くは二ヶ領用水などの水が使われていたが、1921（大正 10）年に近代的な川崎町水道が開通し、これが市制施行にともない川崎市水道の中心的存在となった。中原地区の宮内付近（現在、競技場や市民ミュージアムのある等々力緑地の北側）から取水し、戸手浄水場（現在の幸区役所付近）を経て、旧川崎町・大師町・田島町方面に給水されていた。旧中原町地区は、川崎市編入にともない宮内取水口を共有したが、戸手とは別の浄水場を使用していた。その後 1938（昭和 13）年に現多摩区菅から多摩川の伏流水を取り込む生田浄水場（2016 年廃止）が、さらに 1954（昭和 29）年には、相模川の相模湖付近から長いトンネルで運んだ水を給水する長沢浄水場が、専修大学生田キャンパス（1949 年開設）の近隣に完成した。一方、宮内取水口・戸手浄水場は 1968（昭和 43）年に、その役割を終えている[27]。

　下水道は 1935 年当時まだ整備途上で、川崎市内の屎尿処理は汲取りに依っていた。ほぼ 9 割は川崎屎料株式会社などの業者、残り 1 割が近隣農家による汲取りで、下肥として利用されていた。塵芥処理は市営で、ゴミの多くは臨海部の埋め立てに使用されていたという[28]。

(3) 1935 年 1 月

　「頻々幼児を倒す病魔が跳梁　川崎市で四十五名」（朝日新聞）、「川崎に小児の奇病　三百名罹り四十三名死亡」（読売新聞）といった見出しが新聞各紙に現われたのは、1935（昭和 10）年 1 月 8 日朝刊だった[29]。報道によれば、川崎市内の医療機関では 1 月 3 日頃から、発熱・吐瀉・下痢の症状をうったえる患者が増え始めた。患者は幼児から 10 歳くらいまでの小児が多かった。所轄の川崎警察署から連絡を受けた神奈川県衛生課の村島鐵男課長は 7 日に川崎入りし、患者の検便検査の結果、8 日にはこの「奇病」が赤痢であることが判明した。正月休み及び仕事始めの時期に重なったこと、赤痢発生のピークは夏季であることが普通であり、当初は赤痢ではなく感冒などと診断されることが多

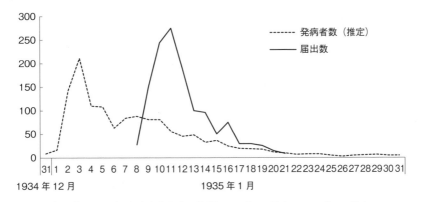

[図7] 川崎市 赤痢患者発生の経過 1934年12月末〜1935年1月末
出典：〔届出数〕北濱章他「昭和10年川崎ニ爆発流行セル赤痢概要」『日本医科大学雑誌』6(2), 1935年；〔発病者数〕村島鐵男「川崎市に於ける爆発的赤痢流行の疫学的考察に就て（第一回報告）」『日本公衆保健協会雑誌』11(6), 1935年。

かったことなどから、赤痢流行であるとの認知が遅れた。赤痢と判明した1月8日から赤痢患者の届出が急増し、8日から12日の5日間だけで、その数は900名近くにのぼった（[図7]）。村島の報告によると、1月末までの総患者数は1357名だった[30]。

1月8日には県衛生課、市役所、警察署、市医師会とが協力して緊急の防疫態勢をしくことを確認し、川崎署に防疫本部が設置された。市外からの応援人員も含めて、35の防疫班が組織され、市内3万5000世帯全戸にたいし、検病調査が実施された。採取した検便の細菌学調査のため、各検査機関もフル稼働した。患者多数のため、赤痢と判明した患者のうち、接客業者の世帯の患者を優先的に伝染病院に隔離し、その他の患者は自宅で療養させる方針が当初からとられていたが、それでも病床は不足し、11日には川崎公会堂を臨時病院として利用することが決まった[31]。隔離機能の不充分な病舎を、臨時とはいえ市中心の密集地におくことには反発もあった[32]。

とくに1月初旬においては、赤痢としての診断が遅れたため、実際の発病と届出との間に数日の時間差が生じていた。いつ発症したのかについて、赤痢と診断・届出後、各患者に問診した結果を防疫本部が日にちごとに集計したデータが、[図7]に「発病者数（推定）」として破線で示されているものである。

[図8] 川崎市 地区別赤痢罹患率（対1000人）1935年1月
出典：村島鐵男「川崎市に於ける爆発的赤痢流行の疫学的考察に就て（第一回報告）」『日本公衆保健協会雑誌』11(6)、1935年、17頁より転載。

　これによると、前年の大晦日にはすでに流行が始まりつつあり、正月三が日に発症者が急増し、3日がピークだったことがわかる。発症者は、当初は子どもが多かったが、次第に成人も増えたという。致死率（罹患者のうち死亡した人の比率）は5歳以下の年齢層で19.5％だったが、全体としては10.5％だった[33]。
　小学校では当然ながら学期開始後も欠席者多数だったが、出席児童についても授業を休みにして、検病調査が行なわれた。そして1月12日から市内14の小学校を全面的に休校とすることが決まった。学校が再開されたのは、新たな患者の発生がようやく落ち着いてきたとみられる1月21日だった[34]。
　市内の地区ごとに本流行における罹患率を地図にのせたものが、[図8]である。旧田島町（大島・渡田方面）と旧川崎町地区で高率であり、住民の100人に1人は罹患した計算になる。次いで旧大師町、旧御幸村地区と続き、中原地区では相対的に発生はまばらであった。

(4) 水道原因説

　細菌は目には見えない。細菌の伝播からどうすれば逃れられるのか。どうすれば流行をくい止めることができるのか。防疫担当者はもとより、赤痢流行が発覚して以降の人びとの心配はまずそこに向けられたと想像される。多数の患者が同時期に経口感染の赤痢を発症したということは、それらの罹患者が共通して摂取した飲食物が疑わしい。しかし、発生は特定の場所・集団（たとえば学校・職場・飲食店の利用者）などに偏っていたわけではなく、広範に散らばっていた。そこで、これだけ広範な区域で多数の人びとが共通して使用するものとして疑われたのが、水道であった。

　神奈川県の村島衛生課長が1月8日に、川崎市の衛生課長、水道技師、警察衛生主任をともない川崎市水道の宮内取水口を視察するとともに、水源付近の消毒作業と、市内各所における水質検査の実施が決定された。こうした動きを察知して、新聞も1月10日朝刊では「川崎の赤痢媒介 水道に確定的」（読売）、「水道断水の危機迫る 病菌含有の疑ひ濃厚」（朝日）などと報じた[35]。

　しかし翌11日の朝刊では、論調が変わっている。「川崎の赤痢恐怖 水道に関係なし」（読売）、「水道安全となる 徹底的消毒を継続」（朝日）[36]。これは、市内各所から採取した水道水の水質検査では赤痢菌を発見出来なかったことを受けて、10日夕刻に川崎市役所から、今回の流行に水道は関係ないという主旨の声明が発表されたためであった。

　ただし、この公式声明に皆がすぐに納得したわけではなさそうだ。1月12日の朝刊には、11日夕方に緊急招集された市会の様子が報道されている。この市会の席上、佐谷賢道議員から出された質問を引用してみよう。

　　（宮内の）取入口に埋設してある集水管が地面に露出し、更に取入口より
　　三、四丁の上流に堤内耕作地が約二丁五反歩あり、耕作地の肥料は全部人
　　糞尿を使用して居るため、過般の豪雨に際し多摩川が二尺余も増水したた
　　め、汚水がこの集水管に流入し、今回の如き珍事を出来するに至ったので
　　はないか[37]

　この質問に対し、中屋重治市長（内務官僚出身）と市水道部長は、汚水流入

を認め陳謝したが、これが赤痢流行の原因となったという見方については否定した。あくまでも、今般の流行に市水道は関係ないとする公式見解を維持する姿勢は崩さなかったわけである。

市長らの主張の根拠は、水質検査では赤痢菌が検出されなかったことにあるわけだが、しかしながら内務省衛生局の技官・飯村保三も指摘するように、すでに流行発生から10日も経過したのちに採取した水から菌が検出されなかったとしても、それは流行発生時における水道による赤痢伝播の可能性を否定することにはならない[38]。もちろん赤痢菌混入の証明もできない。いずれにしても断言は難しいはずであるが、市長らの断定的な答弁は、好意的にとれば市民の動揺を最小限に抑えること、さらに勘ぐれば、市水道にたいする信頼性への疑義の台頭、責任問題への発展を避けることに重きがあったとも解釈できよう。ただしこの答弁時点ではすでに消毒活動も進行中であり、水道の安全性が回復しつつあったこと自体は間違いとはいえないだろう。

実のところ、防疫本部の中心的存在だった村島鐵男県衛生課長も、大流行開始の原因として水道が果たした役割の可能性を否定していない。流行終息後にまとめられ専門誌に掲載された報告論文で、村島は水道についてかなり詳細に報告している。佐谷議員が言及した、宮内取水口の上流堤防内の河川敷に耕作地があり下肥が使用されていたこと、1934年12月29日からの降雨で多摩川の水位が上がり汚濁が進んだこと、取水のための沈澱池にその汚水が混入した可能性が高いことは、この論文でも確認されている。たとえ取水時に汚水が混入したとしても、浄水場で適切に濾過されれば問題ないはずである。ところが戸手浄水場における濾過速度は、普段から工業における大量の水需要に応えるため速め（濾過膜が薄い状態）であったが、年末からの降雨によりさらに速度が上がっていたという。このため病原菌が濾過膜を通過してしまった可能性があることを、村島は示唆している。もちろん、仮に水道原因説を認めるとしても、その後の患者発生すべてが水道水による感染とみる必要はない。水道汚染が最初の流行のきっかけを作ったとしても、二次感染以降はさまざまな経路が考えられるからである[39]。

川崎町水道の開通から80周年の2001（平成13）年に、『川崎市水道八十年史』が刊行された。川崎の水道史を知る上で有用な資料である。このなかでは、

第4章 昭和初期の疫癘 99

「赤痢事件」として1935年流行のことにも触れられている。ただし、水質検査の結果「上水道が原因ではないことが確認された」が、「原因が上水道と誤報されたため、大センセーションを巻き起こした」とする記述[40]には問題がないとはいえない。たしかに当時の市長や水道部長の公式見解に従えば、このような記述になろう。しかし上水道原因説を「誤報」とは言い切れない。もちろん赤痢菌が水道に混入した可能性について、状況証拠は指摘できたとしてもその細菌学的な証明は当時不可能だったし、今となってはこれに結論を出すことはできない。ただ、災害当時・事後において、当局の公式見解以外の見方をすべて「風評」とみなしてよいかは、一考を要するところである。

中屋市長は1935年2月、市会における不信任案可決を受けて、辞任を余儀なくされている。当時懸案となっていた川崎市と日吉村合併問題に関連する金銭スキャンダルが不信任案の直接的理由だったが、赤痢問題に関連する市執行部への不信も、その可決に拍車をかけたと思われる[41]。

(5) 東京からみた「川崎赤痢」

東京で発行されていた朝日新聞や読売新聞といった大手新聞も、連日川崎市の赤痢流行について報道していた。患者発生状況、防疫本部の動向や水道原因説に関する報道が中心ではあるが、当時の世相を感じさせる記事も見られる。

流行発生当初において医師による看過・誤診が赤痢流行発覚を遅らせたことは上述したが、1月14日から、医師による意図的な患者隠蔽(届出不履行)が報道されている。全市をあげて検病調査をして患者・保菌者の発見に血眼になっているさなか、赤痢とわかっていながら故意に届出を怠ったかどにより、医師が「不徳医師」として実名で糾弾されている。赤痢患者を隠蔽した3名の医師が検挙されたことを受けて、自分も摘発されることを恐れた別の医師たちが慌てて届出を履行したため、1月16日は一時的に届出が増えたという[42]。

記事には隠蔽の動機・経緯までは書かれていないが、検査や隔離など強制的な防疫措置への忌避に加え、世間体や商売への影響を気にする患者家族側からの要望もあったことが推察される。患者家族が世間体を気にせざるを得なかった理由には、新聞報道のあり方自体も含まれていたかもしれない。当時は、患者の発生について、年齢・住所・職業や家族関係などを含め基本的に実名で報

じられていた。今日的な観点からみれば、個人情報は保護されていなかったのである。

　当時は日本経済がいわゆる昭和恐慌による停滞から抜け出し、重化学工業の成長が本格化しつつある頃だった[43]。川崎の飲食街でも 1934（昭和 9）年暮れから新年にかけて、軍需景気のため忘年会・新年会で「連日どんちゃん騒ぎを演じてゐた」という。それに冷水を浴びせたのが赤痢流行で、「火が消えたやうな寂びれやう」となった[44]。市内の商店とくに飲食店の売上げへの影響は大きく、1935 年 2 月には市内の商業団体が、税務署や県・市にたいして納税免除の運動をおこすことになる[45]。客足の減少には、市外からの訪問者の警戒も影響していたであろう。警視庁防疫課の井口乗海課長から、東京市民で川崎に行く必要がある場合には、弁当・水筒を持参し、けっして「川崎で飲食するな」と注意があったことも報道されている[46]。

　東京発行の新聞には、当然ながら東京からの目線での記事が多い。最大の関心事は、赤痢流行の東京への伝播の行方であった。川崎で赤痢流行が発覚してすぐに、東京の警視庁防疫課も動き始めている。川崎市と東京市蒲田区は多摩川を挟んで接していたが、そこに架かる六郷橋に、川崎から渡ってくる人びとの健康診断を行なう「関所」が設けられ、蒲田区内では検病的戸口調査も実施された。また当時、蒲田区・大森区・荏原区などは私営の玉川水道株式会社の給水区域となっており、その取水口は大森区東調布町（現大田区田園調布、丸子橋）付近の多摩川にあった。これは川崎市水道の宮内取水口対岸のやや下流の位置である。川崎市水道と同じリスクに玉川水道も曝されていたということで、水質検査と消毒が緊急に行なわれた[47]。

　しかしこうした東京側の防疫活動にもかかわらず、1 月 10 日には「川崎の子供赤痢 遂に帝都侵入」が始まり、蒲田と中野での赤痢患者が発覚した。正月には川崎大師への初詣に東京からも多くの人が訪れていたし、川で隔てられているとはいえ、そもそも日常的に通勤や買物などで東京と川崎の往来は頻繁であり、伝播を防ぐことは難しかったと考えられよう。翌 11 日にも、川崎の叔父の家で正月休暇を過ごした青山師範学校の 18 歳の学生が、寄宿舎に戻り赤痢を発病したことが報じられている。12 日から 13 日にかけても「帝都の『川崎赤痢』新患者続出」とあるが、このうち川崎に滞在するなど、明らかに川崎

で感染したとわかる患者は7名だったという。こうした東京市における「川崎赤痢」患者の数は1月17日までに、35名にまで増えている。ただし1935年1月における東京市の赤痢患者の総数はこの報道時までに335名にのぼっており、こうして川崎からの伝染系統がわかっている患者は一部にすぎなかった[48]。

内務省衛生局の飯村保三がのべているように、「川崎赤痢」という呼称が当時よく使われたが、別に川崎における赤痢が特殊なわけではなく、他の地域の赤痢と区別できたわけでもない。したがって、東京でも同時期に増えていた赤痢患者発生が、どの程度川崎からの伝播によるものかどうかも明らかではない[49]。

図6に示されているように、1935年流行直前の2年（1933/34年）における人口10万人当たりの年間の赤痢患者数は、川崎市では20人台だったのにたいし、東京市では200人を超えており、約10倍もの開きがあった。もともと赤痢は、川崎よりもむしろ東京において、より常在性の高い急性感染症となっていたのである。しかし1935年1月の突然の大流行とその報道は、川崎こそ赤痢の病原地であると人びとに印象づけるものだったのではないか。川崎の医師たちが当初流行を見逃していたこと、市水道への汚水流入、市内の隔離病院の不足などに加え、工場労働者の密集する都市であることが、川崎が赤痢流行を発生させるような衛生に不備を抱えた都市であるというイメージの増幅につながってしまったことも考えられる[50]。

(6) 衛生組合

川崎市内の各所で防疫活動に従事したのは、県や市の吏員や警察官、医療関係者だけではなかった。住民も衛生組合の活動をつうじて防疫業務を担った。新聞紙上でも、市内の衛生組合が1月10日から一斉に下水溝の消毒に着手したことが報じられている[51]。

衛生組合とは、1886（明治19）年のコレラ大流行の翌年、内務省から各府県にたいし、街区ごとに清掃・消毒を担う組織を編成するよう通達を出したことに端を発し、1897（明治30）年の伝染病予防法第23条によって法律的にも設置が規定された住民組織である。その設置・運用基準は各地方によって異なっていたが、基本的に地域の全戸が加入し、住民が連帯して自主的に地域の衛

生・防疫活動に関与することを旨とするものだった[52]。

　全国都市衛生組合連合会には、川崎市衛生組合連合会も加盟しており、前者の資料によると、1935年12月の時点で川崎市の衛生組合連合会は、市内の町あるいは丁ごとに設置された40の衛生組合の連合体だったことになっている[53]。ただし『川崎市勢要覧』の昭和10（1935）年版には、川崎市衛生組合連合会への加入組合数は85（役員数711人、団体員総数3万2685人）と記載されており、この差がどこからきているのかは明らかではない[54]。いずれにせよ、この連合会の会長は川崎市長が務め、事務所は市役所内にあった。住民の自治組織を謳いながらも、衛生組合は事実上行政の指示を末端の住民に伝える役割を担っていたものと考えられる。1935年1月9日には連合会の理事会が開催され、「赤痢患者発生多数ニ付之ガ予防防遏ニ関シ当局ノ指示ニ依リ各組合ヲ督励シ之ガ徹底ヲ期スルコト」が決議されている[55]。

　いま筆者の手元には、1936〜1941年に作成された川崎市内の中原衛生組合に関連する25枚ほどの文書がある。その多くは手書きの原稿をガリ版刷りしたもので、中原衛生組合の組合長から同組合の理事・役員たちに送付された通知などである。たまに肉筆で記入されている宛名から考えると、おそらく理事の一人であるその宛名の人物によって保管されていたものが、廃棄を逃れたのであろう。筆者はこれを古書店から入手した。この文書の束を、ここでは「中原衛生組合文書」と呼んでおこう。残念ながら1935年赤痢流行時の文書は含まれていないし、文書の残り方も網羅的ではないようだが、それでも翌1936（昭和11）年からの川崎市内の衛生組合の活動の一端を見ることができる。そのうちのいくつかを紹介してみよう。

　1936年6月19日付、組合長から組合理事宛の文書からは、6月16日、17日に神地（現中原区上小田中）付近で22歳の女性が腸チフス、2歳の女児が疫痢と相次いで判明し、市の衛生課長、川崎警察署の衛生主任の指揮のもと、衛生組合の理事が中心となって、井田用水・木月用水（二ヶ領用水の分流）の消毒、ヘテロゲン錠（腸チフス予防薬）の配布、健康診断などが実施されたことがわかる。さらに6月24日付の文書は、便所の窓用の蠅取り網の設置業者が地区を訪れるという通知だった[56]。汚物から食物へ飛び移る可能性のある蠅への対策は、赤痢・疫痢、腸チフスなどの経口感染の予防にとって重要と考え

第4章　昭和初期の疫癘　103

られていた。

1938（昭和13）年5月2日付、組合長から理事宛の文書は、川崎市全域で実施が予定されている「清潔法」に関する連絡である。ここでいう清潔法とは、警察・市役所の指示で行なわれる、いわば住民総出の掃除チェック大会である。この文書に添付されていたと思われる、一般住民配布用の通知パンフレットを再録しておこう。

　清潔法施行通知

　　従来の清潔法施行に際しては往々形式的に流るる向或いは種々の事由に
　藉口して実行せさるものあり。右は清潔法の趣旨を没却せるものにして誠
　に遺憾と存します。

　　健康なくして国家慶福の恵まれさる如く一市一家の隆盛の基調をなすも
　のは実に保健防疫の完璧てありますことは申す迄もありませぬ。殊に非常
　時局に際会し保健保持は銃後国民の責務てあります。故に一層周到なる注
　意を払ひ競ふて清潔法の完璧を期する様切に希望致します。

　　尚ほ事変下国民保健上本年度清潔法の検査は相当厳重の見込みに付特に
　申添へます。

　　　昭和十三年五月

　　　　　川崎警察署　　川崎臨港警察署　　高津警察署　　川崎市役所

　掃除要項

一、家の内外は勿論床下は充分換気を行ひ湿潤著しきものは適当の方法を
　　以て乾燥せしむる事

一、畳敷物等は充分日光に曝し検査終了後敷込むこと

一、台所流溜、便所等を清潔にし下水尻を浚渫し破換個所は修繕すること

一、塵芥箱なき家屋は之れを設置し破換は修繕し必らず蓋を取り付くるこ
　　と

一、当日排出せる塵芥は手車の通行し得る道路傍に持出し置くこと

　　当日病気、出産其他不止得事故の為掃除の出来ない場合は前以て警察
　　署、市役所又は衛生組合若は区の事務所に其の事由を申出つる事(57)

この通知にもとづき、清潔法は1938年5月中の毎日、川崎市内の地区ごとに順次実施されていったようである。5月13日付、中原衛生組合長から理事宛の文書では、「清潔法施行に当りましては各位の熱意ある御協力によりまして例年にない好成績を以て終始致し得」たことに謝意がのべられている[58]。他地域に比べ自地区が不衛生であること、感染症患者を発生させてしまうことは恥ずべきことであるというような感覚が、ここに見て取れる。1938年といえば、すでに前年から日中戦争が始まっている。ゆえに「非常時局に際会し保健保持は銃後国民の責務」であることが、この清潔法通知でも強調されていたのである。

　この全市あげての清潔法施行に先立つ5月2日、川崎市衛生組合連合会の総会があり、中原衛生組合の理事たちにも開催通知、および総会における川崎市長の演説内容が届いている。この演説のなかで芝辻一郎市長（内務官僚出身。元山梨県知事）も、「今や我国現下の情勢は時局益々重大性を加ふる」なか、保健・防疫の強化は「国民最大の緊急責務」であるとのべている。とくに川崎市は「帝都及国際横浜港に隣接せる特異性を有する産業都市」であることから、「伝染病予防対策の如きは極めて重大性を有する」と指摘する。さらに「明後年は国際「オリンピック」競技大会並万国博覧会は帝都に開催せらるる等愈々健康都市への邁進と都市美の施設等緊切なるものあるを深く感する」とある[59]。1940（昭和15）年に開催が予定されている東京オリンピックのためにも、川崎が衛生的であることが重要だというのである。1935年赤痢大流行時のように川崎発の疫病が東京に伝播し、国家の威信をかけたオリンピックに水を差して「帝都」に迷惑をかけ「國體」を辱めるようなことになってはならないという危機意識が、ここにはあるように読める。しかし拡大する日中戦争への国際的批判が高まるなか、日本はこのオリンピックの返上を余儀なくされた[60]。

　この演説の翌月6月29日、川崎市内1万8000戸以上が浸水するという豪雨水害が発生した[61]。芝辻市長は7月1日、衛生組合連合会をつうじて市内各衛生組合長にたいし、下水溝の浚渫、予防薬の配布などを柱とする、赤痢・疫痢、腸チフスなど消化器感染症への緊急対策を要請している[62]。こうした行政と衛生組合との連携による日常的な清掃活動と感染症発生時の防疫活動は、流行拡大のリスク軽減にたしかに寄与していたであろう。その一方で、少なくと

第4章　昭和初期の疫癘　105

も言説のレベルでは、感染症流行という災害が市民に一致団結を促す契機となり、感染症との闘いが全体主義的な戦時体制強化と同化していった様子がうかがえる。

　1940年9月、「隣保相助ノ精神ヲ基調トシテ相団結シ上意下達、下意上達ノ基底ヲナシ地方振興ノ根幹タルノミナラズ現下ノ重大時局ニ処シ重要国策ノ徹底実施機関トシテ」の町内会等の整備を命ずる内務省訓令が各府県に通達され、川崎市でも新たな町内会制度が設けられることになった[63]。これにともない、衛生組合の機能もこの翼賛体制の下部組織としての町内会に統合されることとなり、1941（昭和16）年3月末日をもって中原衛生組合は解散となった[64]。

5.　おわりに

　1935年1月の赤痢流行による川崎市における死者は、県衛生課長の報告によれば143人だった[65]。1935〜40年の6年間における赤痢による死者数の合計は、統計資料により多少のばらつきがあるものの、約700人にのぼっている[66]。その後太平洋戦争が始まり、伝染病統計の公表が途絶えてしまう。しかし物資不足による生活水準・栄養状態の悪化、戦災によるインフラ寸断や避難生活にともなう病原体への曝露機会の増加などにより、戦時中に赤痢をはじめとする感染症リスクは増大していたと考えられる。ちなみに米軍機攻撃による川崎市内における被害は、1945（昭和20）年4月15日の「川崎大空襲」を中心に同年8月15日の敗戦までの期間をつうじて、死者768人、重軽傷者約2万5000人、罹災戸数は全戸数の約50%にのぼっていたと伝えられる[67]。

　もちろん被害者の数だけが問題なのではない。戦災については、被害の実態や耐乏生活など、戦時中の市民が経験したありさまについて、市民自身が語る証言をまとめた『川崎空襲・戦災の記録』が、1974（昭和49）年に川崎市によって編集・出版されている。これを読むと、悲痛な状況を目の当たりにした一人ひとりの体験の記憶を記録すること、そして続く世代の人びとにそれが伝わることの大切さを認識させられる[68]。

　本稿ではおもに1935年の川崎における赤痢流行という災害に注目してきた

が、残念ながら被害にあった一般の市民たちの個別の状況や思いまでは、明らかにすることはできない。しかし、たとえば症状に苦しむ患者の痛みであったり、あるいは子を失った親の悼みであったり、罹患や死亡の統計に計上された個々のケースすべてに、さまざまなストーリーがあったはずである。疫病史、ひいては広く歴史から災害を考えるにあたっては、さまざまな角度からいろいろなアプローチの方法がありえるが、どのような方法をとるのであれ、たとえそれが史料から直接明らかにはならないとしても、そのことに思いを馳せること、いわば人文学的な想像力を保持しておくことは必要であろう。

注

(1) 小鹿島果編『日本災異志』（初版 1894 年）復刻版、思文閣、1973 年。なお小鹿島果・筆子の経歴については、津曲裕次『鳩が飛び立つ日：「石井筆子」読本』大空社、2016 年も参照。

(2) 富士川游『日本疾病史』（初版 1912 年）復刻版、東洋文庫、平凡社、1969 年。

(3) 浜野潔「『日本疾病史』データベース化の試み」『関西大学経済論集』54、2004 年、433–444 頁。

(4) A. Hirsch, *Handbook of Geographical and Historical Pathology*, 3 vols. (originally published in German, 1881–86), translated by C. Creighton, 1883–6.

(5) 富士川、前掲書、13 頁。

(6) A. Briggs, "Cholera and society in the nineteenth century", *Past and Present*, 19, 1961 ; L. Chevalier, *Le choléra : la premiére épidémie du XIXe siècle*, 1958.

(7) 欧米における疫病社会史の視角・研究史については，C. Rosenberg, *Explaining Epidemics and Other Studies in the History of Medicine*, Cambridge, 1992 ; K. F. Kiple (ed.), *The Cambridge World History of Human Disease*, Cambridge, 1993 ; P. Slack, "Introduction" to R. Terence and P. Slack (eds.), *Epidemics and Ideas : Essays on the Historical Perception of Pestilence*, Cambridge, 1995 ; C. Hamlin, *Cholera : The Biography*, Oxford, 2009 など。

(8) W. H. McNeil, *Plagues and Peoples*, 1976.『疫病と世界史（上・下）』佐々木昭夫訳、中公文庫、2007 年。富士川游への言及は、邦訳書（上）、274 頁。なおマクニールらの疫病の世界史の視点を初学者向けに紹介したものとして、永島剛「モノ・カネ・人そして病原体の移動―国際経済と疫病の世界史」井上幸孝・佐藤暢編『人間と自然環境の世界誌―知の融合への試み』専修大学出版局、2017 年。

(9) 立川昭二『病気の社会史―文明に探る病因』日本放送出版協会、1971 年。より近年の類

書として、酒井シズ編『疫病の時代』大修館書店、1999 年。

(10) たとえば、村岡健次「病気の社会史―工業化と伝染病」角山栄・川北稔編『路地裏の大英帝国―イギリス都市生活史』平凡社、1982 年；村上陽一郎『ペスト大流行―ヨーロッパ中世の崩壊』岩波新書、1983 年；見市雅俊・高木勇夫・柿本昭人・南直人・川越修『青い恐怖 白い街 コレラ流行と近代ヨーロッパ』平凡社、1990 年。

(11) 研究サーヴェイを含む論集として、見市雅俊・斎藤修・脇村孝平・飯島渉編『疾病・開発・帝国医療―アジアにおける病気と医療の歴史学』東京大学出版会、2001 年；C. Aldous and A. Suzuki, *Reforming Public Health in Occupied Japan, 1945-52*, Abingdon, 2012；永島剛・市川智生・飯島渉編『衛生と近代―ペスト流行にみる東アジアの統治・医療・社会』法政大学出版局、2017 年。

(12) 過去帳を使った分析として、須田圭三『飛騨O寺院過去帳の研究』医療法人生仁会、1973 年；菊池万雄『日本の歴史災害―江戸後期の寺院過去帳による実証』古今書院、1980 年：斎藤修「明治 Mortality 研究序説―東京府下国分寺の資料を中心に」『経済研究』38 (4)、1987 年、321-332 頁；A. B. Jannetta, *Epidemics and Mortality in Early Modern Japan*, Princeton, 1987；鬼頭宏「もう一つの人口転換―死亡の季節性における近世的形態の出現と消滅」『上智経済論集』44 (1)、1998 年、11-34 頁；阿部英樹・杉山聖子「寺院過去帳による死亡構造の長期的分析：広島県東広島市森近地区の1寺院過去帳を事例として」『中京大学経済学論叢』17、2006 年、15-33 頁など。

(13) 各流行の情報については、山本俊一『日本コレラ史』東京大学出版会、1982 年。統計的な概観を含む論文として、杉山伸也「幕末開港と疾病」／伊藤繁「近代日本の都市における疾病と人口」速水融・町田洋編『講座・文明と環境7 人口・疫病・災害』朝倉書店、1995 年。

(14) T. Nagashima, "Shiga Kiyoshi", in W. Bynum & H. Bynum (eds.), *Dictionary of Medical Biography 5*, Westport, 2007, pp. 1146-1149.

(15) 馬場わかな「日本における赤痢の流行と感染症対策の変遷 1890-1930 年」『三田学会雑誌』99 (3)、2006 年、103-120 頁。

(16) 永島剛「感染症統計にみる都市の生活環境―大正期東京の腸チフスを事例として」『三田学会雑誌』97 (4)、2005 年、79-97 頁；同「近代東京における水系感染症流行と都市環境」『近代都市環境研究資料叢書2 近代都市の衛生環境（東京編）別冊』近現代史資料刊行会、2009 年。

(17) 近代日本のコレラの社会史的研究の嚆矢として、安保則夫『ミナト神戸 コレラ・ペスト・スラム―社会的差別形成史の研究』学芸出版社、1989 年。日本のコレラ史の研究サーヴェイを含む論文として、二谷智子「伝染病の侵入と防疫」石井寛治・原朗・武田晴人編『日本経済史〈1〉幕末維新期』東京大学出版会、2000 年；飯島渉「感染症と権力をめぐる歴史学」歴史学研究会編『第4次現代歴史学の成果と課題2 世界史像の再構成』績文堂

出版、2017年。また最新のコンパクトな概説として、内海孝『感染症の近代史』山川出版社、2016年。

(18) 川村純一『病の克服 日本痘瘡史』思文閣出版、1999年；深瀬泰旦『天然痘根絶史 近代医学勃興期の人びと』思文閣出版、2002年；市川智生「明治初期の感染症流行と居留地行政—1870・71年横浜の天然痘対策」『日本歴史』762、2011年、58-75頁；川口洋「「種痘人取調書上帳」分析システムを用いた明治初期の足柄縣東部における天然痘死亡率の推計」『情報処理学会シンポジウムシリーズ』201 (2)、2016年、221-226頁。

(19) 〔ペスト〕坂口誠「近代大阪のペスト流行—1905～1910年」『三田学会雑誌』97 (4)、2005年、561-581頁；廣川和花「近代大阪のペスト流行にみる衛生行政の展開と医療・衛生環境」『歴史評論』726、2010年、19-31頁。〔発疹チフス〕渡部幹夫「大正三年、東京における発疹チフスの大流行」『日本医史学雑誌』48 (4)、2002年、597-615頁；永島剛「大正期日本における感染症の突発的流行—発疹チフス1914年」『三田学会雑誌』99 (3)、2006年、393-412頁。〔インフルエンザ〕速水融『日本を襲ったスペイン・インフルエンザ—人類とウイルスの第一次世界戦争』藤原書店、2006年。ただし従来型のインフルエンザ（流行性感冒）は季節的に毎年発生していた。

(20) W. Johnston, *The Modern Epidemic: A History of Tuberculosis in Japan*, Cambridge, Mass., 1995；福田真人『結核の文化史 近代日本における病のイメージ』名古屋大学出版会、1995年；青木正和『結核の歴史—日本社会との関わり、その過去・現在・未来』講談社、2003年；青木純一『結核の社会史—国民病対策の組織化と結核患者の実像を追って』御茶の水書房、2004年；M. Hanashima and K. Tomobe, "Urbanization, industrialization, and mortality in modern Japan: a spatio-temporal perspective", *Annales of GIS*, 18, 2012, pp. 57-70 など。

(21) 〔ジフテリア〕鈴木晃仁「近代日本におけるジフテリア疾病統計の分析」『三田学会雑誌』97 (4)、2005年、499-515頁。〔麻疹〕A. Suzuki, "Measles and the spatio-temporal structure of modern Japan", *Economic History Review*, 62, 2009, pp. 828-856.

(22) 富士川、前掲書、292-303頁。

(23) 村島鐵男「爆発的赤痢流行ノ原因並ニ病原ニ就テ」『日本伝染病学会雑誌』1、1926-27年、52-67頁；安田誠之輔「大阪市ニ於ケル赤痢及赤痢様疾患ニ就テ」『日本伝染病学会雑誌』6、1930年、116-145頁。

(24) T・ヘイガー『サルファ剤 忘れられた奇跡』小林力訳、中央公論社、2013年。

(25) 小川一朗『川崎の地誌—新しい郷土研究』有隣堂、2003年；川崎市編『川崎市史』通史編3（近代）、通史編4（現代編、上下巻）、川崎市、1995年。

(26) 川崎地域史研究会『かわさき民衆の歩み 明治・大正・昭和』多摩川新聞社、1995年、110-121頁。本書は明治期の伝染病にも言及している（86-95頁）。

(27) 川崎市水道局編『川崎水道八十年史』川崎市水道局、2003年。

第 4 章　昭和初期の疫癘　109

(28) 村島鐵男「川崎市に於ける爆発的赤痢流行の疫学的考察に就て（第一回報告）」『日本公衆保健協会雑誌』11 (6)、1935 年、258 頁。

(29) 朝日新聞、1935 年 1 月 8 日朝刊、11 面；読売新聞、1935 年 1 月 8 日朝刊、7 面。

(30) 村島「第一回報告」、262 頁。

(31) 読売新聞、1935 年 1 月 11 日朝刊、7 面；朝日新聞、1935 年 1 月 12 日夕刊、2 面。

(32) 川崎市議会編『川崎市議会史：通史編　第一巻』川崎市議会、1991 年、887 頁。

(33) 村島「第一回報告」、270 頁。

(34) 読売新聞、1935 年 1 月 11 日夕刊、2 面；1 月 22 日夕刊、2 面。

(35) 読売新聞、1935 年 1 月 10 日朝刊、7 面；朝日新聞、1935 年 1 月 10 日朝刊、11 面。

(36) 読売新聞、1935 年 1 月 11 日朝刊、7 面；朝日新聞、1935 年 1 月 11 日朝刊、11 面。

(37) 朝日新聞、1935 年 1 月 12 日朝刊、11 面。引用に際し読点を補った。

(38) 飯村保三「「川崎赤痢」に就て」『公衆衛生』53 (2)、1935 年、88 頁。

(39) 村島鐵男「川崎市に於ける爆発的赤痢流行の疫学的考察に就て（第二回報告）」『日本公衆保健協会雑誌』11 (8)、1935 年、376-382 頁。

(40) 『川崎市水道八十年史』、186 頁。

(41) 『川崎市議会史』、893 頁。

(42) 読売新聞、1935 年 1 月 14 日朝刊、7 面；1 月 15 日夕刊、2 面；1 月 16 日夕刊、2 面。

(43) 浜野潔他『日本経済史 1600-2000』慶應義塾大学出版会、2009 年、195 頁。

(44) 読売新聞、1935 年 1 月 12 日朝刊、7 面。

(45) 『川崎市議会史』、889 頁。

(46) 朝日新聞、1935 年 1 月 11 日夕刊、2 面。

(47) 読売新聞、1935 年 1 月 10 日朝刊、7 面；1 月 10 日夕刊、2 面；朝日新聞、1935 年 1 月 10 日夕刊、2 面。ちなみに玉川水道の経営は、1935 年中に東京市水道に買収されている。

(48) 読売新聞、1935 年 1 月 10 日夕刊、2 面；1 月 11 日夕刊、2 面；1 月 13 日夕刊、2 面；1 月 17 日夕刊、2 面。

(49) 飯村「「川崎赤痢」に就て」、82 頁。

(50) 川崎が新興工業都市であり労働者階級の集まる場所であるがゆえの不衛生を示唆した記事として、朝日新聞、1935 年 1 月 9 日朝刊、3 面；読売新聞、1935 年 1 月 13 日朝刊、3 面；北濱章他「昭和 10 年川崎ニ爆発流行セル赤痢概要」『日本医科大学雑誌』6 (2)、1935 年、132 頁。

(51) 読売新聞、1935 年 1 月 11 日朝刊、7 面。

(52) 東京府編『東京府史 行政編』第 6 巻、東京府、1935 年、658-659 頁。衛生組合に関する研究としては、尾崎耕司「衛生組合に関する考察―神戸市の場合を事例として」『大手前大学人文科学部論集』6、2006 年、53-84 頁；白木澤涼子「衛生組合法案と町内会」『日本歴史』781、2013 年、56-71 頁；同「衛生組合連合会と市制」『日本歴史』809、2015 年、

53-70 頁。

(53) 全国都市衛生組合聯合会編『全国都市衛生組合聯合会事業報告 別冊』1937 年、43 頁。

(54) 川崎市役所『川崎市勢要覧 (昭和十年版)』1936 年、130 頁。

(55) 全国都市衛生組合聯合会編『全国都市衛生組合聯合会事業報告』1936 年、120 頁。

(56) 中原衛生組合文書「腸チブス疫痢発生ニ付注意」1936 年 6 月 19 日；同「蠅取網取付方ニ関スル件」1936 年 6 月 24 日。

(57) 中原衛生組合文書「清潔法施行ニ関スル件」1938 年 5 月 2 日；同「清潔法施行通知」1938 年 5 月。なお引用に際し片仮名を平仮名にし、句点を補ったところがある。

(58) 中原衛生組合文書「理事会開催の件」1938 年 5 月 13 日。

(59) 中原衛生組合文書「川衛聯第二六號 川崎市衛生組合聯合會」1938 年 5 月 6 日。

(60) 橋本一夫『幻の東京オリンピック』講談社学術文庫、2014 年。

(61) 川崎市役所編『川崎市史：年表』川崎市役所、1968 年、90 頁。

(62) 中原衛生組合文書「川衛聯第三九號 洪水後に於ける保健衛生に就て」1938 年 7 月 1 日。

(63) 『川崎市議会史』、1220-1223 頁。

(64) 中原衛生組合文書、中原衛生組合長から組合役員宛通知、1941 年 3 月 22 日。

(65) 村島「第一回報告」、270 頁。

(66) 内務省『衛生局年報』(厚生省『衛生年報』)、『神奈川県統計書』、『川崎市勢要覧』の数値は必ずしも一致していない。誤記録の可能性もあるが、疑似症を計上するかどうか、伝染病届出（衛生行政）と死因届出（戸籍行政）のどちらの情報に依拠するか、などによって差が生じている可能性もある。

(67) 今井清一他「川崎空襲・戦災のあらまし」川崎市編『川崎空襲・戦災の記録 空襲・被災体験記編』川崎市、1974 年、33 頁。

(68) 川崎市編『川崎空襲・戦災の記録 空襲・被災体験記編』川崎市、1974 年；同『同 戦時下の生活記録編』同、1975 年；同『同 資料編』同、1977 年。

第5章

アルメニア・スピタク地震の復興・生活再建の諸層
—— 「仮の住処」と「終の棲家」をめぐって

大矢根淳

1. はじめに：アルメニアから／への思い

(1) 震災報道番組から

　元号が昭和から平成にかわったばかりの1989年3月21日、平日夜7時の NHK ニュースの裏番組として4チャンネル（日本テレビ）で放送されていた 30分枠の情報バラエティ番組「追跡」の画面には、司会の青島幸夫（コメディアン、1995-99年に都知事）とアシスタントの高見知佳（元祖バラドル）が沈痛な面持ちで、前年末に発生した彼の国アルメニアの大震災の模様を紹介していた。

　その頃、日本ではバブル経済（1986～91年）が真っ盛り、お隣の韓国でパルパル・オリンピック（1988年）が開催された直後で何とも浮き足立っていたし、政財界はリクルート問題で喧しく、アルメニア地震の初報12月9日の各紙一面記事は、副総理・宮沢喜一（蔵相）のリクルート疑惑・名義貸し問題による辞任で飾られていた［資料1］。日本にいて、ソ連邦の西ハズレの一小国［地図1］で発生した地震のことを記憶している人は、今、少ないようだ。

　筆者は、災害社会学を専攻する若い一学徒として、その時、この番組に吸い付けられた。日本ではその頃、そろそろ「地学的平穏の時代の終焉」を迎えることが専門論文等で度々警告されていたし[1]、そもそもアルメニアは我が国と同じ地震の巣窟[2]であることを一通り学んでいた。今、日本で都市直下型地震

［資料1］　アルメニア地震の初報紙面（『読売新聞』1988年12月9日第一面）

が発生したら、どうなってしまうのだろうか？　まだ阪神・淡路大震災（1995年）の発生前のことである。日本では都市直下型地震と言えば、敗戦直後の福井地震（1947年）や、宮城県沖地震（1983年）の被災状況がわずかながら想起されるものの、現代都市を襲う直下型地震、それにより一都市が完全に消失するまでの、その凄まじさを報ずる番組に言葉を失いTV画面に釘付けとなってしまった。近代的高層アパートが瞬時に倒壊した模様、これにより見渡す限りうず高く築かれた瓦礫の山を、懸命に素手で掘り起こしながら家族・隣人を探す姿［資料2］に胸を打たれた。

　被災地には日本からも国際緊急援助隊が、主に被害調査・耐震建築技術の無償供与のために派遣されていて、その日の「追跡」は、この調査団の中間報告を紹介する番組であった。

　その後、筆者は雲仙・普賢岳噴火災害（1991年）、阪神・淡路大震災（1995年）、中越地震（2004年）と続発する国内災害の復興調査に就くこととなって、

第5章　アルメニア・スピタク地震の復興・生活再建の諸層　113

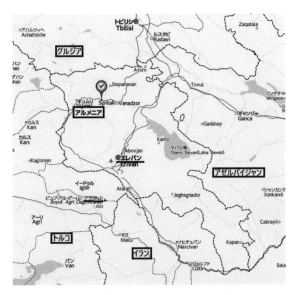

［地図1］　アルメニア・スピタク市（トルコ／イラン／アゼルバイジャン）

　アルメニア・スピタク地震のその後（復興）については、数少ない現地調査報告書等を集めて読み進めることしかできなかった。若い一学徒にとって、ソ連崩壊前後・戒厳令下の被災地における復興調査など、企画する術は皆無であった。そもそも復興に関わる長期的な調査は、その頃まだそれほど盛んではなかった。被災からの復興を学際的な視角から専らに扱う学術組織、日本災害復興学会は、世界に先駆けて日本で設立されることとなるが、それは2008年1月のことである[3]。それ以前は、各専攻分野毎の視角（例えば、地震学、建築学、公衆衛生学、NGO研究…）から、被災後の中長期的研究が細々と重ねられてきた。この学会創設に参画する機会を得て2008年夏、筆者もやっとアルメニア（震源間近のスピタク市）現地調査を企画する機会に恵まれることとなった。その後、調査は毎年度末に続けている[4]。

(2)　スピタク第三小学校から石巻市大原小学校に寄せられたお見舞い（2011年）
　2010年度末のアルメニア震災復興調査を、筆者は年度末の2011年3月最終週あたりの出発として計画していた。専修大学卒業式は毎年3月22日に武道

［資料2］　スピタクの救援作業（ソルギス氏提供写真）

館で執り行われることと月日固定されている。そこで卒業式以降の年度内での調査が計画されていた。しかしながら2011年3月11日に東日本大震災が発生した。武道館での卒業式は中止となった。

　調査企画遂行を逡巡しつつ、アルメニアの首都・エレバンのJICAリエゾンオフィスに勤務するルザンさん[5]と、メールでやりとりを重ねた。ルザンさんからは、東日本大震災への手厚いお見舞いの言葉をいただいた。そして、過去に同じように震災で多くの犠牲者を出したこのアルメニアの地に、東日本大震災の状況を伝えて欲しいと強く依頼された。日本災害復興学会の緊急調査や被災地支援策の検討、自身の大学の復旧＝新年度開講の諸準備についてとりあえずの見通しを立てることができたところで、3月26日から年度末一杯でアルメニア現地調査を行うこととした。

　本論文では、現地調査の知見を紹介・検討していくこととするが、ここではまず、その初期2011年度前後の出来事を一つ記しておきたい。この間に、被災地スピタクから私たちは大きな、計り知れない大きな贈り物をいただくこととなった。

第5章　アルメニア・スピタク地震の復興・生活再建の諸層　115

　2012 年 3 月調査でスピタクを訪れた際、筆者は現地の友人・ソルギス氏（前スピタク副市長・現 NGO「スピタク農民（Farmer）」幹事）から封筒に入ったアルメニア通貨・ドラムで現金（約 2 万円相当：筆者注）を手渡された。添えられていた手紙の文面は以下の通り。

　日本の友達へ

　　アルメニアのスピタク市、第三小学校の生徒たちより

　　スピタク市は数十年前、1988 年に、地震の恐ろしさを目の当たりにしました。その大地震で当小学校の生徒や先生たちも犠牲になり、校舎が崩れて、瓦礫の山になりました。
　　そして、日本で起きた東日本大震災における多くの悲劇に心を痛めました。
　　スピタク大震災発生直後から、日本の多くの方々より、温かいお見舞いの言葉や支援をいただきました。そしてその支援の一環として、最近、日本政府からの援助で、当小学校に設備が届けられました。この日まで私たちは、ガレキの下から掘り出した、壊れた家具（机や椅子）を使っていました。
　　私たちは震災後に生まれた世代ですが、その家具を通して、そして両親から、地震の恐ろしさや悲しみについて沢山聞かされて来ました。ですから、日本の友達に「少しですが、何かの助けとなれば…」と思い、私達の昼食の 3 日分を集めて日本へ送ることにしました。
　　大地震による被害の大きさは計り知れないものだと思います。そして、この金額は本当に少ないものです。ですけれども、私達一人ひとりの思いを届けたく、ここに寄付させて頂きます。

　　日本の皆様へ、感謝の気持ちをこめて。

　　　　　　　　　　　　　　　　　　　スピタク市第三小学校生徒一同
　　　　　　　　　　　　　　　　　　　翻訳：Ruzan Khojikyan

[表 1] 外務省 ODA 草の根・人間の安全保障無償資金協力 (平成 22 年度)

G/C 締結日	対象国	分　野	案件名	被供与団体名	邦　貨
10 月 09 日	アルメニア	教育研究	スピタク市第 3 学校整備計画	NGO スピタク農民	¥8,764,372

出典：外務省 HP より抜粋 (http://www.mofa.go.jp/mofaj/gaiko/oda/data/zyoukyou/h22/gctb_1010.html)

　これを東日本大震災で被災した小学校に届けて欲しい、とソルギス氏に依頼された。ソルギス氏は地元小学校の校長から、このお見舞金を日本に贈る算段を相談されていて、日本人に一人、友人がいることを思い出し、その役目を筆者に託したのであった。

　なぜ、スピタクの小学生が日本にお見舞金を贈る気持ちになったのだろうか。たずねてみたところ、それは、東日本大震災発生の直前に、日本の ODA によって、小学校に新しい机と椅子が寄贈されたことがあげられた [表 1]。「日本の友達へ」のお手紙にあるように、アルメニア地震から四半世紀以上、親の代からこれまで、こども達は家庭で地域で、その被災の記憶を連綿と聞き・語り継ぎつつ、大震災の瓦礫の山から何とか掘り出したひしゃげた机と椅子を大切にずっと使い続けてきたのであった。これがやっと新品に取り換えられた [写真 1-1/1-2] まさにそのタイミングで、東日本大震災のニュースが飛び込んできた。

　2012 年 3 月からほぼ一年、筆者はこのお見舞金をお届けする小学校を津波被災地沿岸（青森から茨城まで 500km）に探し続けた。発災からこれまで、災害社会学を専らとする筆者は東北各地を訪ね歩いてきた[6]。こうした被災地復興調査の研究実践で深くお付き合いを重ねている石巻市で、直接被害の大きかった小学校をあたりながら、石巻市立大原小学校にお届けすることとした。津波で流失・廃校となったお隣の谷川小学校を合併して、それでも全生徒 22名、6 年生の卒業生が 3 名の（したがって 2 学年合同の複式学級を展開する）大原小学校に、スピタクの小学校からのお見舞金を届けて [写真 2]（以下、特に注記のない写真は筆者撮影）、翌 2013 年 3 月、スピタクの小学校にその報告をすることができた。

　そしてスピタク第三小学校へその報告にうかがった際に案内されたのが、学

第5章　アルメニア・スピタク地震の復興・生活再建の諸層　117

[写真1-2]

[写真1]　スピタク第三小学校で使われていた机
　　　　（1-1）と新しい机（1-2）
　　　　（ソルギス氏提供写真）

[写真1-1]

[写真2]　石巻市立大原小学校へスピタク第三小学校からのお見舞い金を手渡して

区の広場に建てられた石碑（ハチュカル＝聖十字架）であった[7]。これには、日本語で「東日本の犠牲者のために」と彫り込まれていた［写真3］。遠くアルメニアの学区広場に建立された日本語碑文の前に立ち、筆者は涙がとまらなかった。

[写真3] 東日本大震災の犠牲者を悼むハチュカル

2. アルメニア・スピタク地震の被災・復興概況

(1) 被災概況

アルメニア・スピタク地震によって、アルメニア国土の40％で大きな揺れを記録し、各地に大きな被害が出た［写真4］。全国の342村が被害に見舞われ、死者2.5万人、重傷者2万人、家を失った者51万4,000人。アルメニアの人口は300万人で、うち、首都エレバンの人口は100万人。以下、「地名（震央距離・建物被害率）・人口・死者数」を示す。レニナカン（震央西方35km・建物被害率80％）・29万人・1.7万人、キロバカン（震央東方20km・建物被害率20％）・17万人・4,000人。スピタク（震央・建物被害率100％）・2万人・4,000人（Wood, P.R., etc, 1993、Sergey, etc, 1995）。

第5章　アルメニア・スピタク地震の復興・生活再建の諸層　119

［写真4］　アルメニアの墓石（震災犠牲者の顔と没年1988年が刻まれている）

壊滅したスピタクの姿を報じた日本の新聞の記事である。

死の眠り――震源地の村スピタク地区ギゾザ　アルメニア被災地ルポ
【スピタク＝三瓶良一特派員】　山あいの野に押しつぶされた家々の跡だけが寒々と散乱していた。アルメニアのスピタク地区・ギゾザ。スピタクの町から北十五キロにあり、死者10万近く（当時情報：筆者注）を出したアルメニア大地震の震源地の真上にあった村は一瞬にして無人の村と化していた。記者が訪れたのは18日午前7時、朝霧の中で、物音一つしない。村全体が死の眠りに入ったようにひっそりとしていた。
　スピタク市に向かう途中、運転手が急に車を止めた。「ここから震源地が見渡せます」という。道路に立ち、約500m先を見ると、そこは無残に崩れかけた建物の山だった。人口1,300人のうち、1,075人が死亡した。生在者は着のみ着のまま難民のように村から去った。また地元に残っていた老女は、「地鳴りのあと、家が持ち上がり、すべてが崩れ落ちた」とアルメニア語で話し、エレバンから来た救援隊員が通訳してくれた。
　ギゾザ村からさらに20分ほど走ると、スピタク市に入る。ここも道路という道路が全滅状態。建物は土台から崩壊し、かろうじて倒壊を免れた

ビルも、内部はメチャメチャで、大きく傾き、いつ倒れてもおかしくない。

　隣国のアゼルバイジャン共和国から民族対立を嫌って逃れてきた難民も含め人口5万人のうち、生き残ったのはほんの一握り。難民にとって二重の悲劇だった。

　婦女子はすでにほかの町へ避難し、残った男たちと救援隊員と軍隊だけが目立つ。被災者たちの不満、怒りが噴出していたレニナカンはまだ人間の息遣いがあった。ここでは生活のにおいはまったく感じない。

　街の破壊のあまりのひどさに、ソ連政府はスピタクの再建を断念し、まったく別の場所に「新スピタク市」を建設することを決めたのだ。

　犠牲者の死体はきれいに片付けられ、予想した地獄絵はすでにない。廃墟の町は再建のメドはなくやがて地図から消える運命にあることを物語っていた。

（『毎日新聞』1988. 12. 19夕刊）

　ラーメン・プレハブ工法の高層アパートが多く倒壊した。ほぼ固定のなされていない柱と梁に、コンクリート製の板をのせてはめ込んだだけの（積み木のような）高層アパートが瞬時に崩壊した。

アルメニア地震で不法建築に怒り　書記長、責任追及委設置へ

【モスクワ＝森特派員】　アルメニア地震の被災地では、引き続き生き埋めの人々の救出作業が続いているが、9日、最近建てられたプレハブ工法の高層アパートの崩壊が犠牲者を大きくした実態が明らかになった。

　党機関紙プラウダは9日付紙面で、レニナカンに7日夜入った同紙記者のルポ記事を伝えたが、この中で、救助作業が続いているがれきの山をたどっていくと、「それはみな、最近建てられたばかりの9階建てのパネル組み立て式住宅だった」と指摘している。

　社会主義工業紙も、8日未明現在の集計では、6階建てから12階建てのパネル組み立て住宅のほとんど全部が崩壊したとし、その数は80－100棟だとしている。コンクリート製パネルの壁を骨組に張り合わせていく工法のこの建築では、9階建ての住宅も、簡単に崩れ、骨組みを残すだけのがれきの山となっている、と同紙は伝えている。　（『朝日新聞』1988. 12. 12夕刊）

第5章　アルメニア・スピタク地震の復興・生活再建の諸層　121

こうした脆い高層アパートの被害はまさに人災で、手抜き工事によるものだと被災直後から厳しく指摘されていて、ゴルバチョフ首相は憤りをあらわにしていた。

アルメニア地震で不法建築に怒り　書記長、責任追及委設置へ
【モスクワ＝森特派員】　ゴルバチョフ・ソ連共産党書記長は 10、11 両日、アルメニア地震被災地を視察した際、セメントのかわりに砂を混ぜるなどの不法な建築が被害を大きくしたことをめぐり、「セメントを盗んだのは、だれだ」と怒り、その責任追及のための政府委員会の発足を指示していたことが、12 日のソ連国営タス通信によって明らかにされた。

　同書記長の現地視察時に、アルメニア共和国の首都エレバンで開かれた同共和国党中央委員会会議の発言録が公表されたもので、それによると、ゴルバチョフ書記長は、「もう 1 つ政府委員会をつくる必要がある。この委員会では、特に、この場所に高層住宅を建てたことにだれが責任があるのか、そして鉄筋コンクリート板にセメントはスズメの涙ほどで、その代わりに砂をまぜ、表面はとりつくろったことに、だれが責任があるのかを調べる。つまり、セメントを盗んだのはだれかということだ」と語った。

　12 日付の党機関紙プラウダは、「停滞の時代」（ブレジネフ政権時代）に建てられた建物が事実上すべて崩壊したとして、セメントの分量が少なすぎるコンクリート片について指摘していた。ゴルバチョフ書記長の発言は、不法建築を組織的に行ったものに対する政治的、刑事的責任の追及を意図したものだ。
（『朝日新聞』1988. 12. 13 夕刊）

(2) 復興概況～各国の支援・調査

　市街地の壊滅的な被災状況を見て、ソ連のゴルバチョフ書記長は、現地再建をあきらめて新市街地建設（被災した旧市街地から数 km 離れた郊外）を示唆した。

　被災直後から、欧米各国が緊急支援を行った。地震当日、ゴルバチョフ書記長はニューヨーク国連本部で東西緊張緩和を訴える演説を終えたところで、その後のキューバ、英国訪問を中止してモスクワに戻り、急遽、アルメニアに飛

んだ。ゴルバチョフの国連演説に応える形で、欧米各国から「救出部隊と救援
物資の『ヒトとモノ』の両面にわたって救援の輪が広が」(『朝日新聞』1988. 12. 10
夕刊) った。

　　ジュネーブの赤十字社連盟は9日、ノルウェー、ハンガリー、西独など
　　欧州10カ国から少なくとも12機の飛行機が、9日夜から10日にかけ、
　　医薬品や食糧、医療チームを緊急輸送すると発表。このほか日本、米国な
　　ど7カ国赤十字社がすでに、被災者援助を発表していることを明らかにし
　　た。さらに20カ国の赤十字社が援助の募金中で、近く援助を発表する見
　　通し、という。　　　　　　　　　　　　　　　　　(『朝日新聞』1988. 12. 13夕刊)

　多くの国際支援が寄せられた。ここでは、さらに一歩踏み込んで「被災地に
介入する」(支援の) 位相に触れておきたい。フランスの取り組みである。

アルメニア地震に西欧が官民あげ救援――対ソ連帯強まる
　… (略) …フランス政府は自然大災害や戦災に備えた「災害救助空団」
　の10部隊を軍用機とともに待機させ、医師、消防隊員ら百七十人と特殊
　訓練された犬六頭をすでにアルメニアへ空輸した。

　　　　　　　　　　　　　　　　　　　　　　　　(『毎日新聞』1988. 12. 10夕刊)

　記事の表記において、伝えられていることは上述の赤十字社連盟の支援と同
様である。しかしながらその実態は次元を異にするものである。
　フランスは旧植民地支配の経験から世界に広範な在外公館ネットワークを保
持している。すでに1895年には外国に対する緊急時の援助を目的とする緊急
援助・警戒室が設けられ、人道活動・人権問題専門担当大臣を設置している。
世界60ヶ国以上に駐在する人道活動担当官は世界各地の緊急を要する人道活
動の情報を収集し、緊急援助の実施を決定する。オルリー空港の貯蔵庫には救
援物資が、パリ病院中央薬局には薬品が協定のもと備蓄されている。太平洋上
のサイクロン災害に備え、仏領ニューカレドニアにも備蓄がある。内務省の市
民防災局に属する DICA (Detachement d'Intervention Catastrophe Aeromobiles

＝災害救助機動部隊）が車両、ヘリコプター・飛行機など機動力を備え、被災地に急行する（国土庁，1995）。DICA の I（＝Intervention）は「介入」を意味する。阪神・淡路大震災時にもこの一隊 60 人が捜索犬派遣の打診を日本政府に申し込んだが、日本は検疫規定を盾にこれを拒んだ（内政干渉にあたるとしてこれをはねつけたことで、残念ながら多くの命が救われずに放置されてしまった）。

　我が国にも国際緊急救助隊が整備され、諸外国の被災地に救助・医療・専門家チームを派遣している（支援要請ベースにおいてのみ）。緊急援助に必要な物資が実際に、成田空港の外、シンガポール、メキシコシティ、ピサ（イタリア）、ワシントンの計 5 カ所に備蓄されているが、これらはもちろん、旧日本軍／植民地経営とは直接の関連性はない。その点、フランスで植民地経営のノウハウを人道援助という枠組みに直接的に移植し展開している事例は独特である（大矢根，1997）。

　こうした「介入」ともまた一味違う独特の国際支援として今回のアルメニア・スピタク地震の被災地で際立ったのが、宗教関連のものであった[8]。ソ連という後ろ盾のあった被災直後は、ゴルバチョフが宗主国としての当然の国家支援を充実させていて、これに東西雪解けムードの中、西側諸国の支援が相次いだ。ソ連崩壊後は、周辺イスラム諸国の圧力（ソ連の後ろ盾のない中での経済封鎖）のただなかでアルメニアは復興に難儀することとなるが、このソ連崩壊前後を通して積極的に継続的支援を展開したのがカトリック諸国であった。

　それでは以下、特に被災者の住宅再建について、そうした国際支援の現場を見ていこう。

(3) 被災者用住宅等の国際援助：現地踏査

　徹底的に破壊されたスピタクの街をみて、ゴルバチョフ書記長は現地復旧を諦めて新スピタク市街地建設を示唆した。そして、新市街地は各国からの支援で、被災者用住宅や公共施設が次々に造られていった。2012 年調査で、ソルギス氏の運転で、そうした各国支援による住宅・施設建設が進む新スピタク市街地を案内してもらった（車窓から眺められた順に）。

　白い独特の形状のイタリア住宅群［写真 5］の先にはウズベキスタン住宅［写

[写真5]　イタリア住宅（建設中：ソルギス氏提供写真）

[写真6]　ウズベキスタン住宅

真6］と、各国それぞれのデザインの住宅群が現れる。そうした各国住宅群の中心には、その一環で建設された学校や病院等も見える（チェコ・スロヴァキアが造った学校［写真7］）。一方、アルメニア当局によって供与されているものもある（アルメニア政府が造りつつある住宅［写真8］と、完成して入居済みの住宅［写真9］）。ひときわ目を引く立派な施設は、フィンランドが造った

第5章　アルメニア・スピタク地震の復興・生活再建の諸層　125

［写真7］　チェコ・スロヴァキアが造った学校

［写真8］　アルメニア政府が造りつつある住宅

［写真9］　アルメニア製の入居済みの住宅

医療センター・保健所［写真10］であった。その次の街区にはまた、各国支援住宅群が現れる（エストニアの造った住宅［写真11］）。イタリアは住宅、学校の他、産業施設、例えば牛舎［写真12］の建設にも乗り出していた。ノルウェーが造った病院には医師用の集合住宅［写真13］と、その少し横には

［写真10］　フィンランドが造った医療センター・保健所

［写真11］　エストニア製の住宅

［写真12］　イタリアが造った牛舎（家畜小屋）

[写真13] ノルウェーが造った病院の医師用集合住宅

[写真14] ノルウェーが造った病院の医師用個人用住宅

こぢんまりした医師個人用住宅［写真14］も設えられていた[9]。

3. 生活再建事例

それではここで、被災者に供与されたこうした各種住宅、被災直後からそれらを転々としてきた方々にうかがったお話しを紹介する[10]。一般的な日本の被災地でとらえられる被災者の住宅異動とは全くことなる履歴が、ここスピタクでは把握されてきた。

(1) イタリア住宅：スサンナ・ハイラベチャンさん（2012年3月29日、訪問）

　イタリア国製住宅［写真15］に住むスサンナさん宅を訪ね、リビングルームでお話しをうかがい、その後、各部屋、設備を、そしてまた、庭と自作地下室（物置）を見せていただいた。

現在の家族居住状況

筆者：現在のおとしとお仕事を。

スサンナ：57歳で家庭教師をしています。4年前に第五小学校を退職しました。25年勤続で年金がでることになったので、定年を前に退職しました。

筆者：現在のご家族の構成は？

スサンナ：今は主人とここで二人暮らしです。主人は60歳で、市役所のセントラルヒーティングの担当として働いています。市役所、第三小学校、幼稚園の三つの施設に湯を提供するボイラーの担当です。

入居のいきさつとこれまで

筆者：被災してここに入居するいきさつを教えてください。

スサンナ：88年12月に被災して、89年9月に入居しました。被災前はス

　　　　［写真15］　イタリア住宅のスサンナさん宅

ピタクではなく、ディリジャンに家族で住んでいました。スピタクには生家がありました。地震で父は助かりましたが、母と私の兄夫婦が亡くなって、その子ども二人、私の甥と姪ですね、二人が孤児になってしまいました。それで、父と孤児二人の面倒をみるために、スピタクにやって来ました。

　当時、家を失った者に住宅が与えられました。甥姪にしてみると、両親と家を失ったわけです。そうした遺族に家が与えられることになっていましたので、それを支給される甥姪の保護者として私たちが引っ越してきました。

　この家には、引き取った甥姪の二人、私たち夫婦、私たちの子ども二人、の６人で住み始めました。父はスピタク市内に自分で小さな家を見つけてそこに住むことになりました。この４人の子ども達ですが、兄の子どもが姪９歳、甥８歳、私の子どもが11歳と10歳の姉妹。

　被災直後に、甥姪二人をディリジャンの自宅に引き取って生活していました。このイタリア製住宅がもらえることになって、スピタクに皆で越してきました。そして、子ども達４人がスピタク第五小学校に通うことになりました。私が教えていた学校です。その学校もイタリア政府の援助で造られたものでした。何しろ、イタリア政府の援助の施設、家や学校が、一番最初にできたんです。一番最初に家を与えられたのは、両親を亡くした子ども達ですとか、配偶者を亡くした家族ですとか、被害の大きい気の毒な家族が優先でした。

筆者：この住宅に入居して、どう思いましたか？

スサンナ：あの時のあの状況の中で、なんて立派なんだろう、と思いました。水も出るし暖房も入っているし、キッチンやベッドや…、生活に必要なものは全て揃っていて便利だなぁ、と思いました。

　それまでのアルメニア式の家と違って違和感を感じたのは、天井の低さですね。それと、やっぱり寂しさ。家族で住み慣れたディリジャンを離れた寂しさ。スピタクですてきな住宅が与えられた嬉しさと、その寂しさと。父の希望で甥姪の面倒をみるために、私たち家族がディリジャンからスピタクに引っ越してきたのですが、私たちはディリジャンに住

[写真 16] イタリア住宅の薪ストーブ

み続けたかった。でも父が孫達と離れて暮らしたくないと言うものですから、父を尊重して越して来たんです。

筆者：それからの、この家での生活について教えてください。

（家の各部屋を回りながら）

スサンナ：全部で 72 ㎡で、4 つに仕切られているから、一部屋あたり 18 ㎡です。

　こちらがキッチンです。換気扇とオーブンがあります。ケーキを焼いたりします。

　ここがリビング。ここにはソファと薪ストーブがあります［写真 16］。薪ストーブは自分で設えました。ここに入った 90 年代は電力不足で、暖房が行き渡らなくなったので、薪ストーブを入れました。これでお湯を沸かしたり、料理をしたりします。アルメニアでは、竈（かまど）が大切だって言われています。こうして火を囲んで団らんする。ジャガイモを焼いたり煮たりして、食卓に出します。火はここにこれ一つですからね。

[写真17] イタリア住宅内の塾教室

　こっちの部屋が、今、教室になっています［写真17］。私が物理学を教えています。大学受験用の科目ですね。12年生なんですが、日本では（通訳ルザンさんにたずねながら）高校3年生にあたるんですよね。アルメニアではみな、こうして塾に行ったり家庭教師をつけたりして補習しています。受験用です。月・水・金・土の週4日・夕方、一回2.5時間～3時間。1クラスが5人程度です。
　そしてこちらが、トイレとバスルーム。シャワーがあって、横に洗面台がついています。
　で、こっちが夫婦の部屋。
　入居した時は、人数分のベッドも入れてもらえました。タンスなどは自分で持ってきたり買ったり。（家の玄関を出て、庭に回る）
　庭には、ブドウを植えています。木苺もありますよ。小さな畑もあって、豆とかいろいろな野菜を作っています。

[写真18] イタリア住宅の地下室

　それで、こっちが地下室です［写真18］。夫が自力で造りました。近所の皆さんのやっているのを真似て。建築学の知識や資格なんてありません。入居して8年目くらいの時に造りました。アルメニア人なら誰でもこれくらいのことはします。そういう人生なんです。先祖代々ずっと生活が厳しいから、お金をかけないで出来るようにならないといけないんです。それでこの地下室…、物置ですね、ここには漬け物やトマトのピューレや、あとはジャガイモとかを置いています。夏も涼しいし、保存には最適です。

入居資格
筆者：ここは入居期限はどうなっていますか？　貸与ですか、供与ですか？
スサンナ：一応、スピタク市のものになっていて、自分のものではありません。でも、壁を動かして住みやすくしたり、いじってもいいんです。期限付きというわけではありません。イタリア政府から送られた住宅です。スピタク市が今後、市営住宅建設を完了するまでが入居期間という

ことになりますね。いつになるか、わかりませんが。

　ここに20年以上住んでいて、新しくできた市営住宅に移っていく人も多数でてきます。部屋が空くと、新婚夫婦だったりする人がここに移り住んできます。でもその夫婦っていうのは、まだこうした住宅の順番の回ってこない人たち、つまり、被災してからこれまでずっと、貨車なんかに住み続けてきた人たちです。震災で家族を亡くしたりして、でも、まだ、こうした住宅の割り当て順番が来ていなくて、ソ連から回ってきた貨車にずっと住んでいる人たち。私たちは震災の翌年に、もう、こうした家が与えられましたが、まだ、貨車のようなところに住んでいる人たちがスピタク全部で1,000世帯以上あります。この近所には、貨車に住んでいる人たちが300世帯、まだいます。私の弟家族もまだ貨車に住んでいます。

　政府では2013年までに全ての被災者に住宅を用意するというプロジェクトを進めていますが、はかばかしくありません。でもこのプロジェクトは88年当時にアパートに住んでいて、それが崩壊してしまった人たち、そうした人たちが対象です。このあたりには一軒家がたくさんあったんですが、そうした一軒家居住者は対象外です。そうした人たちには、被災はソ連時代でしたから、ソ連から自宅再建の資金が与えられて、銀行口座に振り込まれたのです。ところがソ連が崩壊して、その通貨が無効となってしまって…、つまり、一軒家居住者は家を手に入れる算段がなくなってしまいました。ソルギスさん達が、そういう人たちを何とか早く市営住宅に入居できるようにと、頑張ってくれています。

　これから市営住宅が完成しても、私はその住宅に住む権利はありません。震災で家を失った、家族を失った、そうした人たちが対象です。甥姪が対象で、ディリジャン居住者であった私は被災者ではないのです。姪は結婚して今、ロシアに住んでいます。

(2) スイス街：グレゴリーニャン・クナリクさん (2011年3月27日、訪問)

　スイス政府の援助によって建てられた二階建て木造住宅［写真19］に住むグレゴリーニャン・クナリクさんのお宅・客間でお話しをうかがった。ソファ

[写真19] スイス街のクナリクさん宅

ーには一人息子のジュルハキャン・ムヘールさんが物静かに同席された。彼は被災時6歳。現在はエネルギー部門・配電の専門官で、近々結婚してここで同居するという。

　こちらのお宅は、被災後、各国支援によってスピタクに建てられた住宅の中では、恐らく最も敷地面積・築面積が大きく、部屋数も多く、地下室やバルコニー、そして庭・菜園まで備えた、一見するととても豪華な一戸建てである。

安否確認と子どもの疎開

クナリク：地震が発生した時の家族構成は、私たち夫婦と娘10歳、息子6歳でした。国から与えられていたアパートで、5階建ての4階の80㎡、2LDK（寝室二つ、客間＋台所）に住んでいました。夫は、パン用の製粉工場で畜産業・エサ製造部長で、私は図書館に勤務していました。

筆者：被災とその直後の状況について教えてください。

クナリク：私は図書館で勤務していて、倒壊した建物の下敷きになりましたが、しばらくして声をかけられて助け出されました。擦り傷で済みました。図書館に勤務する者が9人亡くなりました。夫は工場が崩壊して下敷きに。40日後にやっと遺体が見つかりました。二人の子どもは学

校で崩壊した校舎から先生達によって救い出されて、先生達に街の中心に連れてきてもらっているところで、そこでばったり会って、無事だったことを確かめることが出来ました。

筆者：ご主人はそのときは、まだ、行方不明ですね。

クリナク：街で会った見知らぬ人が、子ども達の面倒を見てくれるって、エレバンに連れて行ってくれるって言うんです。たぶんスピタクの人です。そしてパスポートをそこに残して子ども達を連れていってくれました。私は夫が見つかるまでスピタクに残る決心をしていました。その人は、真冬の中、ほぼ裸に近い身なりでした。着ているものを一つずつ脱いで、回りの人に与えていったそうです。

　数日で私はとても体調を崩してしまったのですが、でも、夫を捜すためにスピタクで避難テント暮らしをしました。舅とその家族と一緒に過ごしました。軍用の大きなテントで、30人くらいが、そこで暮らしていました。テントですから水も電気もガスもなくて、食事などは全て支給物資でした。毎日、誰かが見つかると、大喜びして抱き合ったり、泣いたり。次々に下敷きになった遺体が見つかって、行ってみるとそれは夫ではなくて安心したり、さらに不安になったりして。夫は40日後に、50数人目に、遺体で発見されました。

　子ども達は半年ほど、首都エレバン郊外のミモザ、原発のあるところですね、そこで私の姉の家で暮らしました。

スイス街での生活

クリナク：もともとアルメニアではご近所つきあいが濃密です。「良いご近所は遠くの親戚よりも良い」と言われています。ご近所同士で子どもを預けて面倒をみたり。朝食のあと、ご近所さんと一緒にコーヒーを飲む風習があります。何か美味しいものをつくったら、ご近所さんに、一皿どうぞってお誘いしたり。

　それから、秋には豊作祭をします。各村で生産したものを展示・販売して、とても賑やかですよ。こうした地域の行事は、特別に定められた役割分担という形ではなくて、手伝いたい・参加したいっていう人が、

たくさん集まります。そしてアルメニアでは外から人をお迎えするということをとても大切にしますから、こうした季節イベントなんかでも多くの方をお迎えします。

　「遠くの親戚…」とはいうものの、アルメニアでは家族の結束は、それはそれは強いんです。大晦日に家族みんな集まって、みんな一緒に新しい年を迎えます。アルメニアでは、必ず親の家で新年を迎えることになっています、特にここスピタクでは。ですから、震災の時は、被害のほとんどなかった首都エレバンにいる親戚が、何から何まで援助してくれたんです。

仮住宅を経て

クナリク：夫の遺体が見つかった後は、私も姉のところで一緒に生活して、年が明けて6月に、子ども達を連れてスピタクに設けられたたシェルターに移りました。鉄製の貨車ですね、18㎡くらいの広さ。スピタク市内には支援センターが設けられていて、そこで食品や衣服や物資、それに住まいなどを提供していました。各国から様々な支援がそこに届いていました。もちろん、こうしたシェルター、仮の住宅なども。

　イタリアでは親を失った子ども達にその後10年、資金援助なども行ってくれました。フランスは学校建築なども。日本からはトラクターとか機械の支援がありましたね、コマツという名前を覚えています。

　9月から子ども達の学校が始まります。その頃、ドイツ赤十字が造った木造の仮住宅に入りました。辺りには、ドイツの他、オランダやイタリアの支援による住宅も次々に建ちました。一番最初にできたのがイタリアの住宅で、最も気の毒な方々がまず優先的にそこに入りました。

　1991年末にこのスイス街ができて、順番が回ってきて、私たちがここに入ることになったのです。このスイス街では、一家の稼ぎ頭を失った世帯が入りました。私の所では、私の夫が亡くなりましたから。お隣さんも同じです。

　私たちはテントを出て、シェルターを与えられて、そしてこうしてスイス街に住むことができていますが、まだ1,000世帯以上が貨車に住み

続けています。この窓から見える、あの辺りです。この風景を見るにつけて、自分たちがこうして快適な暮らしをできていること、とても心が痛みます。

被災前までは伝統的なアルメニア式のアパートに住んでいて、被災後、全く異国のスイス・スタイルの家に入ったことで、やっぱり住み慣れたスタイルが良かったんですが、でも、地震を経験して、ソ連製マンションはあんなに簡単に崩壊するんだから、これはもう、絶対に嫌だと思うようになりました。ですから一戸建てがもらえて、嬉しかったです。

このスイス街の家はとても立派だ、と言ってくれる人が多いのですが、でも、スピタクは被災前、そこそこの産業地で結構、生活水準は高かったんですよ。精糖工場やニット製品、革加工工場、それにソ連全土に供給されるエレベーター製造工場なんかがありましたから。

豊かな住環境

筆者：それでは、お宅を見せていただけませんか。

クナリク：ここが客間ですね。隣がキッチン［写真20］。ずっとガスでした。停電なんかしょっちゅうで、電気はなかなか通らなかったから。最近やっと、この電気のコンロを入れました。

階段を上がって二階にどうぞ。ここは息子の寝室で、壁の本棚は自分で設えました。トイレはここ2階に一つと1階にもう一つ。シャワー室はこの2階に一つ。その隣が私の寝室。この梯子は屋根裏部屋に昇ります［写真21］。

それから、こちらがバルコニー［写真22］。1階の屋根の上に、これは、自分で造りました。ここからは周囲の住宅が見渡せます。あっちがイタリア街。それと孤児施設や図書館、フランスなどが援助して造ったものです。貨車の住宅もたくさん見えますね。それでは下に降りましょう。

（外に出て）ここは畑。夏はスイカですね。こちらが庭。

筆者：えっ、何、この広さは!! 全部、お宅の庭ですか？ 下に見えるイタリア住宅の3〜4軒分くらいあるじゃない!!

［写真 20］　クナリクさん宅のキッチン

［写真 21］　二階から屋根裏部屋への梯子式階段

第5章 アルメニア・スピタク地震の復興・生活再建の諸層 139

[写真22] 二階の自作バルコニー

クリナク：ここには、梅、サクランボ、りんご、木苺なんかが植わってます。全部食べられますよ。それで、こちらが地下室・物置です。一階の敷地と同じ広さ。

筆者：もう一家族住めますね、この広さがあれば。

クナリク：この瓶詰めが自家製の漬け物・ピクルスです。一冬漬けたから、美味しいですよ、どうぞ。

筆者：ごちそうさま。

(3) 木造住宅：ヴァルターニャン・アリサさん（2013年3月25日、訪問）

　木造平屋一戸建てのドイツ住宅に住むアリサさん（56歳・女性）のお宅を訪ねた。あたりは、同型の木造住宅が10数軒並び、家の前には物干し竿に洗濯物がはためいている［写真23］。日本の木造仮設住宅と似た風情。子ども達が数人、家の前で戯れている。ソルギスさんの車を家の前に停めて、ルザンさんと3人、玄関扉を開けたところのリビングでインタビューを開始した。部屋

[写真23]　ドイツ製木造仮住宅のアリサさん宅

[写真24]　アリサさんの娘と孫達

には玄関先で遊んでいた多くの子どもがぞろぞろ入ってきて［写真24］、ふと隣の一部屋を見ると、赤ちゃんが二人、小さなベッドですやすや寝ている。

　子ども達は大人の会話に興味深げに耳を傾けていたが、そのうち飽きてきた

第5章　アルメニア・スピタク地震の復興・生活再建の諸層　141

［写真25］　ソルギスさんからプレゼントされたサッカーボール

ようだ。小さな男の子は、枯れた木の小枝に麻紐を結わえて作った弓を弾きながら兄弟と戯れている。ソルギスさんが数10分、インタビューの席を外していたのだが、ビニール袋を携えて帰ってきた。やおらそれを子ども達の前で開くと…。そこからは新しい真っ白いサッカーボールが一個、転がり出た。歓声をあげてそれに抱きつく男の子。ソルギスさんは袋から小さな手押しポンプを出して、ボールに空気を入れるそぶりを示して、それを子どもに手渡した［写真25］。しばらく試行錯誤を繰り返しながら、やっと何とかボールが膨らんだところで、子ども達は扉を開けて外に飛び出していった。

　インタビューを行っているリビングには、あちこち破れたソファーが二脚。薪ストーブにテレビが一つと若干の調度品。薪ストーブが唯一の暖房で、これで調理も行うという。テレビはもう10年以上、故障したま映らず、部屋のアクセサリーだそうだ［写真26］。お隣の8畳ほどの部屋には、びっしりベッド等が敷き詰められていて、よく見ると、端の小さなベッド二つには乳児・双子が寝ている。壁に目を遣ると、壁板は剥がされて横木が剥き出しになっていて、それがちょうど小物置き場となっている。外と隔てる窓や玄関扉は、明らかな

[写真26] 壊れた白黒テレビ

隙間から外の光が漏れ入ってくる。3月末の今日、周囲の丘は積雪している。

現在の家族構成

筆者：こちらにお住まいの家族の構成を教えてください。

アリサ：(指をおり数えながら) 私（アリサ）と娘とその子ども（これで3人）。それから息子の嫁とその子ども9人。息子は嫁と子どもを残してロシアに出稼ぎに行って、行方不明です（したがって、ここに住むのは総計13人：筆者注）。女と子どもだけです。

　地震で夫と息子一人が亡くなりました。私と子ども3人が残りました。すぐに避難テントに入りました。しばらくテントで暮らして、1990年5月からこの木造の家に入ることになりました。この家は、ドイツ赤十字が用意してくれたもので、親を亡くした子どものいる世帯用です。42 ㎡で二間あります。昨年、子どもが一人病死しました。もともと私には子どもが4人いて、一人は震災で亡くなり、もう一人は去年病死し、残った二人のうち、一人息子はロシアに出稼ぎに行って行方不明、そして、娘が一人残りました。この娘の子、私の孫ですね、この孫が今、ここにいるこの子です。娘は離婚していますので、この子たちに父親はいませ

ん。

　私はからだを壊して仕事ができませんから、親を失った子どもがいただく補助金、それを今、養っている親が受け取ることになっているのですが、これが「子ども手当」と言います、収入はそれだけで生活しています。もう、昨年から息子からの仕送りはなくなりました。

　1999年に初孫のタテビク（女）が生まれました。息子の嫁の子です。今、13歳で、イタリア街にある学校に通っています。ここからだとバスで通うことになりますが、タテビクは寄宿舎に入っています。そこだと食事も出ますから。週末に帰ってきます。2002年に二人目の孫のアレビク（女）が生まれました。今、11歳です。一番下は、双子で1歳です。隣の部屋で今、寝ています。

(4) コンテナ貨車住宅：ヴァニャン・ヴァリャさん（2014年3月25日、訪問）

　スイス街の住宅の2階バルコニーから俯瞰できた、貨物コンテナ群［写真27］。そこには被災から四半世紀を経て、未だに被災者用住宅供与の順番の訪れない数百世帯が暮らしている。学校卒業直後に被災して、被災生活がそのまま四半世紀続いているヴァリャさんの生活をうかがった。

貨車生活の現在

筆者：現在の状況を教えてください。

ヴァリャ：この貨車と隣の貨車を使って住んでいます。今、7人家族です。私たち夫婦、私が42歳、夫が47歳。子どもが5人で娘3人に息子2人です。あと二人生まれましたが、どちらも生後半年で病死しました。今いる子ども達は、上から23歳男、17歳女、この二人は独立しました。たまに帰ってきます。その下が14歳男、13歳女、11歳女で、この3人は学校に通っています。三人のうち上二人は寮に入れてもらっています。一番下の子はそこにいる子ですが［写真28］、今は長期病欠しています。

筆者：被災とその後の住宅異動などについて教えてください。

ヴァリャ：88年被災当時、私は17歳で学校を卒業したばかりでした。避難生活を送っているところで今の夫と知り合い、すぐに結婚しました。

［写真27］　コンテナ貨車住宅

［写真28］　コンテナ貨車住宅の内部

　89年5月です。結婚して洋服製造工場で働き始めました。スピタクではニットの縫製が盛んでした。
　幸い震災で家族を亡くしませんでしたが、だからこそ、住宅割り当ての対象外でした。大統領に手紙を出して懇願しましたが、このようにNoの返事が来ました。夫が家族を失っていたので、ウズベキスタン製のシェルター、掘っ建て小屋ですね、これが割り当てられました。そこに8年

第5章 アルメニア・スピタク地震の復興・生活再建の諸層 145

[写真29] 女川の3階建てコンテナ仮設

住み、子どもも生まれて手狭になってきたところで、姑の隣に小屋を設えました。これはマザーテレサ支援をいただいて設えましたが、電気もない小屋でした。そしてそこに10年くらい住んで、貨車を手に入れたのが2008年です。

貨車は3m×7.2mの22㎡ほどで、水道、ガスはなく、薪ストーブを燃やして、煮炊きもこれで行います［写真29］。電気ストーブは禁止ですから、電気はテレビと照明用です。水は汲んで来ます。シャワーはないので、そこで行水です。今はここに多いときで、6人が就寝します。貨車はどこでもそうですが、雨漏りが激しくて困っています。

半年前、息子が隣の貨車をUS$1,000で購入しました。不在となって使われていなかったのです。今は、そちらの貨車をキッチンとして使っています。この息子は今、ロシアで働いています。

結婚して25年。私のような境遇の者は震災に関連する政府の援助の対象外なのです。こうした暮らしで苦労続きです、もう疲れ果てました。

4. 仮設住宅の諸相

　仮設住宅は、日本独特の被災応急住宅形式である。スピタクでは、被災直後に軍用テントが用意されて、その後、各国支援によって木造仮住宅が供給されだし、同時並行的に、各国支援の新住宅が被災者状況に応じて急ぎ、順次供与された。アルメニア政府、スピタク市による被災者用住宅建設も始められて現在に至るが、しかしながらその進捗状況ははかばかしくない。コンクリート製の二戸抱き合わせの平屋住宅が完成すると、仮住宅に居住する人が順に異動していくこととなっている。

　日本で仮設住宅というと、2K プレハブ式・数軒長屋形式が直ちに想起されるが、東日本大震災を経て、その形式に少しずつバリエーションが増えてきた。しかしながら、例えば 100 年程前、まだ、ベニヤ合板によるプレハブ住宅がなかった頃は、やはり軍用テントが提供されて、瓦礫や配給される材木で自身で掘っ建て小屋を造って数年ほど住むのが一般的であった。次にここでは、日本の仮設住宅政策の履歴をひもときつつ、その法制度の展開を俯瞰したところで、アルメニアで被災四半世紀を経て現在、被災者が暮らす家々の位相を考えていきたい。

(1) 日本の仮設住宅：「仮(設)住宅」の法制度上の位置づけとその弾力的運用の経緯

　いわゆる「仮設住宅」と呼ばれているプレハブは、これまで「災害救助法23条」で「一、収容施設[11]（応急仮設住宅を含む）の供与」として位置づけられてきたもので、制度上予算は厚生労働省管轄下、1 戸当たり 238 万 7,000円（29.7 平方メートル／3 人居住用）が上限とされているものである。しかしながら同省災害救助救援室によれば、東日本大震災に関しては、寒冷地仕様の断熱施工などを伴うことや、短期間大量建設の需給バランスによる資材高騰等から、1 戸当たり 400〜500 万円程度と想定している（日弁連 2011 年 5 月 26日提言では、整地・インフラ整備を含めると 500〜600 万円が相場とのこと）。

　さて、そもそも「収容施設」としての「応急仮設住宅」であることから、基礎を打たない・プレハブ・2 年限定、という枠組みが普及してきたところであ

第5章　アルメニア・スピタク地震の復興・生活再建の諸層　147

る。基礎を打たないとは、建物の土台としての基礎石・コンクリートなどを地
面深くに打ち込んではならない、それをやってしまうと、それは仮設ではなく
本設である、との判断に基づく。したがって日本において仮設住宅とは、直径
10cm弱の杉の丸太を浅く地面に打ち込み、びっしりと並んだ木製杭の上に横
木を渡して、その上にプレハブ住宅を載せていく造りとなる。

　ところで、そうした厚生労働省スタイルのプレハブ仮設が普及するまで、日
本ではその規定や工夫が現状に応じて様々に顕現した。また、東日本大震災で、
そうして普及した一義的なプレハブ住宅の限界が見通されて、現状では、そこ
に様々なバリエーションが認定されて来ている。ここではまず、その歴史的な
経緯を踏まえつつ現況を概観しておこう。

　日本では江戸時代に、都市における度重なる大火等の被災者に、幕府や藩に
よって「お救い小屋」が供されてきた。明治になると貧窮法である恤救規則（明
治7＝1874：太政官達162号）が制定されたが、これは被災者対応というより
は生活困窮者全般に対する公的救済を目的としたもので、極貧者、老衰者、廃
疾者、孤児等に米代が支給された。これはその後、凶作時の農民救済を主眼と
した備荒儲蓄法（明治13＝1880年）に引き継がれて、被災時には救済金が施
されるようになった。

　そして、関東大震災（大正12＝1923年）に際して、戒厳令（災害では初め
て）が布かれて非常徴発令が発せられ、臨時震災救護事務局が設置されて被災
者対応が進められた。東京市によって「公設バラック」が設置された。まず、
雨露をしのぐために、被災者自らの手で瓦礫から拾い集めた廃材を利用して自
発的に「ハット」「掘建て小屋」がつくられた。その際には、市区から被災者
に、6〜10坪分の建材が廉価に供給されていた。合わせて、復興当局（臨時震
災救護事務局）によって、「テントバラック」（警察・軍）、「テント村」が応急
的に立ち上げられ、その後は、「木造長屋建てバラック」の建設に移る。これ
らは「集団バラック」、「収容バラック」、「共同バラック」、「公設バラック」等
と呼ばれた[12]。その後、帝都復興事業（土地区画整理＝復興のための都市計画
事業）を進めるために公設バラックを撤去しなくてはならなくなって、東京市
はバラック住民を移転させるために「仮住居」を建設することとして、義捐金
をもとに財団法人同潤会を設立して「仮住宅事業」を始めた。バラック移転中

の代替住宅を「臨時収容家屋」と呼んで、それらは例えば、区画整理計画のかかる旧道路上、河岸などに設置した。市街地建築物法（現・建築基準法）の規定に従った建築を行っていてはその供給が間に合わないため、特別立法（いわゆる「バラック令」）により、基準を満たさない建築物でもこれが認められた。バラック令は5年期間限定の法規であったため、期限満了後は、補強をおこなって本建築並みの基準を満たすか、または取壊して建て直すこととされた。多くは小規模な住居・店舗であったが、例えば築地小劇場のような比較的大きなものも建造された。また、仮住宅のなかにはその後50年以上にもわたって、学生寮等として使い続けられたものもある。

　この20年後の戦災復興では、さらに壕舎住宅（防空壕）やバス・客車が援用された。また、各地に興った闇市の商店街、例えば、ハモニカ横町(吉祥寺)、アメ横（御徒町）、秋葉原電気街、新宿ゴールデン街などは、最近までその形態や名称が残存するものもある（大矢根，2012）。

　ここで着目しておきたいことは、関東大震災の復興に際して、この仮住宅が単なる居住スペースの提供として行われたのではなく、福利厚生施設・サービスを同時に展開していたことである。具体的には、こうした住宅地には託児所・授産所・診療所が敷設されていて、こうした施設経営に加えて老病者の救護、保健婦（士）の巡回、職業紹介、融資などの各種被災者サポートも合わせて行われていた（大水，2013，pp. 18-19）。そして、こうした被災地・被災者の喫緊の需要を把握するために、被災直後の11月に被災者悉皆調査として「震災調査」が敢行された。これは震災復興の当局であった内務省社会局によって企画・実施された。今・東日本大震災においても、20数年前の阪神・淡路大震災においても、被災者悉皆調査はついに企画されることはなかった。関東大震災に対峙しようとする国（内務省社会局）の意気込みが感じられよう。これが実現した背景には、震災直前の1920年に第1回国勢調査が実施されていて、国を挙げてこれを完遂しており、その思想・体制・方法論が国から地元自治体、そして末端の調査員にまで行き渡っていたことがあげられる[13]。被災して全国各地に避難した者や、被災地の路地でうずくまっている者までも含めて、国勢調査に倣い全対象人口をくまなく調査した。こうした調査により、各世帯の被災状況、今後の住宅再建（場所・形態）希望、再就職希望が精査されて、上記

のような復興事業に反映されることとなったのである（大矢根，1991）。

　その後、昭和18（1943）年の鳥取地震において仮設住宅が建設され、昭和20（1945）年には、「戦災対策越冬住宅」が全国に建設された。この頃はまだ、戦災バラックが多く残っていたことから、新たに仮設住宅を造ることに政府は消極的で、こうした仮設住宅は被災者が長く居つかないようにと、河川敷等の不便な場所を選んで建設された。戦後その後では、鳥取大火（昭和27＝1952年）、新潟大火（昭和30＝1955年）、伊勢湾台風（昭和34＝1959年）に際して、いわゆる厚生省型応急仮設住宅が供給されているが、これらは前述したように、「災害救助法23条」で規定される「収容施設」であった。

　昭和30年代を経て高度経済成長に入って建物の工業規格化が進み、プレハブ産業が興る。昭和51（1976）年の酒田大火ではプレハブ住宅が供され、被災世帯数の1／3にあたる300戸が、この時は、被災者の要望に沿って被災地に近い場所に設置された。昭和58（1983）年の日本海中部地震後には秋田県で、各自の敷地に建設することが認められた[14]。そして平成3（1991）年の雲仙・普賢岳噴火災害（長崎県）では、仮設住宅は入居希望者全員に供給されるようになった。以降、阪神・淡路大震災（1995年）など、仮設住宅は入居希望者全員に供給するという考え方が一般的となり、現在に至る（大水，2013，pp. 19-20）。

(2)「仮設住宅」の実相：バリエーション・概念の拡充

　災害救助法の運用において、仮設住宅は「300万円で造って、2年たったら200万円かけて壊す」と揶揄されることがあるように、その無駄がこれまでも幾度となく指摘されてきた。また、プレハブであるから、すぐ完成するはずが、実際はベニヤ（合板）の需要過多、建設用地不足、土地造成・基盤整備（電気・ガス・上下水道の敷設）に時間を要するなどの理由が重なり、なかなか建設が進まない。そこで東日本大震災に際しては、諸規定を弾力的に解釈・運用して、あるいはゲリラ的に現物が提供・利用されて、様々な提案が果敢に実践に移されて結果的に認定されてきた。以下、それらを概観しておこう（大矢根，2012）。

木造仮設住宅（合板ではなく地域材を使って）

　東日本大震災に際して岩手県気仙郡住田町では、地元の気仙杉を使った木造仮設住宅が建設された。プレハブ式が当たり前とされていたところで、町当局が独自に判断して地元気仙杉を使った仮設住宅を建設・供給した。これは軽量鉄骨・プレハブ仮設とは違い木のぬくもりがあり、全て地域材であることから、地域の産業再生や雇用創出にもつながる。住田町では、隣接市町（大きな犠牲者を出した陸前高田）の津波被災者に入居してもらおうと[15]、震災3日後には町独自の判断で建設を決めていたが、当初、直接被災地でないところでの仮設住宅建設は認められないとの県・国の無慈悲な横槍が入り、補助金等のメドがつかず困惑していたところであった。そこに東京に拠点を持つNPOの資金援助があったり、日本災害復興学会メンバーの国会議員秘書が、当事例を4月初旬の学会・研究会で紹介して、数日後、議員がこれの是非を国会で質すこととなって、県・国に認められることとなった。住田町の善意が、学会活動やNPOの後押しを得て、厚生行政の壁をうち破って、陸前高田の被災者を救った。

コンテナ仮設

　リアス式海岸の津波被災地はその地形上、後背地に乏しく、仮設住宅用地の確保が難しい。また、需要過多で資材確保がままならない。そこで登場したのが貨物コンテナを利用した仮設住宅で、これはいくらでも上に積むことが可能なため、狭い敷地でも戸数を稼げる。海外でも、様々な場面で利用されている。今回は、宮城県女川町の運動公園にコンテナ3階建て仮設住宅が［写真30］、また、同町・鷺神浜にはコンテナハウス商店街が建設された。

仮設・トレーラーハウス

　コンテナが認められた延長で言えば、例えば、キャンピングカーがある。車両・可動だからもちろん仮設である。その機動力から、当初は現地にかけつけるボランティアの居住スペースとして認知されたが、その後は徐々に被災者用に提供が進んだ。利用者からは、雨露をしのぎ、電気・ガス・水道が供給されることに加えて、トイレ・シャワーが完備していること、そして何よりプライバシーが保たれることが喜ばれた。

第 5 章　アルメニア・スピタク地震の復興・生活再建の諸層　151

［写真 30］　コンテナ 3 階建て仮設住宅

仮設・発泡ポリスチレン製

　素材に関してそのバリエーションを探ると、発泡ポリスチレン（発泡スチロール）製のものが現れた。すでに九州のリゾート地（阿蘇ファームヴィレッジ［写真 31］）で宿泊施設として利用されていたもので、今回は石巻の病院でも利用された。

仮設・ログハウス／板倉構法（木造仮設住宅）

　木造に目を戻そう。ここではまず、ログハウスタイプをあげておこう。プレハブ式では合板の供給が間に合わず、地場産業への経済効果も薄いといった理由から、福島県では地元の木材を使って建設できる業者を公募することとし、審査を通過した業者・団体が木造仮設住宅を建設してきた。その中にはログハウスタイプが多く含まれている。ログハウスは壁が厚み 11 cm の杉でできているので、壁面には断熱材を施工する必要がなく、軸組ではないので地震によって倒壊する危険がない。構造体は移築が可能であるから、仮設住宅期を終えた後はコンクリート基礎を打ち直して、そこに載せ代えれば立派なログハウスとなる。

[写真31] 発泡スチロール製住宅

　木造仮設住宅の工夫を凝らした到達点とでも言えるのが、板倉構法木造仮設住宅（いわき市高久第十応急仮設）[写真32]であろう。もともと伊勢神宮に使われた伝統工法である板倉構法を、研究者が今日要求される耐震性・断熱性を確保するよう現代版構法に仕上げたもので、ロフトまで付設されている。もはや仮設とは見えない。上記のログハウス型同様、基礎が打たれていないだけである。

非仮設・恒久的復興住宅プロジェクト
　ここまで工夫・進化した仮設住宅は、コンクリートの基礎を打てば立派な恒久住宅となる。被災者が恒久的に住める住宅を早期に準備すべきだ、仮設住宅を建ててその後に恒久住宅を建てるのは二重投資になり、そもそも住宅に適した平地が少ないところに仮設住宅を建てたことで、恒久住宅を建てる敷地が制約されることとなってしまうから、津波被災地では最初から恒久的に住める住宅を整備するのが合理的だとして、大学研究グループが提案・建設したのが、非仮設・恒久的復興住宅プロジェクト（＝K-engine Project、石巻市北上町十三浜[写真33]）である。
　高台の別荘予定地を地元企業が無償で貸与し、大学研究室が、個人宅用の平

第5章 アルメニア・スピタク地震の復興・生活再建の諸層 153

［写真32］ 板倉構法木造仮設住宅

［写真33］ 非仮設・恒久的復興住宅（K-engine Project）

屋とお年寄りらの共同利用が可能な2階建てを設計した。地元の職人らが施工し、建設費は大学が集めた寄付金を充てた。家賃は2階建てが月額27,000円、平屋は2万円程度に抑えられている。数年後には、建物が減価償却したこととされて、居住者に無償供与されることとなっている。

コミュニティ・ケア型仮設住宅

孤独死防止[16]や高齢者ケアの機能を付したコミュニティ・ケア型仮設住宅が釜石市に造られた。敷地内に介護拠点や託児所を併設して、高齢者の孤立防止

や地域交流などを狙う。住宅間の通路をウッドデッキにし、玄関にスロープを設けるなど、バリアフリーとした。

市内の公園に着工予定の約240戸のうち、1/3がコミュニティーケア型とされた。

(3) 仮設住宅における様々な工夫

①配置と戸数

日本では仮設住宅は収容施設との法的位置づけになっていたため、北入り（南向き）並行配置・数戸連続が基本であるが、台湾集集地震（1999）の被災地には、神戸で解体された仮設住宅が多数寄贈され、それらが設置される際に日本の収容所スタイルだけは避けるよう設計されて、小広場を囲むように2戸1とされるなど、工夫がこらされた。

②風除室

断熱材が施されたり、クーラー設置が認められるなど、これまで寒暖湿度対策が重ねられてきたが、寒冷地域・新潟県中越地震（2004）では玄関構造が課題となっていた。戸の開け閉めの際に寒風が吹き込むことを防ぐために風除室を設置したいとの希望が相次いだが（急激な気温差に晒されることに依る高血圧による体調変調が問題となっていた）、規定ではこの設置は引き戸の場合は認められ、ドアの場合は認められなかったなどの差別があったことから、東日本大震災に際しては、ドアの場合も設置が認められた。

③家電セット

日赤では仮設住宅入居者を対象に、「家電製品6点セット（計約20万～25万円相当）」（薄型テレビ（32型）／全自動洗濯機／冷蔵庫（約300ℓ）／炊飯器／電子レンジ／電気ポット）を現物支給した。これは日赤に寄せられた「海外義援金」（総額約230億円のうち8割強の190億円を充当）によるもの（日本国内で寄せられた義援金は使われていない）。

義援金の支給がなかなか進まなかったことから、既に家電製品を自費で購入してしまっている入居者も多く、この家電製品セットの中から多くが中古市場に売り渡される事例が相次ぎニュースになった。また、⑤で記すが、「みなし仮設」、（旅館等ではなく）特に自力でアパートを探し入居した者には、「みな

し仮設」と認定されているにもかかわらず、こうした生活必需品の供与は行われなかった。

④LP ガス

LP ガス協会はサウジアラビアから寄付された 2,000 万ドル分の LP ガスを原資として設立した「サウジ LP ガス災害支援基金」を活用して、仮設住宅に入居する被災者に対し、LP ガス料金の一部を支援する事業を始めた。支援期間は 2011 年 6 月末～2013 年 3 月 31 日まで。1 戸当たり最大 3 万円分の LP ガス料金を支援するもので、約 5 万戸程度の仮設住宅への支援となる見込み。これは避難所から仮設住宅に移ると、生活費は自弁となるところでの支援の一つである。

⑤みなし仮設

被災者が自身で探し出して入居・利用している a) 民間賃貸住宅、b) 旅館・ホテルを仮設住宅とみなして補助金を出す制度である。自治体の仮設住宅提供が遅れたり、通勤に不便だったり、また、病人などがいてできるだけ早く避難所を出たいといった人も多く、このたび自治体は、被災者救済のために政策転換を行って、みなし仮設を認定することとなった。これが認められたことで、仮設住宅が完成しても入居を辞退する事例が多出することとなった。

これまでも例えば雲仙・普賢岳噴火災害（1991 年）において、仮設住宅の狭さ・間取り不足から大人数の家族を一仮設住宅に収容することが難しいことが問題となって、島原市では、被災者が自らアパートなどを探してきた場合、これに一定の補助金を出す制度を新設して、プレハブ仮設住宅の課題解決を模索してきた[17]。また、港に大型客船を繋留させて、これを避難所として利用した。いずれも、アパートやホテルを被災者用住宅として活用する前例として記録されている。

東日本大震災では、見なし仮設住宅入居者数と通常の仮設住宅入居者数がほぼ半々であった。その後の熊本地震（2016 年）ではみなし仮設が数の上では断然上回っている[18]。また今後、南海トラフや首都直下型の大震災を考えるとき、その莫大な想定被災者数を前に、仮設住宅としてはみなし仮設が本流になるのではないかと目されている[19]。

⑥仮設市街地

仮設住宅からそれを連担させて、復興まちづくりの繋ぎとしての仮設市街地建設が各地で試みられている。被災者の日常的ニーズを満たすための各地の仮設商店街のほか、志津川の漁港に造られた仮設番屋では漁業再興に向けて、（国・県の方針確定を待ってはいられない／漁協のような大きな組織では意思決定に時間がかかりすぎるとして）地元青年部有志が生産組合を創設して、この仮設番屋を母胎に「海の再生プロジェクト」に取り組みだした。

⑦その他、ソフトな対策

東日本大震災に際しての、仮設住宅としての器や構造に関わる諸工夫、バリエーションを概観したが、いわゆる旧来イメージの仮設住宅においても、その運営上、過去の教訓を活かして、様々な取り組みが重ねられている。例えば、集会場・談話室の増設や、住宅の「バリアフリー化」などの施設構造の工夫に加えて、団地間の交通手段の確保や買物支援体制などが組まれている。福島県相馬市のリヤカー隊は、市の買い物支援員が野菜・食品の移動販売を行うが、その実は仮設住宅居住者用ご用聞きで、障害者宅の掃除も引き受ける。災害時要援護者（災害弱者）の見回りと同時に、その見回る方々にとっては、それは被災者雇用の一環でもある。

(4) 両国コンテナ住宅の異同

さて、ここまで見てきたように、我が国の仮設住宅は、合板プレハブ仮設以外にも様々なタイプが普及してきており、また、その運用においても被災者生活を充実させるための工夫が様々に凝らされてきた。同じコンテナ貨車住宅としても、女川のそれとスピタクのそれとでは、提供されている住環境とその位相は大きく異なる。ここでは、この異同の要因を整理したところで、最後に「仮の住処」と「終の棲家」について考えてみたい。

戦前の仮住宅の履歴をもとに、戦後新憲法のもとで災害救助法（昭和22＝1947年）第23条「収容施設」として応急仮設住宅が位置づけられた。そして高度経済成長期に住宅の工業規格化が進んで仮設住宅はプレハブとして提供されることとなったが、①基本的人権としての居住権を守るためにプレハブの欠陥が少しずつ改善されて、また、東日本大震災に際して、プレハブ仮設住宅の供給が間に合わないことで事後的に、②様々な形式の仮設住宅が認定されるこ

ととなって、そこではついに、③「みなし仮設」と呼ばれる一般居住用住宅・宿舎が、これに含まれることとなった。一般居住用の住宅・宿舎が仮設住宅の概念枠組みに取り入れられることとなって、仮設住宅はこれはもはや収容施設と呼ぶべきではないことが自明となったことで、平成25（2013）年の法改正で「収容施設」の表記が（戦後70年を経てやっと）消されることとなった。「被災者に供与される仮の住宅」（被災者収容施設ではなく）が名実共に整備されてきた。

災害救助法（昭和22＝1945年）
第23条　救助の種類は、次のとおりとする。
一. 収容施設（応急仮設住宅を含む。）の供与
二. 炊出しその他による食品の給与及び飲料水の供給

災害救助法改正（平成25＝2013年）
第4条　救助の種類は、次のとおりとする。
一　避難所及び応急仮設住宅の供与
二　炊き出しその他による食品の給与及び飲料水の供給
（下線、傍点、筆者）

　ここで、上述①～③の含意を整理しておこう。
　まず、高度経済成長期にプレハブ仮設が登場したことで、その一義的・硬直的な規定運用が加速した履歴がある。巨大な政治献金力を有するプレハブ業界が、被災直後の仮設住宅建設の現場を独占して規定解釈を一義化（合板プレハブ）してきた。しかしながらその枠組みにおいて、寒暖・湿度の地理的気象特性や、基本的人権を有する入居者の居住環境改善に応じる必要性が糾弾され続けて、プレハブ仮設にはハード、ソフトの改良が施された。そして東日本大震災が発生して、その莫大な被災者数＝仮設住宅需要にプレハブ業界のみでは応答不能であることが露呈して、ゲリラ的に様々なタイプの住宅が供給・利用され、これが認定されるところとなって、その一つに「みなし仮設」が付け加えられた。日本の（防災）行政は限りなく先例主義であることから、今後は、こ

158

うした現況がボトムラインとなる。

　日本では被災者に供与される仮の住宅の概念と実態が、このように展開をみてきた。ところで、こうした（様々なタイプの）仮設住宅を経て、被災者はどこに進むのだろうか。これを考えておきたい。日本では、被災して、避難所→仮設住宅→本設住宅、と異動する。こうした異動経路が措定されているからこそ、「仮設住宅」概念が存在する。仮設住宅が解消すると、ある人は私財を工面して新たな住居に移る。私財に乏しい人、それは例えば年金暮らしの高齢者や二重ローン[20]を組めないサラリーマン層なども含めて、そうした被災者は公営住宅に異動する。こうした公営住宅は、被災地に建設される場合は、復興公営住宅と呼ばれる。多くはマンションタイプの市（県）営住宅となる。

　ところが、仮設住宅から復興公営住宅（マンション）に移った高齢者層にとって、こうした異動は、新たな住居を与えられた喜びもつかの間、既存の社会関係の度重なる強制的な断絶を伴うものであることから、これが命を脅かす大きな不安となっている。孤独死問題が、復興公営住宅のマンション密室の中で発生する。公営住宅であるから、お隣には非被災者が住んでいて、ここはすでに被災者対応の枠組みからは外れているのである[21]。

　また、復興公営住宅の建設が間に合わない場合、例えばそれは、阪神・淡路大震災のように、非常に多くの住宅需要を短期間に満たせなかった場合、民間賃貸マンションを一時的に借り上げてこれをしのぐこととなる。いわゆる「借り上げ復興住宅」である。当時は、とにかく急いでこれらの床を調達して、年金暮らし世帯などを優先して入居に導いた。その契約書には賃貸契約に関する法定年限ギリギリの「20年後の年月日」が小さな文字で明記されていていた。1995年の発災後の1997年頃の入居から20年後の今、その退去期限が迫って来ている。当時65歳以上の高齢者を優先入居させたのであるが、今その方々への退去勧告が始まっている。生きていれば85歳。明日からはホームレスとなる。年金暮らしの高齢者は住宅ローンは組めないし、賃貸アパートも貸し渋られる。復興時限爆弾が今、阪神の各地で炸裂している。こうして見てみると、被災者に提供される日本における仮の住宅の位相を考える時、いわゆる仮設住宅のみならず、そこに論理的に連動する復興公営住宅の諸問題もまた見据えておかなくてはならないことは自明のことだろう。課題を先送りしてその場を取

り繕った被災者対応窓口の責務は今、問い返されることはない。この復興時限爆弾問題は、近い将来に想定される東海・東南海・南海地震の復興住宅政策にそのまま引き継がれることとなっている。

さて、女川3階建てコンテナ仮設を改めて考えてみよう。「仮設」居住環境自体は改善されてきていて、それらは全て先例として担保されているから、その外観はすばらしいマンション居住環境である。しかしながら、「仮設」であるから、その後の行く末は自己責任となっていて、復興時限爆弾問題を含めて、自身でこれに対処しなくてはならないこととなっている。

スピタクのコンテナ住宅はどうだろうか。軍用テントから出て家族毎、まずはソ連政府などからコンテナ貨車をシェルターとして供与されて使い出したのが1989年。その後一部の人にはドイツ製木造仮住宅があてがわれたが、これが「仮」と位置づけられているのは、アルメニア国、スピタク市が近い将来、被災者用復興住宅を用意するまでの期間限定住宅と位置づけられていたからである。しかしながら、それから四半世紀、ここにいまだに居住する世帯が多くいる。次の位相である被災者用復興住宅は、家族の被災程度に応じて供与されることとなっていた。その条件はまずは被災時に公営団地居住者であったこと、その上で、被災程度が問われた。稼ぎ頭を失った家族、特に、両親を失った子どものみの世帯が最も被災程度が大きいととらえられた。国際支援によって提供された住宅にそうした順番で入居が始まった。ところがそこでソ連が崩壊した。それ以降、独立国となったアルメニア一国の経済事情では被災者用住宅の建設は遅々として進まず、いまだコンテナ貨車に住む被災者は1,000世帯を超えている。①家族を失ったことで早く（国際支援の）住宅を供与された層と、②未だ公営住宅供与の順番が回ってこない層と（したがってまだコンテナ貨車居住）、③そもそも被災者用住宅供与の対象外の層（家族に犠牲者が出なかった／被災前は私宅居住者）、が混在していて、特にこの層は、数十年待ってやっと今、空いたコンテナ貨車を自費で「購入」する機会だけが巡ってきたにとどまる。被災四半世紀を経て、コンテナ貨車に住み続ける層が絶えない実状がここにある。

5. むすびにかえて：「仮の住処」と「終の棲家」

　仮設住宅は復興[22]の過程で生活の再建をもくろむ、その第一ステージに相当する。生活再建の一側面としての住宅再建、仮にそれを本設住宅確保ととらえてみるならば、それまでの過程、その「すみか」は、「仮の住処」と表記できる。日本ではこれを「仮（設）住宅」として概念化・法制度化してきた。ところがこの「仮の住処」で不幸にも生を閉じることになる層も少なくない。本設住宅確保（≒生活再建）、すなわち「終の棲家」を手に入れる前に、道半ばにして息絶えてしまう層が存在する。「終の棲家」とは本来、最期を迎える時まで生活する住まいを意味する。生活再建の道半ばにして、「仮の住処」が「終の棲家」となってしまう人々がいること、これは復興政策における根元的失敗である。

　スピタクでコンテナ貨車に住むヴァリャさんは、「もう疲れ果てました」とつぶやく。被災して四半世紀、まだ、被災者用の住宅供与の順番が回ってこない。日本では仮設住宅や復興公営住宅で孤独死する人が絶えない。また、一応の本設住宅確保を完遂したと見られていた超高齢の復興借り上げ住宅居住者が、今、復興時限爆弾の炸裂によるホームレス化に怯え始めている。

　それぞれの国のその時々の経済事情（社会体制・国際関係）、被災者支援の諸規定により、生活再建イメージにたどり着くルートと時間軸は異なるところであるが、しかしながらある程度の時間がかかろうとも、「終の棲家」のイメージとそれの獲得への道筋がそれなりに照らし出されていること、これが復興政策の言説の原点として不可欠であることをここで再確認しておきたい。

注

(1) 昭和から平成へと元号がかわる頃、1980年代末から、防災社会工学領域で「地学的平穏の時代の終焉」という言葉が頻繁に使われるようになった。わが国は1959年伊勢湾台風から1980年代末までの約30年間、千のオーダーで死者を出すような自然の猛威を経験していないという事実が各種観測データを付して例証され、実は日本は、その時期に世界か

第5章　アルメニア・スピタク地震の復興・生活再建の諸層　161

ら驚愕の対象となっている高度経済成長を成し遂げたのであり、「日本の諸都市は近代的
な災害に未経験の都市であり」(伊藤，1985)、仮の繁栄の姿に過ぎないのではないかと警
鐘が鳴らされ始めていた。そして1980年代末から、かつてなら数千のオーダーで死者数
がカウントされていたかも知れないような自然の猛威が、30年ぶりに再び日本列島を襲い
だした。そのかわきりが雲仙・普賢岳噴火（1991年）で、以後、北海道南西沖地震（奥尻
島津波災害）(1993年)、阪神・淡路大震災（1995年）などが続く。

(2) 日本付近では、大陸プレートの北米プレートとユーラシアプレートがぶつかりあい、海
洋プレートの太平洋プレートとフィリピン海プレートがその下にもぐりこんでいるの似て、
アルメニアを含むコーカサス地方は、アラビアプレート、アフリカプレート、ユーラシア
プレートが衝突するプレート会合地域にあって度々大きな地震が発生している。

(3) 2005年度に、阪神・淡路大震災（1995年）の「復興10年総括検証」が行われて、既定
復興（公共土木事業の竣工一義的に「復興」とする捉え方）を超えた復興の認識・実態を
問うべく、日本災害復興学会が設立された。

(4) 第1回現地調査（2008.9.04-11）、第2回現地調査（2011.3.26-31）、第3回現地調査
（2012.3.26-31）、第4回現地調査（2013.3.23-29）、第5回現地調査（2014.3.23-27）、第
6回現地調査（2017.2.26-3.04）。

アルメニアの首都・エレバンには日本から直行便はなく、アエロフロートでモスクワを
経由するか、中東・ドバイあるいは一度ヨーロッパに出てチューリッピ等を経由せざるを
得ない。入国にはビザが必要で、なかなか行きづらい国の一つである。

(5) ルザンさん（Ruzan Khojikyan）はアルメニアから東北大学に留学して文学の博士号を
取得して帰国し、JICAのアルメニア事務所（リエゾンオフィス）にProgram Coodinator
として勤めつつ、国際文化交流のNPO（アルメニア―日本学術教育文化センター「ひか
りセンター」）やアルメニア・日本教育文化交流センター「いろは」で日本語教育に取り
組んでいる。アルメニアで日本語を話す数少ないエキスパートである。

(6) 筆者の東日本大震災の現地調査（研究実践）の履歴は以下に詳述したので参照いただき
たい（大矢根，2012，2013，2014，2015，2016，2018）。

(7) このハチュカルは、東日本大震災後、JICA研修で訪日したスピタク市・救助隊員が、
2012年に建立したもの。同震災犠牲者の追悼と、アルメニアに対するこれまでの日本の防
災協力への感謝の意が込められているという。毎年3月11日にはスピタク市主催の追悼
式典が行われ、日本大使館関係者らが参列している。

(8) 日本でも曹洞宗が古くから被災地援助を展開していて、阪神・淡路大震災時にはSVA（曹
洞宗ボランティア会）として長期的に復興支援を行っていた。SVAは、1980年にカンボ
ジア難民の緊急救援活動のために設立された曹洞宗東南アジア難民救済会議（JSRC）を母
胎に、ボランティア活動の実施主体として、カンボジア、タイ、ラオス、ミャンマー、ア
フガニスタン等で活動を展開し、2011年にシャンティ国際ボランティア会と改称して現在

162

に至る（同会 HP 参照：http://sva.or.jp/about/history.html）。仏教関係で眺めてみると、台湾には「中華民国仏教慈済慈善事業基金会」（仏教系慈善団体）がある。世界最大の仏教 NGO とも呼ばれていて、東日本大震災に際しても日本に多くの義援金を寄せている。

(9) こうした国際支援で供給された住宅のタイプ・数、入居した世帯数・人口、その後の異動の実数等々、筆者の現地調査では未だこうした詳細データ（「震災復興統計」等）が網羅的に収集・把握されていない。毎年、関連省庁のファイルなどの記録をたずねるが、概数に関する「記憶」が口頭で告げられて古い現場写真等が示されるにとどまる。もう少し懐に入り込んで現地担当者と資料探索作業を重ねる必要がありそうだ。

(10) 毎年、調査企画をたてたところで、アルメニア・首都エレバンにいるルザンさんに、メールで日本語で趣旨を説明して、それをアルメニア語訳して被災地スピタクの元・副市長、現・「NGO スピタク農民」幹部のソルギスさんに伝えてもらい、ソルギスさんに訪問先・インタビュー対象者をアレンジしてもらう。筆者とルザンさんの二人で陸路 2 時間、エレバンからスピタクにタクシーで向かい、スピタクでソルギスさんと合流し、ソルギスさんの運転する NGO 公用車でインタビュー対象者宅にうかがう。インタビューは毎年一件、時間にして約 2 時間ほど。通訳をルザンさんにお願いした。インタビューの音声は、IC レコーダー（SANYO 製 ICR-PS185RM）で録音し、帰国後、テープおこし原稿を作成。ここではそのテープおこし原稿から抜粋して紹介する。

(11) 災害救助法は、戦後第 1 回国会で成立した法律第 118 号（昭和 22＝1947 年 10 月 18 日）である。被災者の「収容施設」という時、当時の国会議員にイメージできた施設現物は、植民地で建設した／あるいは自らがシベリア等で収容された捕虜収容所のみで、したがって、その建物配置は、入居者＝捕虜を管理しやすいように並行配置とされていたから、無駄なスペース（広場や散策スペース）が設計に盛り込まれることはあり得なかった。

(12) 警視庁では当時、バラック生活の必要者を 16〜20 万人と推計して、まずはテントを配給するほか、収容バラックを 619 棟建設している。この他に、内務省、東京府、東京市、三井家等の出資によって、市内に公営 6 カ所、計 4 万人分の集団バラックが建設された（大矢根，1991，p. 232）。

(13) 国勢調査は 1920 年、近代化を進める日本が、当時の先進諸国に肩を並べ得ていることを国内外に示すために、「国政」を「審知」していることを国際統計協会の基準に基づいて国家事業として実施していることを示したもので、したがって厳密な悉皆調査が企画・実施された。これがその後、帝国版図に漏れなく展開されていくこととなる。詳しくは、川合，1991 参照のこと。

(14) この後、設置場所についてそれを公共用地に限ることとする規定運用がはかられるようになる。しかしながら東日本大震災に際して、後背地の限定される津波被災地では、被災地付近に一定の面積を確保することが難しいことが判明して、女川コンテナ仮設のような工夫（限られた面積において「上に積む」スタイル）がなされるとともに、民有地を市

が借り受けて建設用地を確保するなどの工夫が重ねられることとなった。

(15) 激甚な津波被害を受けた陸前高田市から、気仙川および高田街道を遡ること10数kmに位置する住田町は、古くから陸前国気仙郡住田町として、「気仙郡」の一体感をもって高田町（現・陸前高田市）とは密接な関係を構築してきた。陸前高田市の津波被災を見て、すぐに、地元木材で被災者用住宅（仮設住宅）を独自に提供することを決めて、実行に移した。

(16) 阪神・淡路大震災時に仮設住宅は、その建設用地不足から市街地から遠く離れた郊外山中に建設され、そこに、避難所生活は気の毒だとして高齢者・障害者を優先入居させたところ、数ヶ月後に、少なくない白骨化した遺体が次々に発見されることとなった。永年かけて作り上げてきた近隣関係を切断してしまったことで、ひとり孤独に仮設住宅で最期をむかえることとなってしまったのである。同様のことが、その直後、復興公営住宅への優先入居においても再発した。市街地に新築されたマンションの鉄の扉の向こうで、再び孤独死がカウントされることとなってしまった。

(17) 家賃3万円までは全額補助、それ以上は半額を補助するというもの。例えば家賃5万円のアパートを借りた場合、補助上限3万円を超える2万円の半額＝1万円が補助されるから、実質1万円の出費でアパート居住が可能となった。当時、島原市では、郊外では古い一軒家を3〜5万円で賃貸することができた。その毎月1万円の出費は、各戸に配分された義援金などが充てられた。

(18) 例えば、東日本大震災時の宮城県を見てみると、仮設住宅が提供されて丸一年後・2012年9月の実数を比べてみると、いわゆるプレハブ仮設住宅は19,918世帯・45,449人、民間賃貸借上住宅は17,975世帯・45,438人である（宮城県HPより。https://www.pref.miyagi.jp/site/ej-earthquake/nyukyo-jokyo.html）。一方、熊本地震では、その一年後の時点で、「避難生活を送る47,000人のうち、およそ1/4の方が、こうしたプレハブ型などの応急仮設住宅に住んでいます。それ以外の多くの方が避難生活を送っているのが「みなし仮設」。民間の賃貸住宅を仮設住宅とみなしたもので、3万人以上が暮らしています」（NHK/TV「おはよう日本」2017.4.14）。

(19) 合わせて人口減少社会において住宅ストックに余裕が生まれてきていて、現に空き家問題は深刻になってきており、空き家対策特別措置法が施行されている（平成27年）。「みなし仮設」は主に民間賃貸住宅を利用することと措定されているが、熊本地震の被災地ではすでに、空き家バンクに登録された物件を仮設住宅として活用する事例が数多く認められている。

(20) 住宅ローンの支払い最中に被災した層は、住宅再建しようとする際には改めてもう一軒分の住宅ローンを組まざるを得なり、過分な負担となった。

(21) 仮設住宅および復興公営住宅での孤独死事案の続発を受けて、ボランティア層が手厚く見守り活動を展開することとなった。看護士など専門職による見守りはその後、東日本

大震災などで、コミュニティケア型仮設住宅建設につながっていった。

(22) 本稿では「復興」概念の提示・検討には踏み込まないこととする。こうした議論の詳細は、日本災害復興学会「復興とは何かを考える委員会」活動を参照いただきたい（http://f-gakkai.net/modules/tinyd2/index.php?id=1）。

参考文献

広沢雅也，1989，「アルメニア・スピタク地震による建築物の被害とその考察」『コンクリート工学年次論文報告集』No. 11-2

伊藤和明，1985，「最近の自然災害が教えるもの」『地質ニュース』No. 337

JICA，1989，『ソ連・アルメニア共和国・スピタク地震国際緊急応助隊報告書』

川合隆男，1991，「国勢調査の開始」，川合隆男編『近代日本社会調査史Ⅱ』慶應通信

国土庁，1995，『「先進諸国の災害応急体制等」の緊急報告書』

大水敏弘，2013，『実証・仮設住宅―東日本大震災の現場から―』学芸出版社

大矢根淳，1991，「震災復興と『去ルヘキ人』『来ルヘキ人』」，川合隆男編『近代日本社会調査史Ⅱ』慶應通信

大矢根淳，1997，「災害のグローバリゼーション」，竹内治彦編『グローバリゼーションの社会学』八千代出版

大矢根淳，2012，「『仮設住宅』の実態・概念の展開～復興への連繋を考える」『復興』No. 4

大矢根淳，2012，2013，2014，2015，2016，2018，「東日本大震災・現地調査の軌跡―生活再建・コミュニティ再興の災害社会学の研究実践に向けて（覚書）―Ⅰ，Ⅱ，Ⅲ，Ⅳ，Ⅴ，Ⅵ＋Ⅶ」『専修人間科学論集　社会学篇』No. 2，3，4，5，6，8

プラネータ社（モスクワ）著・アイピーシー（東京）翻訳，1990，『写真集　アルメニア大地―震悲劇の12月―（Армения：трагиуеский декабрь）』アイピーシー（Inter Press Corporation）

Sergey Y. Balassanian, etc, 1995, Retrospective Analysis of the Spitak Earthquake, *Annali Di Geofisica, Vol. XXXVIII*

Wood, P.R., etc, 1993, "Earthquake of 7 December 1988, Spitak, Armenia report of the NZNSEE team visit of 1989", *Bulletin of the New Zealand National Society for Earthquake Engineering*, New Zealand Society for Earthquake Engineering, 26(3)

付記：本稿に関わる現地調査は、以下の研究費の成果です。平成23～26年度科学研究費補助金・基盤研究（B）「自然災害からの創造的な復興の支援を目指す統合的な民族誌的研究」（研究代表：清水展・京都大学、大矢根淳＝分担研究者）、平成27～30年度科学研究費補助金・基盤研究（A）「多層的復興モデルに基づく巨大地震災害の国際比較研究」（研究代表：高橋誠・名古屋大学、大矢根淳＝分担研究者）。助成に深く感謝いたします。

Ⅲ
人災としての戦争と
その「記憶」

第6章

罹災資料としての陶瓷器
──古琉球のグスク出土青花罐は何を語るか

髙島裕之

1. はじめに

　遺物としての陶瓷器は、土の中で腐らず変質することが少ないため、遺跡、遺構の中で、過去の時代を語る重要なものさしとしての役割を果たしている。その中で罹災した証拠として、特に火災によって高熱を受け被熱し、表面がただれた陶瓷器が廃棄される事例がある［図1］。火災の要因には、自然災害が発展するかたちで起こる天災と、戦乱も含めた人為的な要因で起こる人災がある。本論では遺跡から出土する陶瓷器に残る痕跡、廃棄状況に着目するかたちで具体例を挙げ、罹災資料としての陶瓷器から、何を明らかにできるのか考えてみたい。

2. 被熱した陶瓷器

　陶瓷器の被熱の原因となる火災は、近世の都市遺跡に様々な痕跡を残している。例えば江戸時代、江戸の大名屋敷遺跡として著名な東京大学本郷構内遺跡では医学部附属病院入院棟A地点1区C2層（焼土層）で、熱を受け、同じ種類の皿がくっついた状態で出土した。1682年の大火で被災し廃棄された例であり、被災前は重ねて保管されていた様子がわかる資料である（東京大学埋蔵

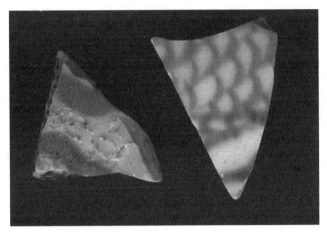

[図1] 被熱した青花罐破片（左）（久米島具志川城跡出土）
右の破片と比べると表面がただれている。

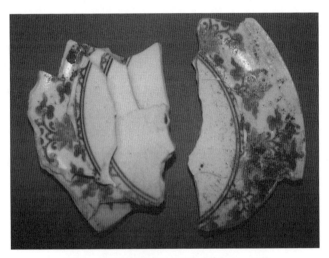

[図2] 重ねて保管されたまま火事にあった皿
（東京大学本郷構内の遺跡医学部附属病院入院棟A地点C2層出土）

文化財調査室 2016）。戦乱のない平和時に起こった火災の中で、突発的な事故に対応できなかった様子がうかがえる［図2］。

　いっぽうで戦乱による火災によって、人為的な前勢力の否定、破壊を伴なう

一面をうかがうことができる例がある。それが15世紀前半を中心とする古琉球（沖縄）のグスクやインドネシア・トローラン遺跡発見の中国元様式および中国明代前期青花瓷にみられる一部の出土状況である。私は2000年代に亀井明徳専修大学名誉教授を代表とするSAAT（専修大学アジア考古学チーム）の一員として、中国元様式青花瓷研究の一端を担った。それぞれの成果は、中国出土の元青花瓷資料集成（2005年）、日本出土の元青花瓷資料集成（古琉球出土の元青花瓷資料集成）（2008年）、インドネシア・トローラン遺跡発見陶瓷（シンガポール大学東南アジア研究室保管資料）の研究（2010年）というかたちで発表している（亀井明徳編2009a、亀井明徳・John N. Miksic編2010）。これらの調査では、現物にすべてあたり遺跡ごとに個体数による全体像の把握に努めた[1]。

　遺跡から出土する元青花瓷は、破片で出土することが多く、中には2次的に熱を受けた例があり、接合できないほど細かく割れ、発見されている。一連の調査では破片を観察し、グルーピングできる例については、個体数としての把握に努めた。そのきっかけとなったのが、久米島具志川城跡の資料である。

3.　久米島具志川城跡出土の元様式青花瓷

　久米島は、沖縄本島から西へ約100km離れている。中国から沖縄本島に入る際の航海の目印であり、風待ち、補給などの寄港地として重要であった。古琉球時代、中国との交易の要所であったこの島には、国史跡のグスクが2つある。具志川城跡［図3］と宇江城城跡である。グスクの主要部から中国、東南アジア産の大量の陶瓷器が出土しており、内容として沖縄本島に勝るとも劣らないくらい資料が豊富である。2つのグスクでは青花、青瓷、五彩、褐釉陶器に被熱した例がみられ、具志川城跡では青瓷碗・皿・盤に比べ、褐釉陶器、明青花のほうが3倍ほど多いと報告されている（久米島町教育委員会2005. p. 62）。

　では具志川城跡から元様式青花瓷はどのように出土しているか。SAATの調査では、元様式青花瓷について獣耳罐2、罐蓋1、長頸瓶3の個体を割り出したが、これらは当初303片の破片であった。最も多くの破片が出土したのが

[図3] 久米島具志川城跡

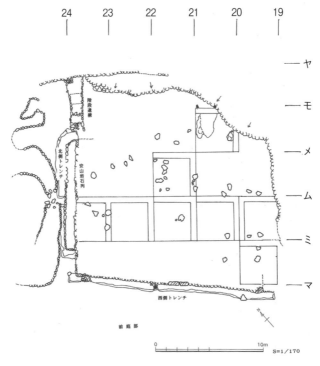

[図4] 具志川城跡二の郭舎殿グリッド図

第6章　罹災資料としての陶瓷器　171

1999年度の調査であり、二の郭舎殿前面の右側、南側（東南部）礎石建物付近（調査区ム-20表層）に集中して検出されている（久米島町教育委員会2005）［図4］。ム-20では234片確認されており、ついで多い検出地はミ-22西側基壇、西側基壇Bと記入された42片である。明様式青花瓷の集中する地点は、基壇内の中で北側であり同時存在の可能性は低いとされるが、同じく表層からの出土である（久米島町教育委員会2005. p. 35）。整備事業は現在も継続しているため、グスクの各地点で発掘調査が行なわれており、別の地点でも元様式青花瓷が確認されている。しかし今のところ、二の郭舎殿の資料に接合する例に限られ、それらの出土には人為的な移動が考えられる。

　いっぽうで2005、2006年度には、調査グリッドのムーラインに平行する形で1m幅のトレンチを設定し、二の郭基壇の造成過程を明らかにする調査が行なわれた（久米島町教育委員会2008a）。その結果、下層の第9層で、被熱した青花瓶破片が検出された。同じく現地表で確認されている青花芭蕉葉花文瓶破片2点と同一個体である。表面がぼやけて不鮮明であるが、地文を青海波で埋めている（中島徹也・髙島裕之2015. p. 98. 写真8）。類例は頸部文様が一致しないが、青海波で埋める例がモンゴル・カラコルム遺跡中部文化層（14世紀前半）で確認されている（亀井明徳編2007・2009b）。整理していくと、この瓶は、現地表で出土する被熱した他器種とは別の前段階に、火を受けたことが推定できる。そして層位的な状況から他の青花瓷よりも前にもたらされた可能性が考えられる。9層の共伴資料は、青瓷の無文外反碗、蓮弁文口折皿、外反皿、そしていわゆる天目形の黒釉碗であり、報告では14世紀後半の年代が考えられている。モンゴル・カラコルム遺跡中部文化層出土例に類似する青花瓶や青瓷外反碗の年代からは、中葉から後半の年代を考えてよい。つまり具志川城跡では被熱した元様式青花瓷について、14世紀中葉から後半の時期に既にもたらされて廃棄された例と、15世紀前半までにもたらされ、その後廃棄された例と2つの時期があり、少なくとも2回以上の火災があったことが考えられる。

　具志川城の興亡に関する伝説は、『具志川間切旧記』に記されており（仲原善忠1969. pp. 229-251）、グスクの下限に関する理科学的分析による見解も近年提示されている（酒井英男・米原実秀2008、菅頭明日香・酒井英男2017）。

しかし、これらの被熱した陶瓷器の全体像を今後おさえ、出土状況を綿密に
チェックしながら追っていくことで、実際のグスクの被災の具体像を明らかに
することが可能であろう[2]。

4. 古琉球のグスクでの青花罐の廃棄状況

古琉球の大型グスクにおいて、元様式青花瓷の器種では盤と罐の出土数が多
い。特に青花罐については、特徴的な器種として位置づけられている（新島奈
津子 2016）[3]。次に青花罐について取り上げ、その廃棄のされ方の特徴につい
てまとめてみたい。

青花罐が出土する古琉球のグスクは、久米島の2つのグスクの他、首里城、
大城城、勝連城、今帰仁城などがある。久米島の2つのグスクと勝連城跡では、
明代前期様式の青花罐も含め、廃棄状況に共通点がみられる。すなわち、同一
個体破片をグルーピングすることで全体像がつかめるが、厳密な意味での接合
が不可能な状態で発見される点である。

久米島具志川城跡では盤口の獣耳罐が2点、宇江城城跡では広口のいわゆる
雲堂手罐が1点確認されている。雲竜牡丹唐草文双耳罐は元々85片［図5］、
鳳牡丹唐草文双耳罐は130片の破片であった。それぞれ元様式であるが、前者
は明初至正型式に位置づけられる。明代の青花雲堂手罐は181片の破片が1個
体である［図6］。これらの資料は、被熱したため表面がただれた破片を含む
こと、それぞれが細かい小破片となっていること、接合部も少なく、どのよう
に割れたか復元が困難であることが特徴といえる。

勝連城跡では2個体の青花罐について全体を復元している（亀井明徳編 2009
a. Ⅲ-pp. 146-185）。青花牡丹唐草文有蓋獣耳罐と青花如意頭文罐［図7］で
あり、それぞれ元々は136片、74片の破片であった。青花牡丹唐草文有蓋獣
耳罐は元様式であるが、青花如意頭文罐は過去に指摘したように、施釉法や施
文の状況から明代に下る資料である。後者の破片の一部には、久米島のグスク
の例と同じように被熱し、表面がただれた痕跡が残っている。

今帰仁城跡でも、口沿部から底部まで残る元様式の青花罐が3個体確認でき

第6章 罹災資料としての陶瓷器　173

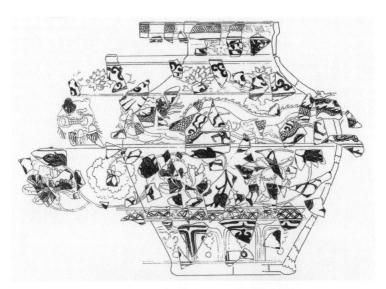

［図5-1］　久米島具志川城跡出土青花雲竜牡丹唐草文双耳罐

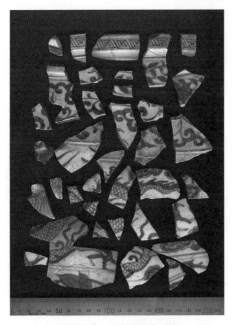

［図5-2］　破片写真(一部)

[図6] 久米島宇江城城跡出土青花雲堂手罐と
被熱して表面がただれた破片（左）

る（亀井明德編 2009a．Ⅲ-pp. 189-240）。青花竜牡丹唐草文獣耳罐、青花刻花白竜文罐、青花雲竜文罐であり、それぞれ元々は 84 片、83 片、37 片の破片であった。また明代宣徳期の年代が考えられる青花宝相華唐草文罐 1 点は、元々36 片の破片であった（柴田圭子・髙島裕之・新島奈津子・亀井明德・半田素子 2009．p. 152．第 3 図．NO. 8）。しかしそれぞれの破片について顕著な被熱の痕跡が確認できず、久米島の 2 つのグスクと勝連城跡の例とは異なる点がある[4]。

　これらの個体を割り出すために観察した破片について、改めて再検討を加えると次のような特徴が挙げられる。まず破片はグスク全体に散在する例があるが、元々はグスクの主要部にあったことが推測できるということである。そして一部に被熱したため表面がただれた破片を含むこと、それぞれが細かい小破

第6章 罹災資料としての陶瓷器　175

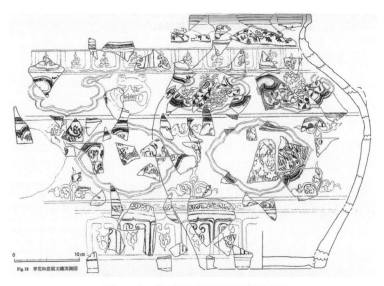

[図7-1]　勝連城跡出土青花如意頭文罐

[図7-2]　破片写真(一部)

片となっていること、互いの接合する部分も少なく、どのように割れたか復元が困難であることなどである。

　15世紀前半から中葉までの年代を中心とするこれらの資料について、共通する廃棄状況から考えられることは何であろうか。特に陶瓷器にみられる被熱の痕跡は、グスク内での火災を暗示するが、その原因は何か。一番考えられるのは、グスクを舞台とした戦争に直面した可能性である。火をつけ、道具を粉々にする破壊である。すなわち接合しない表面のただれた陶瓷片の廃棄状況は、グスクの中枢の徹底的な破壊の様子を示しているのではないだろうか。具志川城跡の場合、青花瓷と共に出土する褐釉陶器にも被熱がみられる。褐釉陶器は交易品である中身を運ぶコンテナとしての位置付けができ、二の郭に交易品を備蓄する倉庫があったことも考えられる。つまり、交易の拠点として重要な具志川城の機能を否定するための破壊が行なわれたのではないだろうか。罹災した陶瓷器は、旧勢力の否定を示した戦争の痕跡を残す可能性のある資料と位置づけられる。もちろん同時存在する他器種の青花製品、また圧倒的多数の青瓷製品の状況を押さえる必要があろう。したがって今回は、今後の資料整理を見据えた予察として提言しておきたい。

　グスクから出土する各地の陶瓷器について、これまでは琉球と中国との間で展開された進貢貿易の実像に迫る、豊かな交易の姿を描いてきた研究が進展している。反面それらの廃棄状況を鑑みた場合、中山の勢力が既存の按司の勢力を否定しながら、離島も含めて琉球王国として確立していく過程を追っていくことも可能ではないだろうか[5]。

　青花罐の中で唯一の例外として、完形の形で伝わっているのが、読谷村楚辺タキンチャ掘込墓の例である。過去に考古資料としての確かな位置づけがなされているが、現物は現在行方不明となっている。墓域内において、蔵骨器として使用されたため、破片ではなく全体像のわかる写真が現存している（亀井明徳・宮城篤正1994、亀井明徳編2009a．Ⅲ-pp.186-188）。

第 6 章 罹災資料としての陶瓷器 177

5. おわりに

　冒頭で述べたように、遺物としての陶瓷器は、土の中で腐らず変質すること
が少ないため、遺跡、遺構の中で、過去の時代を語る重要なものさしとしての
役割を果たしている。今回は出土した陶瓷器の破片 1 つ 1 つを観察し、資料を
分析した結果を基にして、ではなぜこのようにバラバラな状態で廃棄されたの
か、陶瓷器に残る被熱の痕跡も含めて考えてみた。そして、陶瓷器の破片の 1
つ 1 つに災害の記憶が刷り込まれていることを再認識したのである。

注
(1) 元様式青花瓷の調査研究では、古琉球、日本、インドネシア・トローラン遺跡出土の個
　　体数を把握していった。その作業は、世界に分布する完形品の資料との比較研討を可能に
　　したため、元様式青花瓷が以前からいわれているように西方イスラム諸国からの専らの注
　　文生産製品ではなく、南・西アジアの保有量を超える量が、東南アジア、古琉球に確認で
　　きることがわかった。またこれらの作業を通して、合計 8500 片近くの破片を詳細に観察
　　したため、完形品ではわかりえないことも多くわかってきた。亀井明德編 2009a は、『亜
　　州古陶瓷研究Ⅱ-Ⅳ』亜州古陶瓷学会 2004・2008・2009 の合本である。通しでの頁表記が
　　ないので、「Ⅲ-p.□」の形で示した。
(2) 具志川城跡の変遷を考えるうえで、次の別の視点がある。
　⑴ 伝承との接点
　　『具志川間切旧記』(乾隆 8 (1743) 年) にある具志川城跡に関する伝承は、次のとおり
　　である。仲原善忠 1969、久米島町教育委員会 2005 を参考にまとめた。
　　・「一、具志川城の由来」─真たふつ按司 (真達勃按司) が築城する。
　　・「三、具志川城主没落の事」─真たふつ按司の嫡子のまかねこえ (真金声) 按司の代に
　　いしきなは (伊敷索) 按司の二男、まによく樽 (真仁古樽) 按司が攻め、1 度落城。(真金
　　声按司は沖縄本島南部 (糸満市喜屋武) に逃れ、城を築いたという (糸満市具志川城跡)。)
　　・「十五、首里軍具志川城を攻め取る事」─16 世紀初頭に尚真が進める中央集権化政策に
　　伴ない中山軍が宇江城、具志川城を攻める。2 回目の落城。伝承の中では 2 度の落城があ
　　り、旧来勢力を否定する戦いがあったといえる。
　⑵ 理科学的年代測定
　　城の落城年代について、理科学的分析による測定が行なわれている。『具志川城跡発掘

調査報告書Ⅱ』では、石垣に関する磁化研究の成果がまとめられている（酒井英男・米原実秀 2008）。「岩石や土壌は加熱された時、その後の冷却過程で地磁気方向に残留磁化を獲得する。残留磁化は一旦獲得されると数千年経ってもほとんど変わらず保持されるので地磁気の化石として利用できる」とし、戦禍の火災を受けたと推測される二の郭基壇跡南西側石積みから岩石資料のサンプルを採取して、残留磁化による年代推定が行なわれている。その結果、8 個の石灰岩の残留磁化はほぼ同じ方向を向いていることから、ある時期に石灰岩としての初生磁化を失って新たな磁化を得たことを示しているという。その年代は「A.D1560±60」であり、石垣が過熱を受けた年代は 16 世紀頃と推定している。同じように宇江城城跡出土陶瓷器そのものを分析し、火災の年代について、分析が加えられている（菅頭明日香・酒井英男 2017）。

　これらの成果を援用して 2 つの火災をあてはめ、結論を出すことも可能である。しかし現在も整備事業に伴なう発掘資料の整理調査研究を推進している段階であり、自身の研究方法を貫き通したうえで、結果を出すべきと考えている。今回は可能性を提示するかたちでとどめておく。

(3) 新島奈津子 2016 では、亀井明德編 2009a をさらに進めるかたちで、古琉球の元様式青花瓷についてまとめている。古琉球での元様式青花瓷の受容については、高島裕之 2015 では「首里城以前 14 世紀代に王都の性格を持つと指摘される浦添グスクや尚氏の本拠地だった佐敷グスクでは、現在のところ、元様式青花瓷は発見されていない」として 15 世紀前半の受容を考えたが、中島徹也・高島裕之 2015 では、14 世紀中葉から後半を考えており、自己矛盾が生じていた。新島奈津子氏は、今帰仁城跡、浦添城跡、そして具志川城跡二の郭基壇下層の資料を加え、受容について整理されている。私自身もその見解に同意し、自身の見解を訂正したい。

(4) 15 世紀後半以降、久米島の 2 つのグスク、勝連城は城としての機能を失うのに対し、今帰仁城は中山との接触以降も、監守が置かれ機能が継続する点でも異なっている。

(5) 先に久米島具志川城跡の陶瓷器の受容についての予察は、中島徹也・高島裕之 2015 でまとめたが、現在も整備作業が進められているため、細かい点では常に訂正を余儀なくされている。その中で被熱した陶瓷片 1 つ 1 つを把握していくことは、グスクの変遷を考えるうえで重要であるため、後日再考を期したい。

図版出典

図 1　亀井明德編 2009a.　Ⅲ-p. 4 Fig. 6
図 2　筆者撮影／東京大学埋蔵文化財調査室所蔵
図 3　筆者撮影
図 4　久米島町教育委員会 2005.　p. 11.　第 4 図
図 5　亀井明德編 2009a.　Ⅲ-p. 3、4.　Fig. 4（筆者作図）、6／久米島町教育委員会所蔵

第 6 章 罹災資料としての陶瓷器 179

図 6 久米島町教育委員会 2008b. p. 101. 第 43 図（筆者作図）、p. 103. 図版 45／久米島町教育委員会所蔵

図 7 亀井明徳編 2009a. Ⅲ‐p. 160. Fig. 18（筆者作図）、p. 162. Fig. 20／うるま市教育委員会・沖縄県立博物館所蔵

参考文献

仲原善忠 1969『仲原善忠選集下巻』沖縄タイムス

亀井明徳・宮城篤正 1994「「読谷古墓出土」元青花壺をめぐって」『浦添市美術館紀要第 3 号』浦添市美術館

久米島町教育委員会 2005『久米島町文化財調査報告書第 2 集　具志川城跡発掘調査報告書Ⅰ―史跡具志川城跡保存修理事業に伴う発掘調査報告―』

関根章義 2007「久米島具志川城跡出土陶磁器の様相」『白門考古第 7 号』中央大学考古学研究会 pp. 55‐68。

亀井明徳編 2007『カラコルム遺跡出土陶瓷調査報告書Ⅰ―1948 年ロシア科学アカデミー調査／モンゴル国立歴史博物館保管資料の調査　専修大学アジア考古学研究報告書 2』専修大学文学部アジア考古学研究室

久米島町教育委員会 2008a『久米島町文化財調査報告書第 4 集　具志川城跡発掘調査報告書Ⅱ―史跡具志川城跡保存修理事業に伴う発掘調査報告―』

酒井英男・米原実秀 2008「第 2 節　沖縄県久米島具志川城跡石垣の磁化研究」pp. 62‐70（久米島町教育委員会 2008a）

久米島町教育委員会 2008b『久米島町文化財調査報告書第 5 集　宇江城城跡発掘調査報告書Ⅰ―史跡宇江城城跡保存修理事業に伴う発掘調査報告―』

柴田圭子・髙島裕之・新島奈津子・亀井明徳・半田素子 2009「今帰仁城跡出土明代前半期青花瓷の研究」『今帰仁村文化財調査報告書第 26 集　今帰仁城跡発掘調査報告Ⅳ』今帰仁村教育委員会 pp. 141‐169。

亀井明徳編 2009a『元代青花白瓷研究』亜州古陶瓷学会

亀井明徳編 2009b『カラコルム遺跡出土陶瓷調査報告書Ⅱ―1948 年ロシア科学アカデミー調査／モンゴル国立考古研究所保管資料の調査　専修大学アジア考古学研究報告書 3』専修大学文学部アジア考古学研究室

亀井明徳・John N. Miksic 編 2010『インドネシア・トローラン発見陶瓷の研究』専修大学アジア考古学チーム

久米島町教育委員会 2014『久米島町文化財調査報告書第 6 集　具志川城跡発掘調査

報告書Ⅲ─史跡具志川城跡保存修理事業に伴う発掘調査報告─』

中島徹也・髙島裕之・柴田圭子・新島奈津子 2014「久米島宇江城城跡・具志川城跡
　出土の貿易陶瓷」『琉球列島の貿易陶磁』日本貿易陶磁研究会 pp. 183-198。

中島徹也・髙島裕之 2015「久米島宇江城・具志川城跡出土貿易陶瓷の諸問題」『貿易
　陶磁研究 NO. 35』日本貿易陶磁研究会 pp. 91-105。

髙島裕之 2015「元様式青花瓷はいつまで生産されたか」佐々木達夫編『中国陶磁
　元青花の研究』高志書院 pp. 135-146。

東京大学埋蔵文化財調査室 2016『東京大学埋蔵文化財調査室発掘調査報告書 13　東
　京大学本郷構内の遺跡医学部附属病院入院棟 A 地点』

新島奈津子 2016「元青花瓷からみる古琉球─受容と位置づけをめぐって─」佐々木
　達夫編『中近世陶磁器の考古学 3 巻』雄山閣 pp. 117-136。

菅頭明日香・酒井英男 2017「二次被熱した陶磁器片の磁化を用いた宇江城城跡の火
　災の検証」『貿易陶磁研究 NO. 37』日本貿易陶磁研究会 pp. 110-118。

第7章

アイルランドとスペイン内戦

堀江洋文

1. はじめに

　究極の人的災害である戦災をもたらす戦争は悲惨であるが、同じ国民同士が殺し合う内戦は終戦後も国内に様々な禍根が残り、また違った意味で凄惨である。本稿は本国と外国での二度にわたる内戦を戦った2人のアイルランド人を中心に話を進める。彼等の名前は、フランク・ライアン（Frank Ryan）とオーイン・オダフィ（Eoin O'Duffy）。二つの内戦とは、アイルランド内戦とスペイン内戦である。ライアンもオダフィもアイルランド共和国軍（IRA）に所属し英国からの独立を目指し武装闘争に加わったが、1919年からのアイルランド独立戦争の結果生まれた政治的決着である英愛条約及びアイルランド自由国建国をめぐり1922年から23年にかけて戦われたアイルランド内戦においては、ライアンが条約反対、完全独立志向の共和派で戦い、オダフィは条約賛成の自由国政府側で国軍を指揮している。36年にスペイン内戦が始まると、その他の諸国と同様にアイルランドからも共和国政府側（人民戦線側）とフランコに率いられた反乱軍側双方に義勇兵が参戦していった。そして、スペイン内戦の激戦地の1つ、マドリードの南に位置するハラマでは、同じアイルランド人が戦場において目と鼻の先で対峙する場面も見られたのである[1]。内戦勃発時から戦後に至る反ファシズムの流れ、またヘミングウェイやジョージ・オーウェル等の有名作家への関心もあり、共和国政府支援に加わり国際旅団として

オーイン・オダフィの墓碑　　　　フランク・ライアンの墓碑

活躍した義勇軍兵士に研究者や一般の注目が集まりがちであるが、外国人兵士の割合はモロッコからのムーア人部隊も含めるとフランコ側の方が圧倒的に大きい。実はカトリック教徒が多いアイルランドにおいては、スペイン内戦勃発当初、内戦がファシズムに対する闘争という側面よりは、伝統的カトリック国に対する共産主義者の挑戦という文脈で語られることも多く、宗教戦争としての側面も大きくクローズアップされていた。このようなアイルランドにおける反応には、近世初期以来イングランドのプロテスタント教徒による植民政策によってアイルランド植民地化が進み、スペイン内戦の十数年前になって不完全ながらようやく半独立のドミニオンの地位を得た事情が背景として存在した。そのためアイルランドでは、コミンテルンの召集に呼応してスペイン共和国政府支援に海を渡る者もいたが、オダフィ等の呼びかけに応えてスペインのカトリック教会擁護のためにフランコ側に馳せ参じる義勇兵も多く存在した。

　ダブリンの中心部から少し北西に行くと、カトリック墓地グラスネヴィン・セメテリーがある。独立戦争を指揮したマイケル・コリンズやエイモン・デ・ヴァレラも埋葬されている墓地である。本稿の主人公の２人もスペイン内戦の戦場で敵味方に分かれて戦ったが、熱心なカトリック教徒であった二人は、こ

の墓地でお互い手の届く距離に埋葬されている。今日においても多くのアイルランド人が訪れるモード・ゴン・マクブライド（Maud Gonne MacBride）の墓の隣に位置し、簡素だが重厚なライアンの墓碑に比べ、オダフィの墓は少々荒れ気味であり、通路に面していないので墓を探すのも困難である[2]。近くに多くの花で飾られたコリンズの墓碑があるので、オダフィの墓の寂しさには心が痛む。コリンズはオダフィの師匠とも言える人物であったからなおさらである。表向きスペインのカトリック教会支援があったとは言え、独伊のファシズムと同じレベルで語られることの多いフランコを支援したことで、カトリック国アイルランドにおいても第2次世界大戦後のオダフィに対する評価は否定的になる傾向が強かった[3]。戦後、オダフィと共に戦った義勇兵達に関しては、彼等の親族の間でも徐々に沈黙が続くようになっていった。アイルランド国内ではこれといった地位のなかったライアンと比べ、オダフィは、内戦時からアイルランド警察治安防衛団（Garda Síochána）長官を務め、さらに彼自身はアイルランド議会の下院ドイル・エアランの議員ではなかったが、前アイルランド首相エンダ・ケニーの所属党であるフィナ・ゲール（Fine Gael）の初代党首を務めた。今日では同党の性質は大きく変化しているが、フィナ・ゲール結党には、ムッソリーニのイタリアを真似て結成されオダフィがリーダーを務めた「隠れファシスト」の青シャツ隊が大きく関与していた。その後オダフィはフィナ・ゲールの指導部から排除されると、全体主義国家を目指すファシスト政党 National Corporate Party（NCP）を設立している。

　第2次世界大戦前後を通じてのファシズムに対する民主共和制擁護の歴史的潮流の中で、オダフィは旧青シャツ隊員を中心に義勇兵を募ってスペイン内戦でフランコに味方して戦ったのであるが、歴史の流れを見ると、人民戦線も当初の反ファシズム勢力を結集する目的から徐々にスターリニストに支配されていった事実にもかかわらず、結果的にオダフィは「間違った側」で戦ったことになる[4]。最近出会った数人のアイルランド知識人にオダフィの印象について聞いてみると、スペインに連れていった義勇兵の数より多くの兵士をアイルランドに連れ戻した男であるとの回答が全員から聞かれた。即ちスペイン内戦で歴史上加担してはならない側を支援し、しかも内戦で大した犠牲を被ることなくアイルランドに帰国した恥ずべき一団くらいの評価である。このような冷や

やかな回答に示される今日におけるオダフィの評価は、果たして正当なもので
あるかを精査する必要がある。オダフィを含めフランコ側で戦った外国人部隊
が歴史の中で忘れ去られていった理由としては、フランコ側にはスペイン内戦
は外国人兵士の援助がなくても勝利に導けたことを印象付ける必要があったこ
と、共和国政府側にもフランコがアイルランドを含め海外からの支援を受けた
事実を世界に知らしめたくないという思惑があったことが挙げられよう[5]。
　このように2度の内戦において相対峙する側でそれぞれ戦った2人であった
が、アイルランドに対する愛国心においては、双方表現の仕方は違っていても
相通じる点もあった。オダフィは、アイルランド独自のスポーツであるゲーリッ
ク・ゲームズの統括と普及を目的として1884年に設立されたゲーリック体育
協会（Gaelic Athletic Association, GAA）において1910年代に指導的立場にあっ
た。ゲーリック・ゲームズとは、現在もアイルランドにおいて突出した人気を
誇るゲーリック・フットボールやハーリング、さらにはアイリッシュ・ダンス
等を統括する団体であるが、ゲール語の普及にも大きな影響力を持っていた。
GAAはカトリシズムと英国嫌いがアイルランド・ナショナリズムと結びつい
たものであるが、それは政治的運動というよりは文化運動であった。しかし、
文化運動とは言え、GAAは同じような考えの持ち主のネットワークを提供し、
それによってナショナリズム的思想が伝搬し、同志の接触が実現し、そして何
よりも支援者が動員されることで、全国規模の指導者をリクルートし彼等を訓
練・実習する場を提供した。オダフィには、GAAへの関与を通じてアイルラ
ンド・ナショナリズムの精神が注入されたことになる[6]。一方フランク・ライ
アンは、GAAと同じように文化的ナショナリズムを標榜するゲール語連盟
（Gaelic League）での活動を通じて、自己のアイルランド人としてのアイデン
ティティの確立を実現していった。この連盟は、英国化されていったアイルラ
ンドに危機感を覚え、その流れを逆転させることを目指し、ゲール語とゲール
文化の復興を掲げて1893年に設立されている。ライアンは、ゲール語が主に
話されていた地域ゲールタハト（Gaeltacht）から若いゲール語の話者が経済
的理由等で地域を捨てて移住していく現状に危機感を覚え、ゲール語の保護を
提唱しつつ具体的対策を打たない政府を批判している。イースター蜂起に加わ
りキルメイナム刑務所で処刑されたパトリック・ピアースは、ゲール語の復興

第7章　アイルランドとスペイン内戦　185

にも熱心であったが、ライアンの考えもピアースのロマンティシズムに似たところがある。しかし、ライアンはゲール語やゲール文化の凋落に経済的要因を見るなど現実的な側面も持ち合わせていた[7]。

2. アイルランド旅団の召集[8]

　先述のフランク・ライアンの墓に隣接するようにマイケル・オフラナガン神父の墓がある。彼はカトリック教会の僧侶でありながら、1933年から35年までシン・フェイン党の党首を務め、スペイン内戦では共和国政府を支持した数少ないカトリック僧侶であった[9]。彼は政治問題に関して自分の考えを自由に大胆に表現することに躊躇はなく、彼にとってアイルランドでの闘争は、平和と社会解放に向けての世界規模の闘争の一部であった。このように、アイルランドのカトリック僧侶全員がスペイン内戦においてフランコ側を支持していたわけではない。一方、アイルランド人のなかでも、青シャツ隊に属さず社会主義に傾倒する者、あるいはフィナ・ゲールとライバル関係にありフィナ・ゲールよりは政治的に左に位置するデ・ヴァレラの政党フィアナ・フォイル（Fianna Fáil）に所属しながら、スペイン内戦では共和国政府側ではなくフランコ側で戦った者も見られた。このような事情の背景には、スペイン共和国政府側の一部によって行われたカトリック教会に対する残虐な迫害行為があり、アイルランドの一部の新聞によって大きく取り上げられたこのような事件に対してアイルランドのカトリック教徒が大きく反発した事実があった[10]。彼等はこのような「残虐行為」をなした共和派の背後にソ連共産主義の脅威があることを察していた。このように、アイルランド人がスペイン内戦に加勢する中で、フランコ側か共和国政府側のどちらに立って戦ったかの選択の基準となりえるような、明確な政治的、宗教的線引きは困難である。確かに言えることは、アイルランド旅団は、青シャツ隊運動と同様に、デ・ヴァレラ政権下のアイルランドに不満を持つ者達が多く集まる集団であった。オダフィが個人的に関係を持っていた兵士や警察官（アイルランド治安防衛団員、Gardaí ガルディ）が義勇兵の多くを占めていた。1920年代半ばに動員解除を受けた兵士には職の

無い者も多く、警察官もフィナ・ゲールの前身であるクマン・ナ・ゲール（Cumann na nGaedhael）と関係のあった者達は、1932年のフィアナ・フォイルの政権奪取によって降格されたり解雇されたりしていたから、同じような境遇のオダフィの呼びかけに馳せ参じることもごく自然な反応であった[11]。基本的に義勇兵として募兵に応じた者を分類すると、オダフィが新たに設立したNCPのメンバーよりは旧青シャツ隊でオダフィに忠誠を誓っていた者、英愛条約に賛同したオダフィを許して加わったIRAメンバー、自分達を20世紀のワイルド・ギースとみなす社会のはみ出し者たる冒険者、そして司祭の説教から影響を受けてスペイン・カトリック教会擁護のために募兵に応じた田舎出身の若者達という区分が成り立つ[12]。

　このような共和派の一部によるスペイン・カトリック教会迫害のニュースの伝播に寄与し、オダフィによる義勇兵の徴募を支援したのが、アイリッシュ・インディペンデント紙（*Irish Independent*）である。ナショナリスト支持の同紙は、同時にカトリック教会擁護と反共産主義の立場を維持し、条約賛成派に同調してフィナ・ゲールの政策を忠実に支持していた。スペイン内戦については、フランコ支持を鮮明にし、デ・ヴァレラの不干渉主義とそれを根拠にアイルランドからスペインへの義勇兵派遣に非協力的な彼の政権を批判した。フランコ支援のアイルランド旅団がどのように設立されるに至ったかについては不透明なところもあるが、フランコへの国際的財政支援を組織化したロンドン在住のスペイン外交官やビジネスマン、そしてジャーナリスト等がアイルランド旅団のスペイン派遣実現にも関与したと言われる。また、最初にこの件が話題として持ち上がったのは、当時ロンドンに在住していたナバラの伯爵でカルロス党（Carlismo）指導者の1人であったラミレス・デ・アレリャーノ（Ramírez de Arellano）が、1936年8月にアイルランド首座大司教のジョセフ・マクローリー枢機卿（Joseph MacRory）に書簡を送り、フランコ側への軍事援助を要請した時であったと考えられる。ラミレスはロンドンのスペイン人右翼グループと行動を共にし、スペインの反乱軍の首謀者の1人エミリオ・モラ・ビダル将軍（Emilio Mola Vidal）と密接な連絡を取っていた。マクローリー枢機卿はスペイン共和国政府に対する反乱を支持し、ラミレスにオダフィとの接触を提案する。オダフィに要請されたのは、内戦への不干渉政策が英仏政府の基本

方針となる中で、国際問題とならないようにアイルランド人が個人の資格で義勇兵としてフランコの援軍となることで、オダフィもこの要請を受け入れる。この頃オダフィの他にも義勇兵の徴募に立ち上がった者がいたが、アイルランド西部のケリーではエイモン・ホランが、アイルランド・カトリックの聖地キャッシェルではトーマス・カルーが、スペイン教会に迫る「赤の脅威」を訴え支援の義勇兵を徴募しようとしていた。スペイン共和国において反教権主義と共産主義が力を持ち始めていることは、内戦前からアイルランドにおいて危惧され、いずれ同じような共産勢力がアイルランドをも席巻するのではないかとの不安が聞かれるようになっていた[13]。アイルランドのカトリック教徒をして、フランコ支援がほぼ聖戦的意味合いを持った背景には、反僧侶の共産主義勢力によるスペイン・カトリック教会弾圧とカトリック僧侶や修道女に対する虐殺行為のニュースがあったからである[14]。

　一方、デ・ヴァレラ内閣は、スペイン内戦に対する態度を明らかにしていなかった。周りではスペインの「赤色共和国」との断交を求める声が増幅する中で、父がスペイン出身であったデ・ヴァレラには、自分がスペイン内戦の仲裁役に最も相応しいとの自負があったが、スペイン共和国政府はデ・ヴァレラの仲裁の申し出を即座に拒否している[15]。マクローリー枢機卿の支持の他にも、新聞ではアイリッシュ・インディペンデント紙がオダフィの冒険を背後から支援していた。コーク・エグザミナー（*Cork Examiner*）紙もアイリッシュ・インディペンデント紙と同様にカトリック教会及びナショナリストの側に立ち、反共と英愛条約支持を掲げてフィナ・ゲールの政策に賛同していたが、過激思想のため1934年にフィナ・ゲール離党を余儀なくされたオダフィとは同紙は若干距離を置いていた。またスペイン内戦については、フランコ支持を打ち出し、デ・ヴァレラ政権のスペイン内戦への不干渉主義を強く批判していた。ただし、インディペンデント紙と比べると、同紙はやや現実主義路線を踏襲し、スペイン内戦への義勇兵派遣については現実問題にも目を向け問題点をも指摘していたと言えよう。フランコによる反乱を支持する両紙の論調は、スペイン内戦が共産主義者の無神論に対してスペインのカトリシズムを擁護する戦いであるとして、中世の十字軍派遣を扇動したプロパガンダを彷彿とさせるものであった。さらにアイルランド人の間には、スペイン内戦を遠い異国の出来事と

して無関心を装うことができないスペインとの歴史的連帯意識が存在した。16世紀後半のテューダー後期からステュアート期にかけて、イングランドがアイルランド支配を強化させる過程で、スペインはアイルランドのカトリック教徒支援を繰り返し行っている。特に17世紀初頭にゲール人族長のヒュー・オニール等がアイルランドから大陸に渡ったいわゆる「伯爵達の逃亡」(flight of the earls) 後は、多くのアイルランド人カトリック教徒が海を渡ってヨーロッパ移住を果たしているが、彼等の中には、スペイン領フランドル等ヨーロッパ各地に展開するスペイン軍に傭兵として登用される者や、イベリア半島で交易活動に従事する商人達、プロテスタント信仰のイングランドが支配する母国アイルランドではまともな神学教育ができない状況に反発しスペインや周辺諸国でアイリッシュ・カレッジという神学教育機関を創設するカトリック僧侶達が存在した[16]。このようなスペインに対する過去の恩義をアイルランド人は忘れることがなかったのである。さらに、1691年に終結したウィリアマイト戦争とその戦後処理協定であったリメリック条約締結後に、アイルランドから海を渡ったワイルド・ギースと呼ばれた移住者達も、多くがスペインの傭兵となりカトリック教会の防衛のために戦った歴史がある。

　もちろん、スペインのカトリック教徒に対する支援者すべてが、スペイン内戦への義勇兵派遣のような関与を支持していたわけではない。例えば、多くのアイルランド国民及びカトリック教会の他にフィナ・ゲールの支持をもとりつけたパトリック・ベルトン (Patrick Belton) 率いるアイルランド・キリスト教戦線 (Irish Christian Front, ICF) は、1936年8月に創設され翌9月にはコークで4万人を集める集会を開催しているが、参加者は手を頭の上で交差させるシンボル動作をもってICFとフランコへの忠誠を誓っている。当初ICFは、スペインへの政治的な関与は否定し、「赤の脅威」に対するカトリック教会擁護という宗教的スローガンを掲げて資金援助と医療支援に焦点を合わせたフランコ支援を行っている[17]。ICFの考えでは、スペイン共和国政府支援は教会破壊や聖職者の虐殺を支持することと同じだとして、デ・ヴァレラ政府に対して不干渉政策の撤廃を求めている。もちろん右翼団体ICFのファシズム指向の言動とフランコ支持は、オダフィの同じような呼びかけや活動に劣るものではなかったが、ICFはフランコ支援のアイルランド義勇軍がスペイン内戦ではな

くアイルランド政治に必要であると考え、アイルランド人カトリック教徒のスペイン派兵には反対していた[18]。

アイルランド全土への拡がりを見せたICFの運動は、デ・ヴァレラ政権にとって大きな圧力となり、結局アイルランド自由国とスペイン共和国政府との関係断絶を招くことになる。即ち、ICFはスペインでの調停役を自任していたデ・ヴァレラの活動域を大きく狭める結果をもたらし、デ・ヴァレラ政権にとっては、自由国の外交政策である不干渉主義を変更させることはなかったが、カトリック・ポピュリズムという国内の流れに抗することも難しくなっていた。デ・ヴァレラが採った政策は、表向きオダフィと国際旅団の双方に厳格な中立的立場で臨むことであり、自由国は結局フランス主導の不干渉主義に基づいてスペイン及びスペイン領への武器弾薬輸出を禁止する宣言に合意している[19]。アイルランドにおけるカトリック教会への支援の動きに比して、「赤に支配された」スペイン共和国政府の評判は決して芳しくなかったが、当初の盛り上がりにもかかわらずオダフィに対する広範な支援はその後持続したわけではなく、そのような状況下でデ・ヴァレラは不干渉政策を使って国内での対立のリスクを軽減しようとしたのである。特にデ・ヴァレラは、スペイン内戦をめぐってかつての青シャツ隊員とIRA強硬派がアイルランド国内で新たな衝突を引き起こすことは、是が非でも回避しなければならないと認識していた。一方、オダフィはアイルランドの国家警察であるアイルランド治安防衛団の長官に就いて警察組織の構築に寄与したが、デ・ヴァレラとの折り合いが悪く1933年2月に長官職を更迭されている。そうしたこともあり、オダフィのスペイン派遣に向けた志願兵募集の活動は各地で警察の妨害を受けたとも言われている。いずれにせよ、普仏戦争期の1870年に制定され、傭兵等となって外国の内戦へ参加することを規制する英国の「海外募兵法」（Foreign Enlistment Act）のアイルランド自由国への適用の可能性は低かったが、アイルランド人のスペイン内戦への参加を阻止するためには新しい法律が必要であった[20]。不干渉委員会の規制が厳しくなるなか、アイルランド議会ではスペイン共和国政府との交易禁止や、「フランコ政権」をボルシェヴィキに対する信仰の擁護者として即時承認せよとの要求がなされたが、それらに対して敬虔なカトリック教徒でもあるデ・ヴァレラは、自身が創刊したアイリッシュ・プレス紙（*Irish Press*）に

190

おいてスペイン・カトリック教会に対する穏健な支持を表明する一方で、フランコに対する同情を表すことはなかった[21]。

　スペインのナショナリスト（反乱軍）支援のためにアイルランド義勇軍を派遣する試みは、まず反乱軍の実権を握りつつあったフランコの承認を得る必要があった。スペインへの下見旅行でオダフィは、通訳を通じてとは言えスペイン情勢の複雑さをある程度理解したに違いない。1936年9月末、オダフィはナバラのパンプローナを訪れ大歓迎を受ける。当時同じ反乱軍の中でも、南部を中心に力をつけていたフランコに対し、バスク・ナバラ地方を含めた北部の反乱軍はエミリオ・モラ・ビダル将軍に率いられていた。モラ将軍はもともと共和国政府のパンプローナ軍政長官職にあったが、カルロス党の指導者マヌエル・ファル・コンデと会談し、カルロス党の民兵隊レケテス（requetés）をも味方にして共和国政府と戦っていた。マドリード攻防戦において有名な「第5列」（Quinta columna、5番目の軍団の意）という言葉をラジオ放送で使ったのもモラ将軍である。

　バスク・ナショナリスト党（Partido Nacionalista Vasco, PNV）に代表されるバスク・ナショナリズムは、カルロス党にそのルーツを持つ保守的運動であり、反乱軍と同じくカトリシズムを信奉していたことに加え、彼等には反乱軍支援に関してバチカンからの圧力もあったと言われる[22]。バスクの中でもビスカヤやギプスコアは、伝統的な地域特権フエロス（Fueros）に基づき地域自治が約束され、両県が反ファシスト・イデオロギーを持っていたこともあり、共和国政府支持と反ファシズムを宣言していた。一方、南のアラバ県とナバラは、共和国政府の反教権主義に反発し、フランコ反乱軍の側に立つことを決めたことで、バスクは内戦勃発当初は内部分裂の状態にあった。このように、バスクの一部の地域で、カトリック教会が内戦における共産主義との闘いでスペイン右翼勢力と協力しなかったことについては、欧米のカトリック教徒からの批判もあった[23]。さらに状況を複雑にしていたのが、右翼君主主義者の中でも上記カルロス党員と、退位したアルフォンソ13世の流れを汲み反共和国政府運動の主役を演じるアルフォンソ派が、19世紀半ば以降スペイン王位をめぐりライバル関係にあったことである。このような複雑な事情を、オダフィがパンプローナ訪問時に十分理解していたとは到底思えない。

第7章　アイルランドとスペイン内戦　191

スペインにおいて最初にオダフィの冒険に理解を示した1人はモラ将軍であった。モラは、アイルランド旅団が共和国軍に対して共に戦う仲間は、熱心なカトリック教徒であるカルロス党義勇兵が最適であるとし、オダフィが率いるアイルランド人義勇兵に期待をかけていた。しかし、フランコ軍が立て籠もったトレドのアルカサル包囲戦で、包囲していた共和国軍にフランコ軍が勝利すると、その勢いの前にモラは反乱軍の権力争いで一歩退き、フランコが総統に任命され反乱軍の総指揮を執ることとなった。オダフィがフランコに会ったのは、フランコの権威が確立されようとしていた時期であり、フランコ自身オダフィの義勇軍派遣提案に耳を傾けられるほどの余裕がある時期ではなかった。しかし、そのような状況下でフランコの作戦本部のあるカセレスに飛んだモラはフランコと会談し、その会談でオダフィ率いるアイルランド旅団の派遣を受け入れることが決定される。スペイン側の自尊心やプロパガンダもあり、決定発表のニュアンスは、アイルランドがスペイン側の援助の要請に応えたというよりは、スペインにおけるカトリック擁護の十字軍に加わりたいとのオダフィ側の要請にスペインが同意したというものであった。その後オダフィはトレドでスペインの首座大司教イシドロ・ゴマと会談するが、ここでオダフィは上記の複雑なバスク情勢に関する情報を得て、バスクでの戦いに参加することが難しいことを悟る。

　その後フランコとサラマンカで会合を持ったオダフィは、フランコ軍の核となる部隊でありテルシオ（Tercio）と呼ばれた最精鋭軍団を基幹単位とする外人部隊（Legión Española）にアイルランド旅団が加わり、外人部隊の一部として戦闘に参加することで合意に至る[24]。テルシオはフランス外人部隊を真似た部隊であるが、外人部隊と言っても隊員のほとんどはスペイン人であった。歩兵志願兵からなるムーア人の部隊（一般に Regulares と呼ばれる）の精鋭とこの外人部隊とが一緒に戦ったことは、結果的にその後アイルランド旅団に困難な状況を生み出すこととなるが、この時点では、精鋭外人部隊の一部に加えられたことはオダフィにとっては名誉なことであり、それは同時に、当初フランコがアイルランド義勇兵に対して大きな期待を抱いていたことを表している[25]。ただし、フランコの将軍達の中には、アイルランド旅団の編成と能力に疑念を抱く者もいた。その代表が、バダホスにおいて市民を含めた共和派支持

者の大量虐殺を行ったことで知られるフアン・ヤグエ（Juan Yagüe）である。無情な完璧主義者であるヤグエはテルシオの規律を重んじ、最初からアイルランド旅団のような「異分子」がテルシオの一部を形成することに否定的であった。内戦前テルシオの外国人比率は 15% を超えることはなく、しかも各個人の兵士としての優秀さを基準にして募兵されていた。1936 年のマドリード攻防戦で多くの兵士を失ったフランコ軍は、外国人義勇兵を募兵し、フランス人による数百人のフレンチ中隊が新しくテルシオに加わったが、このように一国の義勇兵のみで形成されその国の士官によって指揮される半独立的な軍編成は、フランコにとっては政治的選択として必要であったが、テルシオにとっては邪悪な選択肢であるとヤグエは考えていた[26]。この頃オダフィの軍隊は、4000人規模の旅団編成となると楽観的に考えられており、オダフィは准将の位に就くことになっていた。旅団はスペイン語でバンデーラ（bandera）と呼ばれるいくつかの大隊に分けられ、それぞれに英語を解するスペイン人下士官が付けられることになっていた。

　オダフィの義勇兵募集に対するアイルランド国民の反応は、デ・ヴァレラのフィアナ・フォイルの政策支持者以外では一般に良好であった。もちろんアイルランド内戦で英愛条約賛成派として戦ったオダフィに対して、条約反対派からのオダフィの言動に対する懸念の声は大きかった。他方、アイルランド内戦での過去の確執はいったん水に流して、「赤」の攻勢に対してスペインのカトリック教会防御という崇高な目的のために、オダフィの呼びかけに応じようとするフィアナ・フォイル支持者や一部の共和派も確認された。都市部の労働者階級出身の若い志願兵の多くは青シャツ隊員ではなく、スペイン共和派による宗教弾圧に反発しての志願であった。オダフィは青シャツ隊の再結集と旧条約派の軍人の編成で約 2 万人、即ち 1 個師団の派兵を考えていたとも言われるが、少なくとも先述のスペインでの「公約」である 4000 人旅団規模は維持できると踏んでいたと思われる。このことは、オダフィの呼びかけに対する当初の反響が非常に大きかったことを物語っている。しかし、オダフィによると不干渉条約の各種制約が存在したために、義勇兵として送り出せるのは 700 人が精一杯との状況となる[27]。約 700 人の義勇兵の多くは田舎の小さな町の出身者で、そのような地域ではカトリック教会は封建的支配を続けており、義勇兵達も強

第 7 章　アイルランドとスペイン内戦　193

いカトリック信仰を持っていた。彼らにとってはアイルランド同様スペインも
カトリック国家で、スペイン内戦は伝統的カトリック信仰を守る戦いであった。
地域別では、ティペラリー州、ケリー州、コーク州、ウォーターフォード州を
含むアイルランド南西部のマンスター地方の出身者が、旅団構成兵士の約半分
を占めていた。結局、フランコ支援のために純粋に義勇兵の組織として派遣さ
れてきたのは、アイルランド人カトリック義勇兵の約 700 名の旅団のみであっ
た(28)。

　義勇兵のスペインへの輸送に関しては、当初フランコ側の責任で用船が行わ
れるはずであったが、反乱軍が外国の援助を求めアイルランド義勇兵輸送のた
めにチャーター船を手配したという動きが不干渉委員会に証拠として提出され
れば、ソ連側の共和国政府への兵員と軍事物資の援助増加の口実を与えること
になることが懸念され、フランコ側の判断でこの計画は急遽中止に至る。この
決定がなされたのは、国際旅団の活躍やソ連の支援を受けた共和国軍の攻勢も
あって、フランコ側の敗北に終わるマドリード攻防戦が本格的に始まった頃で
ある。オダフィを含めパスポートの準備があり現地で士官クラスへの就任が予
定されていた約 250 名の義勇兵達は、アイルランドからリヴァプールに向かい、
そこで旅の目的を隠蔽してカナリア諸島行きの船に乗り込み、最初の停泊地で
あるリスボンで下船するという方法でイベリア半島に上陸している。彼等は上
陸後リスボンのアイリッシュ・ドミニコ会による世話を受けたが、当時ポルト
ガルのサラザール独裁政権はナショナリスト支持ではあったが英国の圧力に屈
して不干渉政策に同意していたため、オダフィの軍のリスボンからスペイン国
境への行軍は秘密裏になされる必要があった。一方、輸送力に限度があるリヴァ
プール経由ルートの他に、オダフィはアイルランド西部のゴーウェイからドイ
ツの貨物船を使って志願兵を輸送しようとする。決行当日は運悪くアイルラン
ドからビスケー湾にかけて大荒れの天気で、乗船した志願兵は危険と苦難に耐
えながら、やっとの思いでフランコの生誕地であり海軍基地のあるスペイン北
西部の町フェロルに到着している(29)。

フランコ軍総司令部（cuartel general）が入ったサラマンカの司教館。内戦初期フランコが居住し指揮を執った。

3. イベリア半島のオダフィとアイルランド旅団

　このようにオダフィの呼びかけに応じた義勇兵達は2つのルートでイベリア半島に上陸したわけであるが、フェロルに憔悴しきって下船した兵士達は、休む間もなく哀れな民間服をまとったまま、鉄道を使ってサラマンカ経由で本部の置かれるカセレスの町に送られた。サラマンカにはフランコ軍の軍事本部が置かれていたが、途中この町に立ち寄った義勇兵達に対してサラマンカ大司教が歓迎の説教を行い、サラマンカに古くから創設されているアイルランド人聖職者養成機関のアイリッシュ・カレッジの主管アレキサンダー・マッケイブ神父が通訳を行った。士気を高めるために兵士達はカトリックの讃美歌 Faith of our Fathers を歌い、この曲はアイルランド旅団（第15大隊、XV Bandera とも呼ばれた）の非公式な戦闘歌として徐々に受け入れられていった。それぞれ違ったルートではあったが、この時点でカセレスの本部に集まり点呼に応じた義勇兵の総計は663名であった。カセレス地域は、1931年の第2共和政成立後、周辺の村では土地を持たない労働者がアナキスト系労働全国連合（Confederación Nacional de Trabajo, CNT）等の労働組合運動の影響を受け過激化する

一方、市内のブルジョアジーや右派市民がファシスト政党ファランへの地域組織に加わって右傾化するなかでフランコ反乱軍の支配下に入り、フランコ自身この町を本拠地として利用することになる[30]。

　先述したように、結局アイルランド旅団は、バスクのカルロス党義勇兵と共に戦うことにはならず、フランコは彼等をテルシオと称された外人部隊に配属する。カルロス党を含めバスクの事情も複雑であったが、アイルランドからの義勇兵達がフランコ精鋭部隊であるテルシオの一部を形成することになったこの配属先も、彼らにとって決して容易な居場所ではなかった。即ち、当初はそれだけアイルランド旅団に対する期待が大きかったことを示唆している。フランスの外人部隊と違い、スペインのテルシオには多くの優秀で献身的なスペイン人職業軍人が加わっていた。共和派の国際旅団の事例のように、何千人もの非スペイン人志願兵がフランコのテルシオに加わったのは1936年以降のことである。厳しい規律の下で給与と諸条件においては特権的地位を得ていたが、テルシオの勇猛さはイデオロギーではなく軍人としての職業倫理に起因していた。カルロス党義勇兵の戦力を賞賛していたフランコであったが、ナショナリスト各派をまとめ上げるためにはこれ以上のカルロス党の伸張は望むところではなく、そのためには海外からの義勇兵をテルシオに入隊させる選択肢が一番妥当と思われた。さらにマドリード攻防戦で敗北を喫したフランコにとっては、早急にテルシオの再編、特に強襲歩兵大隊の編成が必須であり、カルロス党義勇兵、頑強なガリシア連隊、そしてスペイン領モロッコに本拠を置いていたアフリカニスタと呼ばれる職業軍人の他にも、この任に就ける優秀な兵士の召集を必要とした事情があった。このような期待に対してアイルランド兵は、おそらく3割程度の兵士は軍隊経験があり、また2割の兵士は、第1次世界大戦で英軍指揮下のフランス戦線やその後のアイルランド独立戦争でIRA戦士としての実戦経験があったと思われる。

　証言によると、アイルランド義勇兵達は言葉の問題もあり地元住民との交流はあまりなかったようである。しかし、士官達はともかくも兵卒達には熱心なカトリック信者が多く、彼等の敬虔さは地元カセレスの住人達にとっても驚きであった。一方、スペイン南部アンダルシア州や、カセレスのあるエストレマドゥーラ州は、スペイン北東部のナバラと比べ住民は信仰生活にそれほど熱心

アイルランド義勇兵が集い礼拝したカセレスのサント・ドミンゴ教会

ではなく、カトリック信仰守護のために犠牲を払って遠路はるばる赴いたアイルランド義勇兵にとってはやや拍子抜けの感があったとも言われる。地元女性との交流もほとんどない若い兵士にとって、エストレマドゥーラ州での訓練や収容所のような兵舎の中での生活は何の楽しみもなく過ぎてゆき、アイルランド人男性の形容詞ともなっている泥酔が一番の問題となった。懲罰は比較的軽微であったが、一番恐れられた懲罰の1つがトイレ掃除で、兵士達がスペイン食に慣れず胃腸の調子のよくない滞在初期の頃には特に嫌悪された雑務であった。一方オダフィが最も関心を寄せたのは、町のパレードや祭日の教会行事へのアイルランド旅団の参加であった。さらにオダフィは、カセレスやその周辺の町々の役所が主催する歓迎のレセプションやディナーに好んで出席している。これらの飲食を伴う行事にはオダフィの他には士官のみが出席を許され、義勇兵の多くはその間兵舎で過ごすこととなる[31]。

1937年2月、フランコの命を受けたルイス・オルガス・ヨルディ（Luis Orgaz Yoldi）将軍は、マドリードの南ハラマにおいて共和国政府側に攻撃を仕掛けるが、カセレス駐屯中のアイルランド旅団に対してもハラマへの移動命令が出る。彼らがハラマの谷の西に位置するシエンポスエロスの町に着くと、戦線は国際旅団の増援を得て数的優位を保つ共和国政府軍との間で膠着状態と

第 7 章　アイルランドとスペイン内戦　197

シエンポスエロスからアイルランド義勇兵が戦ったハラマ川の戦場方向を見る。

なっていた。ムーア人部隊や外人部隊の戦闘能力は共和国政府軍を上回っていたが、フランコ側には攻勢に出るには兵員が不足していた。オリーブを中心とした農産物の市場として発達したシエンポスエロスは、人民戦線が勝利した 1936 年 2 月の総選挙で共産主義者市長を選び、内戦になるとほとんどの住民が安全なマドリードに避難し、町は一部の共和国軍によって防御されたが、彼等もムーア人大隊によって壊滅させられている。アイルランド旅団がこの町に入ったのは、ムーア人部隊によって町が占拠された後であり、ムーア人から町を引き継ぐことになった。町はムーア人部隊により金目の物は既に略奪されていたが、敬虔なカトリック教徒の多いアイルランド義勇兵達にとっては、直前まで町を支配していた「共産主義者達」によって教会やその祭壇が破壊された光景の方がショックであったようである。敵方の残虐・略奪行為はどの戦争でもやや割り引いて理解する必要があるが、カトリック僧侶や修道女の死体の目撃の事例は各地で伝えられている。逆に内戦中のフランコ側の同様な残虐行為も、各地で証言されている。結局ハラマの戦いは決着がつかなかったが、アイルランド旅団にとっては戦死者を出しながらも初戦で勝利を味わい士気は高まっていた。

　一方、アイルランド義勇兵達が味わった戦争の悲惨さは、彼等の証言からう

かがい知ることができる。共和国軍兵士の死体は、夜になると飼い主不在となって野犬化した犬達によって食い荒らされ、死体に群がった犬を撃ち殺すことで射撃訓練を行ったとの義勇兵証言もある。その後3月末になると、アイルランド旅団はシエンポスエロスを撤収して、もう少しマドリードに近いラ・マラニョサに布陣し、共和国軍との間に激戦が展開される。彼等の右翼にはムーア人部隊、そして左翼にはナバラのカルロス党義勇兵のレケテスが展開していた。フランコ側でも戦闘能力において抜き出た2つの部隊がアイルランド旅団の両翼を固めていたことになる。多くのアイルランド義勇兵にとっては、一緒に戦う可能性があり同じく強いカトリック信仰を持ったカルロス党義勇兵との交流は、戦場における大きな癒しとなったはずである。イスラム教徒のムーア人に代表されるように、アイルランド旅団が属したテルシオは熱心なカトリック教徒から見れば異教・世俗集団に近く、カトリック信仰擁護の十字軍の精神で参戦したアイルランド旅団の義勇兵とは異質の存在であったとも言えよう。一方、アイルランド義勇兵達はカルロス党のイエズス会所属チャプレンが行う野外ミサにあずかるが、兵達の多くは世俗集団テルシオを離れ熱心なカトリック信仰を持つカルロス党義勇兵と一緒に戦いたいと思っていたようである[32]。

　ハラマの戦況の膠着状態、マドリード包囲を狙ったグアダラハラの戦いでのイタリア義勇軍を中心としたフランコ軍敗北が重なり、フランコ側には勝利が必要であったが、アイルランド旅団にとっても、デ・ヴァレラの渡航禁止措置が実施される前に、第2弾の義勇兵派兵が必要とされていた。しかし、アイルランド南部の港パッセージ・イーストからフランコが手配した船に乗り込もうとした義勇兵達は、手違いから船舶が現れず、増派の試みは空振りに終わる。その間、不干渉条約の履行を厳格化しようとするデ・ヴァレラ政権の動きが活発化した。突然カセレス等に現れアイルランド旅団への入隊を希望するアイルランド人はいたが、まとまった数の義勇兵を派遣することは非常に難しくなる。デ・ヴァレラは、不干渉条約の厳格施行のためにかつての仇敵英国の支持を取り付けている。その際表向き懸念されたのは、アイルランドの青シャツ隊あるいはアイリッシュ・カトリック教徒と英国共産党員の衝突であったが、デ・ヴァレラが本当に恐れたのは、マドリードにおいてアイルランド内戦が再演され、それが世界のメディアで報じられることであった。英国ではアンソニー・

イーデン外相のイニシアティヴで 1870 年の「海外募兵法」が施行され、スペインの義勇兵派遣に歯止めがかけられている。自治領（ドミニオン）自由国となったアイルランドの市民にこの英国法の適用を強いることは不可能で、その後アイルランド下院（Dáil）で議論となり、結局デ・ヴァレラの卓越した議会運営と労働党の支持もあり「スペイン内戦不干渉法」が成立している[33]。アイルランド義勇兵増派の可能性がなくなった瞬間である。

　しかし、デ・ヴァレラ政権の沈静化政策にもかかわらず、アイルランド国民の内戦への関心は衰えることなく、先述のインディペンデント紙やコーク・エグザミナー紙は、カトリック側に立ってスペイン共和派の残虐行為やマドリード戦線でのアイルランド義勇兵の現状を報告し続けて読者を獲得し、カトリック教会のみならず一般市民から記事内容への支持を受けていた。一方、できるかぎり客観的報道を心掛け、カトリック教会とはやや距離を置いていたアイリッシュ・タイムズ（Irish Times）紙は、カトリック教徒の事業主からの広告を失う憂き目に遭っている。義勇兵の増援問題と同じく問題となっていたのは、スペインに渡った義勇兵達の残された家族の生活苦の問題である。残された家族が恥を忍んで出した公的支援の申請が却下されることや、家賃が払えず住居から追い出される家族も多々あったが、問題は理想に燃えてスペインに旅立った義勇兵達が、出発前に家族の生活のことを十分に考えていなかったことである。義勇兵の中にはスペイン・カトリック教会の宗教の自由のためにスペインに渡ったのか、あるいは家族からの自由を求めて募兵に応じたのか分からないような事例もある。また、戦時下とは言え郵便事情は担当者の無能さもあり特に悪く、家族間の手紙のやり取りはほとんどなかったようである。義勇兵の識字率が低かったこともその要因の 1 つである[34]。

　「スペイン内戦不干渉法」の施行で義勇兵増派が難しくなったと同時に、スペインにおいてもアイルランド旅団に対する評価は下落の一途をたどっていた。当初からヤグエはアイルランド義勇兵の戦闘能力に疑問を持っていたし、政治的判断で当初はアイルランド旅団を評価していたフランコも、徐々に取り巻きの意見に賛同しアイルランド旅団をお荷物と感じるようになる。特に 1937 年 3 月にアイルランド旅団が、シエンポスエロス近郊のハラマ川沿いの村ティトゥルシアへの攻撃命令を旅団内の意見の不一致もあり拒否したことは、テル

シオの掟を破るもので、フランコ軍の上層部は激怒している。さらに、フランコの他の軍と違って、アイルランド旅団にかかるほとんどの費用はオダフィ側で賄うことができずフランコ軍に負担させたことも、アイルランド義勇兵の増派にスペイン側が積極的でなかった理由と思われる。スペイン内戦中のどの作戦であっても、戦傷者の割合が50％を超えていたテルシオにあって、共産主義に対する聖戦の思いは持っていても、実際の戦闘における自己犠牲が欠如していたオダフィの義勇軍の戦歴はあまりにもお粗末であった。ヤグエ等総司令部の軍人達は、アイルランド義勇兵を完全にテルシオに編入して強襲部隊に仕上げることを考えたが、独自のアイルランド人部隊にこだわるオダフィ等の同意が得られなかった。

　オダフィ義勇兵のその後の扱いに関してフランコの判断が遅れた背景としては、当時フランコを取り巻く右派政治情勢があった。スペインの右派ナショナリストは、ファランヘ党、セダ（CEDA）と呼ばれるスペイン自治右派連合、そして王党派もアルフォンソ13世の王位復帰を願うアルフォンソ派とカルロス党に分かれる寄り合い所帯であったが、その中でこの頃ファランヘ党とカルロス党の緊張が高まり、前者の新党首マヌエル・エディーリャ（Manuel Hedilla）が独自の政策を掲げようとしていた。エディーリャを逮捕しこの危機を何とか切り抜けたフランコは、1937年4月に両党を統一して新党を立ち上げ右派勢力の統一を成し遂げている。フランコが右派勢力を統括する頃には、フランコとオダフィはアイルランド旅団の解散と本国帰還をある程度了解し合っている。いったん本国帰還の噂が広まると流れを抑えることはできず、アイルランド義勇軍の指揮系統も多くの除隊者によって維持できず、オダフィは部隊の解散と帰国を決断する。帰国の方針が決まると、スペイン側とオダフィの義勇軍の間で溜まっていた不信感が噴き出すことになる[35]。

　実は、この間デ・ヴァレラ政府も様々な方法でオダフィの部隊の帰国を促す圧力をかけていた。1936年末、戦火が激しくなるマドリードからアイルランドを含めて各国大使館がフランス南西部のサン・ジャン・ド・リュズに移るが、翌37年3月にはアイルランドの特命全権公使レオポルド・カーニー（Leopold Kerney）は政府の命を受け、フランコ政権承認問題を話し合うためサラマンカを訪問している。カーニーはサラマンカ訪問でフランコに会うことはできず、

第 7 章　アイルランドとスペイン内戦　201

共和国政府がマドリードから拠点を移したバレンシアのボルハ（ベニカルロ）宮殿。現在はバレンシア議会が入る。

　代わって当時フランコの兄ニコラスと共にフランコ外交を陰で支えていたホセ・サングロニス（José Antonio Sangroniz）との会合が実現している。アイルランドは、フランコ反乱軍承認問題の結論を内戦の勝敗の結果が出てから、そしてバチカンが承認を行った後と考えていた。独伊は早々にフランコを承認していることから、早期の承認はアイルランドがファシスト側についているとの印象を世界に与えてしまう恐れがあった。しかし一方で、アイルランドが旧宗主国英国より先にナショナリストを承認することによって、アイルランドは外交の自主性を誇示できるとの見方もあった。レオポルド・カーニーのウォルシ外務事務次官宛て報告書では、結局は国際旅団の参戦もあって兵員数と兵器において優位に立つ共和国政府側が持ちこたえることになるが、マドリード攻防戦の各国外交団の戦況把握はフランコ側の勝利をほぼ確信し、各国は反乱軍政府承認に傾いていると報告されている。カーニーは、共和国政府との連絡を頻繁に取ることなく、特に共和国政府の首都機能がバレンシアに移転すると、ますます関係は疎遠となっていった。このようなアイルランドの態度に共和国政府は不満を表明している[36]。
　ところで、オダフィの義勇兵の中には多くの未成年者が加わっており、彼等の帰国を親類縁者が求めている問題がサラマンカ会談で話題に上っている。こ

の問題はデ・ヴァレラにとっては、アイルランド旅団の早期帰国を促す理由づけの１つであった。オダフィは未成年者を前線から後方に移すことには同意するが、帰国には反対し、結局彼等はオダフィの本隊が帰国するまでスペインに留まることになる。同じような未成年者に関する要請は共和国政府側のライアンの部隊にもなされるが、返答はなかったようである[37]。カーニー自身は嫌英思想と共和主義的発想を持った人物であったが、スペイン共和国政府との接触は少なく、オダフィの部隊の現状に関するものを含め、彼の情報の多くはフランコ側からもたらされたものであった。本国への報告で彼は早期のフランコ政権承認を勧告しているが、バチカンの反乱軍支持表明は内戦を通じて慎重であり、デ・ヴァレラも中立・不干渉政策に徹して簡単には反乱軍承認の判断を下すことはなかった[38]。

　オダフィと義勇兵達の「聖戦」は、1937年6月末に彼等がダブリン港に到着して終了した。降り立った兵士達は、オダフィ支持者グループと、結局このスペイン派兵はオダフィの政治キャンペーンの一環であったとして彼を批判するグループとに分かれていた。後者のオダフィへの強い不満にもかかわらず、アイルランド国民はこの時は温かく帰還兵士を出迎えた。しかし悲しいことに、1944年11月のオダフィの死に際し、仇敵のデ・ヴァレラが突然彼の葬儀を国葬としほとんどの内閣のメンバーやドイツ及びスペイン大使達がグラスネヴィンでの葬儀に参列したにもかかわらず、アイルランド旅団たる旧第15大隊からは僅か21名の旧兵士が参列しただけであった。結局派遣期間中3回の戦闘にしか参加せず、戦死者は僅か6名、目立った戦果もなかったアイルランド旅団は、総合的には失敗に終わったのであろうか[39]。後で振り返ると、アイルランド旅団はテルシオとではなく、カルロス党の民兵隊レケテスと組んで戦ったほうが旅団の組織にとっても、また戦略的にも良かったと考えられる。派兵期間中、オダフィも彼の参謀達もスペイン内戦の全体的な戦略状況を理解していたとは思えないし、その中でアイルランド旅団がフランコの総司令部によってどのような期待をかけられていたかも把握していたとは考えにくい。また、アイルランド内戦では勇猛なリーダーであったオダフィも、アイルランド義勇兵達を大きな命の危険にさらすような作戦には否定的であったがゆえに、テルシオの考え方と真っ向から対立することがあった。オダフィの部隊が、外の敵と

の戦闘（即ち対共和国軍との戦い）よりは内なる内部闘争に明け暮れたとの噂が立った所以である。

4. フランク・ライアンの謎

　フランク・ライアンの人生の最終部分には、ナチスとの関係について謎めいた部分が見られる。スペイン内戦においては、反ファシズムの立場を鮮明にして共和国政府側の国際旅団で活躍するも捕虜となり、ナショナリストによって処刑される寸前にレオポルド・カーニー等の努力もあって釈放されたライアンが、その後 IRA リーダーであったショーン・ラッセル（Seán Russell）と共にナチス・ドイツにおいて、ファシストとの微妙な「協力関係」の中で生き、最後はドレスデン近郊で死去したのである。ライアンを扱った映画『フランク・ライアンの謎（The Enigma of Frank Ryan)』でもその真相が明らかにされたとは言い難い。処刑と隣り合わせの捕虜生活や、後述するドイツ潜水艦内での事件等特殊な状況下でライアンは精神的に病み、これまでの左翼の立場を貫けずナチスに肩入れするようになったとの解釈に対して、ライアンは最後まで IRA の精神を貫いたとする意見もある[40]。戦後のアイルランド社会でのライアンに対する評価を見ると、オダフィとは対照的にライアンを見る目は極めて優しい。スペインの捕虜生活から解放されてからのナチス・ドイツでの謎に満ちた晩年にもかかわらず、今日でも最も良く知られたアイルランド共和主義者の1人である。

　アイルランド国民の同情がスペインのナショナリストに傾く中で、ライアンやピーダル・オドネル（Peadar O'Donnell）等によって 1934 年に設立された共和主義者大会（Republican Congress）やアイルランド共産党は、スペイン内戦で共和国政府側の人民戦線への支援を行うため約 200 名の義勇兵を集める。ライアンが共和国政府支援を行ったのは、オダフィに対峙する必要を感じたことと、国際主義の流れの中でファシズムに対する戦いの重要性を認識したからである[41]。オダフィに対し対抗意識を持ち続けたことは、ライアンの胸の中ではアイルランド内戦がスペインにおいても継続されていたことを示唆している。

また、熱心なカトリック教徒であったライアンは、オダフィを擁立するマクロ
ーリー大司教に対しても、カトリック教徒としての真の良心によって、攻囲さ
れたスペインの民主的共和国を現代における十字軍として支援することが求め
られていることを示す必要があった。ところで、人民戦線支援の義勇兵達の
66％はベルファスト、ダブリン、コーク等都市部のスラム街出身者で、長引
く不況で経済的に打ちのめされてきた階層に属していた。その意味では彼等に
は階級意識が芽生えていたとも言えるが、彼等と比してライアンはより恵まれ
た環境の出であり、また肝心のスペイン人民戦線はコミンテルン（即ちソ連）
の意を受けて、スペイン国内の広範な左翼勢力の統一のため、革命的要素を排
除した統一戦線というかたちの組織となっていた。オダフィの旅団が700名を
誇ったのに対し、200名の義勇兵はいかにも少ないが、前者が半年しかスペイ
ンに留まらなかったのに対し、国際旅団に加わった200名はコノリー中隊（Con-
nolly Column）と呼ばれ、指導的地位にあったライアンを含めほぼ2年間ス
ペインで戦い多くの戦死者を出している[42]。スペイン内戦中4万5000人の外
国人が国際旅団に入隊していたが、この共和派への国際的支援は、ジョージ・
オーウェルの『カタロニア讃歌』やケン・ローチ監督作品『大地と自由』でも
描写されたように、かなりの部分がコミンテルンを通じてソ連共産党に支配さ
れていたことも事実である。

　ライアンと13人の義勇兵はダブリンからロンドン経由でパリに到着し、そ
こから夜の闇にまぎれてピレネーを越え1936年12月半ばにはフィゲラスに集
まっている。そして、そこから国際旅団本部のあるアルバセテに到着する。ア
ルバセテは、共和国政府の新しい首都所在地バレンシアの南西140キロに位置
し、オダフィ達が同じ頃逗留していたカセレス同様荒地の中に孤立した小都市
であった。カセレスと比べ決して魅力的な町ではないが、鉄道と道路等交通の
要地であったことからロジスティクスの面では最適地であり、国際旅団は38
年夏までここに本部を置いている。コノリー中隊が所属した第15国際旅団は、
主に英語を話す義勇兵で構成されていたが、その中には英国大隊がありアルバ
セテの北30キロにあるマドリゲラスで訓練に励んでいた。徐々にアルバセテ
に集まりつつあったアイルランド人義勇兵達は、当初この英国大隊に所属する
ように旅団本部によって命じられたが、ここで問題が噴出する。反ファシスト

第7章　アイルランドとスペイン内戦　205

の戦いに馳せ参じたアイルランド人義勇兵達にとって、旧宗主国英国の部隊の指揮下に入り、英国人上官から戦闘指揮を受けることは想定外のことであった。しかも英国人上官はほとんどがかつての職業軍人で、英国の圧政者と戦ってきた元 IRA 兵士達にとって決して受け入れられる状況ではなかった。ましてや、指揮官の1人が警察分隊ブラック・アンド・タンズ（Black and Tans）でも指揮をとっていたことが知れ渡ると、不満は頂点に達した。ブラック・アンド・タンズは、アイルランド独立戦争時に英軍を補佐するために 1921 年に創設され、隊員のほとんどは第1次大戦の英国退役軍人であったが、IRA やシン・フェイン党員への厳しく残虐な対応でアイルランド左翼や市民の憎悪の対象となっていた。元 IRA 兵士達にとっては、スペインにあってもアイルランド内戦はまだ続いていたのである。テルシオも国際旅団も本来外人部隊としての存在であるがゆえに、違った国籍、人種の兵士が共に戦うことは当然のことであったが、スペイン内戦に関わった左右双方のアイルランド兵士には、指揮官も含めアイルランド人部隊創設の意識が強かった。ライアンは、英国大隊とのこじれた関係によって本来のアイルランド義勇軍の目的であるファシズムとの闘いに悪影響が及ぶことを避けるべく同志達に自制を説いているが、同時に旅団本部のアイルランド人部隊に対する扱いに対し抗議を行っている。

　確かにコミンテルン主導の旅団本部には、非共産党員に大隊指揮を任すことは回避したい思いがあったようである[43]。コミンテルンも、非共産党員ながら人民戦線支持の反ファシストとして、戦場においてよりも情宣におけるライアンの利用価値を明確に理解していたようである。アイルランド人義勇兵が、本国や英国のみならず米国やカナダからもさらに加われば、アイルランド人単独部隊の創設も可能であるとライアンも踏んでいたが、同じ言語の兵士で部隊編成すること自体は軍事的に理にかなった戦術である。しかし、そこに植民地の支配者と被支配者の関係が入り込むと別問題である。ライアンの証言では、混乱の責任の一端は英国共産党にあり、本来英国の労働者階級から反ファシズムの義勇兵を募るべきであったのに、アイルランドで悪行を犯した将校タイプを指揮官に据えていることを問題視している。最初から IRA で訓練され戦闘準備の整った義勇兵を 200 人連れてアイルランド部隊として戦えばよかったとは、ライアンの率直な感想であろう[44]。このようなアイルランド人義勇兵に対する

他の部隊の評判は芳しくなく、前者の飲酒問題等も槍玉に上がった。さらに、コミンテルン指揮下の国際旅団の組織的秩序を乱し命令に従わなかったアイルランド部隊は、共産党から離脱したグループが集まってできた反スターリン主義のマルクス主義統一労働者党（POUM）やアナキストの民兵と同じような、厄介な異端児的存在あるいは「第5列」とコミンテルン指導部に見なされる危険もあった。結局混乱の解決策としてアイルランド人部隊は、遅れてスペインに到着した義勇兵等一部を除いて、同じ第15国際旅団の中で米国人を中心に編成されたリンカーン大隊に編入されることになる。しかし、戦闘中はこのような英愛間のわだかまりは見られず、マドリード近郊のブルネテの戦い後、英国大隊に戻るアイルランド義勇兵も見られた[45]。

　その後、ハラマやブルネテでの激戦で多くの戦死傷者を出したアイルランド人部隊は、戦闘能力のある兵員の激減に直面する。1938年に入り内戦の戦史に残るベルチテやテルエルの戦いで敗れると、国際旅団はエブロ川沿いの山地の町ガンデーザやカラセイテ周辺でフランコ軍と対峙しようとする。英国大隊と行動を共にしていたライアンは、夜間行軍中にイタリア軍の捕虜となり、その後ブルゴス近郊の捕虜収容所に送られる。共和国政府側の将校でライアンほどの階級であればフランコ軍によって即処刑となるのが普通であったが、イタリア人捕虜との交換を欲するイタリア軍に捕らえられたことやライアンが重要な捕虜であったこと等が幸いしたのか、軍法会議で死刑が言い渡された後ブルゴスの捕虜収容所に送還される[46]。収容所でのライアンの毅然とした態度は敵味方双方の尊敬を集めるが、死刑の判定が覆ることはなかった。ライアン救出に向けてまず動いたのは先述のモード・ゴン・マクブライトであり、彼女はアイルランド派遣の教皇特使パスカル・ロビンソンを通じフランコの駐ロンドン代表であったアルバ公にライアン救済を要請している。

　さらに、ライアン解放に大きな影響があったのが、レオポルド・カーニーの働きであり、アイルランドの「外交的圧力」によりライアンの待遇は急速に改善することになる。政治的立場の違いにもかかわらず、ライアンとカーニーの間には信頼関係が構築されていく。他の米英の捕虜達が釈放されて帰国する一方で、ライアンの釈放がなかなか実現しなかった背景には、内戦後資金の必要なフランコに対して米英は捕虜釈放の対価を支払ったが、アイルランドは金銭

第 7 章　アイルランドとスペイン内戦　207

フェアヴュー公園（ダブリン）のショーン・ラッセル立像

の提案をしなかったことがある[47]。ライアンの釈放に向けた努力が実を結ばない中でカーニーは、自身は表向き直接関与しない形式ながらフランコ派のスペイン人弁護士に働きかけを行い、結局ナチスの諜報活動機関アプヴェーア（Abwehr）の仲介で実行された逃亡というかたちをとってライアンの解放が実現する。フランコはライアン釈放に署名はせず、ドイツの関与はカーニーにも秘密とされたが、実際ライアンはドイツの手立てで逃亡したことになる。カーニーが望んだかたちではないが、フランコとしてはアイルランドに対してではなくドイツに譲歩したことになる[48]。逃走劇の具体策は、アプヴェーアを指揮するウィルヘルム・カナリス提督の下で働くヘルムート・クリスマン等によって作られた。ライアン、カーニーともに愛独文化交流を主導したクリスマンをよく知っていたが、後者はクリスマンがアプヴェーアに所属していたことは知らなかったと思われる。カナリスは日独防共協定締結に尽力した人物である。

　解放後ライアンは、パリで少し休養した後ベルリンに向かい、そこで先述のショーン・ラッセルに会っている。ライアンの解放を求めてナチスに圧力をかけたラッセルは、IRAの幹部を務め、理論派というよりは武闘派であり、熱心なカトリック教徒であった。英国からの独立に向けて、武器調達のためソ連共

産党と交渉しナチスとの関係をも構築していた。ゲール文化に造詣の深いナショナリストとしての側面を持つライアンを考えると、この2人は相容れない背景の持ち主にも見えるが、ライアンにはラッセルと共通する武力闘争の必要性に対する認識があった。1940年8月ベルリンで2人が再会した翌日、2人はヴィルヘルムスハーフェンのドイツ海軍基地に向けて出発している。2人はナチスが手配したUボートに乗り込みアイルランドに上陸しようとするが、航海中艦内でラッセルが潰瘍で急死する。アイルランド上陸後の作戦内容については、ドイツ外務省からもアプヴェーアからも要請や命令はなく、ラッセル達に委ねられていた。ライアンをめぐる謎の1つは、ラッセル急死後の彼が、1人でアイルランドに上陸することを拒みドイツに帰還していることである。このエピソードをライアンがナチス協力者であったことを物語る事例と捉える解釈もあるが、ドイツ滞在中のライアンとカーニーの間で交わされた書簡を読むと、大戦中ライアンがデ・ヴァレラのリーダーシップ（ということは中立政策）を支持していたことが読み取れる。ライアンはベルリンにおけるデ・ヴァレラの非公式な特使的存在であったと考えられ、故ラッセルに代わってドイツにおけるIRA代表でもあった。ナチスは英国上陸のアシカ作戦において、アイルランドでの2人の側面援助を希望していたが、ラッセル、ライアンともにそれに同意し行動した形跡はない。両者とも悪魔と食事はしたが、ナチスのイデオロギーに関心を寄せたことはなく、彼等とは適切な距離を置き心は常にアイルランドにあった。現在ダブリンのフェアヴュー公園に設置されているラッセル像は、反ファシスト・グループによって頭部を破壊されたこともあり、現在でもダブリンで一番議論を呼ぶ立像であるが、彼のアイルランドへの思いは理解されるべきである。一方ライアンも、ハンス・ハートマン（Hans Hartmann）によるアイルランド語を使ったナチス・プロパガンダ放送への出演を拒否しているし、また駐独アイルランド特使でベルリン赴任以来国家社会主義礼賛や反ユダヤ主義的言動を繰り返してデ・ヴァレラ政権を困らせてきたチャールズ・ビューリー（Charles Bewley）の活動に対しても、強い反対の立場を示してきた[49]。

5. おわりに

　スペイン内戦では、オダフィもライアンもアイルランド内戦の思いを引きずって戦った側面があった。それゆえに、アイルランド人部隊としてのアイデンティにとらわれ、フランコの外人部隊も共和国政府の国際旅団も双方ともにアイルランド部隊に要求する戦闘の機能集団としての性格に適合しきれていなかった部分もあった。オダフィの部隊は、カトリック十字軍としての敬虔さだけでは戦闘集団として求められる働きができないことに気付いたと思われるし、ライアン達も共和国政府のために多大な犠牲を出して勇猛に戦ったが、結果が示すようにオダフィ側以上に戦果を上げたとは言えない。このような結果は、オダフィとライアンという両派の指導者の晩年の苦悩が如実に物語っている。

　さらにスペイン内戦期間及びその後の第2次大戦中も、アイルランド政治は右にも左にもぶれず、デ・ヴァレラと彼のフィアナ・フォイル党の頑固なまでの中立政策で、激動の時代を困難な中にも比較的余裕を持った舵取りで進むことができた。それゆえ内戦当初の盛り上がりにもかかわらず、両派義勇兵の参戦の意義を改めて問わずにはいられない状況が作り出された[50]。そこで、2つの内戦を通じて鋭い両極化に至った左右の対決が、デ・ヴァレラの現実的で堅実な外交、内政の政策による政治的安定に支えられ、共和制国家アイルランドの成立に向けて徐々に昇華されていったことを観取する必要がある。英国が不満を表明する中で採られたデ・ヴァレラの中立政策の現実路線は、派手さや歓喜はないもののアイルランド人が関わった2度の内戦という大きな人的災害を乗り越えるうえで大きな意味があった。アイルランドにおけるスペイン内戦の歴史的評価も、これまでのカトリック教会に対する「赤」の戦いから、ファシズムと進歩的民主主義の戦いというように変化してきた。名誉を回復されたライアンと低い評価のままのオダフィのそれぞれの墓石が、この時代の変化を物語っている。

注

(1) アイルランド人は 16 世紀以降ヨーロッパ大陸等において、勇敢な傭兵として重用されることが多々あり、各地でアイルランド連隊なるものが形成されてきた。その中で、アイルランド人が敵味方に分かれて敵対する事例は、歴史上これまでも見られたことである。例えば、1811 年にアーサー・ウェルズリー（ウェリントン将軍）が、英葡連合軍を率いてナポレオン軍の守備隊が立て籠もるスペイン西部のバダホスを包囲攻略しようとした時、ウェルズリー側ではアイルランド連隊（Regimento Hibernia）、フランス側にはアイルランド軍団（Irish Legion）が加わっていた。

(2) マクブライドは、詩人ウィリアム・イェイツとの関係で知られるが、女性運動や独立運動に身を投じ、インド・アイルランド独立連盟の設立にも関与している。

(3) スペインでのオダフィの飲酒問題や、彼が率いたアイルランド旅団のスペイン戦線での貢献がほとんど無かったことに加え、その真偽はともかくオダフィのホモセクシュアリティの噂が当時のアイルランドではスキャンダラスな事件であったことも、彼の評価の低下に大きく影響した。1916 年のイースター蜂起 100 周年の 2016 年になって、やっと独立運動への貢献が認められるようになった同性愛者ロジャー・ケースメント（Roger Casement）の場合と似た状況でもあるが、少なくともケースメントの名誉は回復されている。ケースメントはイースター蜂起で使用する武器の調達のためドイツに渡り、U ボートでのアイルランド上陸時に逮捕され、反逆罪でロンドンにおいて絞首刑になっている。詳細は、Jessica O'Donnell, *High Treason : Roger Casement*（Dublin, 2016）を参照。セクシュアリティが内戦での評価を左右した事例であるが、2 人のセクシュアリティについては、Fearghal McGarry, *Eoin O'Duffy : A Self-Made Hero*（Oxford, 2007 paperback）, pp. 163-8 ; Jeffrey Dudgeon, *Roger Casement : The Black Diaries — with a Study of his Background, Sexuality, and Irish Political Life*（Belfast, 2016）を参照。

(4) 人民戦線の構築からその変遷については、拙稿「ソ連共産党、コミンテルンとスペイン内戦―E. H. カーの歴史分析を中心として―」『専修大学人文科学研究所月報』第 281 号を参照されたい。

(5) Christopher Othen, *Franco's International Brigades*（London, 2013）, p. 7.

(6) McGarry, *Eoin O'Duffy*, pp. 11-2.

(7) Seán Cronin, *Frank Ryan : The Search for the Republic*（Dublin, 1980）, pp. 17, 70.

(8) 通常アイルランド旅団と呼ばれるが、実際に集まった義勇兵 700 人は大隊規模である。当初の予定通り 4000 人規模まで増兵できていれば旅団と呼ばれて恥ずかしくない規模であった。

(9) Irish Labour History Society Archives, MSS 71 Paddy Byrne, 'Oration by Manus O'Riordan on the occasion of the International Brigade Memorial Trust commemoration at the graveside of Irish International Brigade leader Frank Ryan, Glasnevin Cemetery, Dublin,

第7章 アイルランドとスペイン内戦　211

Sunday, October 16, 2005', p. 1.

(10) 現在バルセロナ市でスペイン内戦ツアーを主宰し *Forgotten Places : Barcelona and the Spanish Civil War* の著者である英国人のニック・ロイド（Nick Lloyd）氏は、アイルランド紙が伝えるバルセロナでのカトリック僧侶の処刑と修道女に対する強姦行為については、前者の可能性は否定しないまでも、後者については史実に基づかないと否定している。僧侶に対する暴力と聖像破壊行為はフランコが反乱を起こした 1936 年 7 月以降凄惨を極め、4184 人の司祭と神学生、2365 人の修道僧、283 人の修道女が超法規的に処刑されたと伝えられている。特に激しかったのはアラゴンとカタルーニャであり、逆にまだカトリック僧侶に対する尊敬が保たれていたバスク地方は残虐行為が少なかったと言われる。Antonio Montero Moreno, *Historia de la persecución religiosa en España, 1936–1939* (Madrid, 1961), pp. 763–4 ; Lucía Prieto Borrego & Encarnación Barranquero Texeira, 'Political Violence in the Republican Zone' in Peter Anderson & Miguel Ángel del Arco Blanco, eds., *Mass Killings and Violence in Spain, 1936–1952* (New York & London, 2015), p. 95.

(11) Fearghal McGarry, *Irish Politics and the Spanish Civil War* (Cork, 1999), p. 32.

(12) Othen, *Franco's International Brigades*, p. 127.

(13) Fearghal McGarry, 'Ireland and the Spanish civil war' in Declan M. Downey & Julio Crespo MacLennan, eds., *Spanish-Irish Relations through the Ages* (Dublin, 2008), pp. 212–2.

(14) 詳細は Julio de la Cueva, 'Religious Persecution, Anticlerical Tradition and Revolution : On Atrocities against the Clergy during the Spanish Civil War', *Journal of Contemporary History*, vol. 33, no. 3 (1998), pp. 355–69 を参照。

(15) Robert A. Stradling, *The Irish and the Spanish Civil War* 1936–1939 (Manchester and New York, 1999), pp. 7–9. オダフィ側の記述に関しては、一般にこの書に対する評価は高い。

(16) アイルランド人の大陸への、特にイベリア半島への亡命と移住については、拙稿「宗教改革後のアイルランドとヨーロッパ」『思想』no. 1063、岩波書店、168–77 頁を、「伯爵達の逃亡」については、拙稿「『ゲール人族長達の逃走』とルーヴェン、ローマのアイリッシュ・カレッジ」『専修大学人文科学研究所月報』第 288 号を参照されたい。

(17) Cork City and County Archives, U271/N/6, 13.

(18) Fearghal McGarry, 'Ireland and the Spanish Civil War', *History Ireland*, vol. 9. issue. 3 (autumn 2001).

(19) スペイン内戦後勃発した第 2 次世界大戦においても、デ・ヴァレラは秘密裏に連合国側にやや肩入れするも、中立を守ることに腐心する。アイルランド首相職（ティーショク Taoiseach）と外務大臣職を兼務したデ・ヴァレラの外交を側面から支えたのは、イエズス会士でもあった外務省事務次官ジョセフ・ウォルシであったが、アイルランドと教皇庁を巻き込んだカトリック国中立同盟をスペインが主導しているとの噂のある中で、ウォル

シはそのような同盟を拒否している。Aengus Nolan, *Joseph Walshe: Irish Foreign Policy 1922-1946* (Blackrock, 2008), pp. 8-9, 244-5.

(20) 一方この法律は、共和国側に加わろうとした英国人義勇兵には、大きな障害としてのしかかった。1936 年 12 月までは、英国共産党の熱心な募兵に応じた義勇兵達は、パスポートと金銭を持ってスペインに渡ることも比較的簡単であったが、翌 37 年 1 月に英国政府が「海外募兵法」の施行を決定し不干渉協定に基づき海外義勇兵としての出国を禁止すると、逮捕を恐れて募兵は秘密裏に行われることになる。その後の募兵は地区の共産党支部を通じて行われ、その後志願した者達はロンドンのコベントガーデンにあった共産党事務局で面接を受けていた。Richard Baxell, *British Volunteers in the Spanish Civil War: The British Battalion in the International Brigades, 1936-1939* (London & New York, 2015 Paperback), pp. 4-5.

(21) Stradling, *The Irish and the Spanish Civil War*, pp. 14-6.

(22) 一方、バスク・ナショナリズムをローマ教皇が非難するように求めるフランコに対して、教皇ピウス 11 世は内戦初期には中立的立場を維持したとの評価もある。教皇庁は、バスクやカタルーニャのナショナリストにもカトリック教会擁護派がおり、逆にフランコ周辺にも反教権主義者がいたこともあり、内戦当初はスペインの地域問題に深入りすることを回避しようとしたと考えられる。1937 年 3 月になると、ピウス 11 世は反共産主義に対する回勅 *Divini Redemptoris* とドイツ語で書かれた反ナチズムの回勅『燃えるような憂慮とともに』(*Mit brennender Sorge*) を相次いで発布し、前者で共産主義の恐怖を弾劾するとともに、後者においては、人種、民族、国家を神格化するナチズムとその非人道的政策に批判を加えた。当然フランコの反発は必至で、フランコは反共を明確にした回勅はスペインで広く伝搬させたが、反ナチズムの回勅の公表は厳しく制限した。詳細は、Hilari Raguer, *La Pólvora y el Incienso: La Iglesia y la Guerra Civil Española, 1936-1939* (Barcelona, 2008) を参照。本書の英訳版は、*Gunpowder and Incense. The Catholic and the Spanish Civil War* (London, 2012)。ピウス 11 世の中立的立ち位置を、フランコ側に傾斜させるのに影響力を誇ったのは、首座大司教イシドロ・ゴマ (Isidro Gomá y Tomas) であった。教皇庁の慎重な態度にもかかわらず、カトリック世界のフランキスタの理念に対する支持は落ちなかったし、その後教皇は、イシドロ・ゴマを通じて、神、教会及びスペインの名誉を守るために協力しているとしてフランキスタに対して特別な祝福を送っている。María Luisa Rodríguez Aisa, *El cardinal Gomá y la Guerra de España* (Madrid, 1981), p. 93.

(23) この問題に答えた論考の 1 つが、J. de Hiriartia, *The Case of the Basque Catholics* (London, 1939) である。

(24) Stradling, *The Irish and the Spanish Civil War*, pp. 19-22. ラミレス・デ・アレリャーノが調整したオダフィとの会談やアイルランド義勇兵の参戦に消極的であったのはモラのほうで、フランコはナバラの王党派との橋渡し役としてアイルランド義勇兵に期待したとの

解釈もある。例えば、Othen, *Franco's International Brigades*, p. 126-7. 内戦初期、フラン
コはカトリック教徒のアイルランド義勇兵を招き入れることで、同じく信仰心の厚いカル
ロス党の支持を確立できると考えたが、1936年末には彼はカルロス党の支持を確信し、ア
イルランド人部隊招聘の必要性が減じたと考えられる。この時期のカルロス党については、
Martin Blinkhorn, *Carlism and Crisis in Spain 1931-1939* (Cambridge, 1975) が参考にな
る。

(25) ムーア人部隊とテルシオが同じ戦場で共に戦う事例は、1934年10月に右翼政権成立に
抗議して立ち上がったアストゥリアスの鉱山労働者スト（アストゥリアス革命とも呼ばれ
る）を鎮圧するために、フランコ指揮の下編成された政府軍で実施済みであった。

(26) Stradling, *The Irish and the Spanish Civil War*, pp. 91-2; University of Limerick, The
Robert Stradling Collection, P13/116, 120.

(27) オダフィはダブリン大司教エドワード・バーン (Edward Byrne) に宛てた書簡の中で、
「マドリード周辺の前線でのフランコ支援の呼びかけに1000人の勇敢なアイルランド人が
応じたが、不干渉協定のために700人の義勇兵しか送り出すことができなかった」と伝え
ている。さらに、「従軍期間は6カ月かスペイン内戦期間中となり、傷病兵が出ることを
考えると、アイルランド部隊を維持するためにはアイルランドからの補充兵員が必要とな
り、補充がなければスペイン人兵士がアイルランド部隊に加わり、部隊自体が外国人将校
の指揮下に入ることもある」と懸念を述べている。オダフィは外国人との混成による国際
旅団ではなく、アイルランド人独自の部隊の創設にこだわっていた。Dublin Archdiocesan
Archives, Spanish Civil War files 'Irish Brigade — Spain 1936-37 National Appeal for
Funds'.

(28) アイルランド人義勇兵の多くが持っていた十字軍的精神を、当時7万人とも言われた
スペイン領モロッコからのムーア人傭兵を多く抱えるナショナリストの正規軍が理解する
ことはほとんど不可能であったと考えられる。Santos Juliá, *República y Guerra en España*
(*1931-1939*) (Pozuelo de Alarcón, 2006), pp. 322-3.

(29) Stradling, *The Irish and the Spanish Civil War*, pp. 26-7. マンスター地方やゴーウェイ
はアイルランド北部地方と同様に、スペインとの交易や移民で歴史的にスペインとの繋が
りが強い地方であった。Ciaran O'Scea, 'The devotional world of the Irish Catholic exile in
early-modern Galicia, 1598-1666' in Thomas O'Connor, ed., *The Irish in Europe*, 1580-1815
(Dublin, 2001), pp. 28-30, 32-41.

(30) Stradling, *The Irish and the Spanish Civil War*, pp. 43-7.

(31) Ibid., pp. 48-57.

(32) Ibid., pp. 58-83.

(33) Ibid., pp. 84-90.「スペイン内戦不干渉法」の法案段階の外務省覚書（1937年2月18日
付）では、前文に「スペイン内戦でどちらの側に同情しようとも、またアイルランド国民

の大多数の同情がどちら側にあるかは疑う余地がほとんどないが」と前置きされており、「スペイン内戦不干渉法」がアイルランド国民の民意に反する法制定であることをデ・ヴァレラ政権が強く認識していたことがわかる。'Memorandum by the Department of External Affairs on the Spanish Civil War (Non-Intervention) Bill', National Archives of Ireland (NAI), Department of Foreign Affairs (DFA) 227/87.

(34) Stradling, *The Irish and the Spanish Civil War*, pp. 118–20.

(35) Ibid., 93–101.

(36) 'Extracts from the annual report from Leopold H. Kerney to Joseph P. Walshe, NAI, DFA 119/17A (17 Nov., 1936). さらに NAI, DFA 119/17 (16 Feb., 1937) 及び 119/48 (2 May, 1938) を参照。フランコは行政の中心をブルゴスに据えたが、軍総司令部はサラマンカの司教館に置いていた。

(37) NAI, DFA 119/48. Dermot Keogh, Eunan O'Halpin et al, eds., *Documents on Irish Foreign Policy* (Dublin, 2006), vol. v (1937–1939), p. 290.

(38) McGarry, *Irish Politics and the Spanish Civil War*, pp. 217–25.

(39) Stradling, *The Irish and the Spanish Civil War*, pp. 104–5.

(40) 後者の代表的論者の1人はマヌス・オリオーダン (Manus O'Riordan) であろう。彼はアイルランド共産党設立者でスペイン内戦でも戦ったマイケル・オリオーダンの息子で、長らくアイルランド最大の労働組合であるサービス・産業・専門・技術労組 (SIPTU) の調査部長を務めた。オリオーダンは、本稿でも引用したファーガル・マクギャリーの2書 *Irish Politics and the Spanish Civil War* と *Eoin O'Duffy* の歴史描写を評価するが、マクギャリーが著書 *Frank Ryan* (Dundalk, 2002) において、ライアンをナチスの協力者としている点が史実に基づいていないとして強く批判している。

(41) アイルランドの左翼運動家は、武器をとって共和国政府を支援するほかに、資金援助、食糧・医療援助でも多大な努力を行っている。カトリック教徒の大多数がフランコ支持のアイルランドでは、このような左翼の活動はプロテスタント教徒の多いベルファストで成功を収め、医療支援では彼等の多くが英国の医療団に所属して、スペイン共和国政府支配地域や前線で活躍していた。詳細は、David Convery, 'Irish participation in medical aid to Republican Spain, 1936–39', *Saothar: Journal of the Irish Labour History Society*, vol. 35 (2010), pp. 37–46 を参照。戦闘員と違って、彼等の間には旧宗主国英国に対する反発は少なかったようである。

(42) コノリー中隊はアメリカ人義勇兵を中心としたリンカーン大隊に属し、リンカーン大隊は英国人を核とした英国大隊やコミンテルン執行委員会書記長ゲオルギー・ディミトロフに因んで名づけられたブルガリア共産党義勇兵のディミトロフ大隊等とともに、第15国際旅団を形成した。

(43) Vincent Brome, *The International Brigades: Spain 1936–1939* (London, 1965), pp. 124–

第7章　アイルランドとスペイン内戦　215

5.

(44) Cronin, *Frank Ryan*, pp. 91-2.

(45) Baxell, *British Volunteers in the Spanish Civil War*, p. 64.

(46) Cronin, *Frank Ryan*, pp. 131-6.

(47) Ibid., pp. 147-54.

(48) NAI, DFA A20/4. カーニーは1941年と42年に幾度かスペインにおいて、ハンガリーやクロアチアのホロコーストに関与しアドルフ・アイヒマンの協力者でもあったエトムント・フェーゼンマイヤー（Edmund Veesenmayer）と会合を持っているが、このことやライアン解放に当たりナチスとの接触が疑われ、戦後「ナチス協力者」として学界の批判にさらされた時期があった。カーニー批判の最右翼はデスモンド・ウィリアムズ（Thomas Desmond Williams）であり、彼の「中傷」に対しカーニーは裁判所に提訴し勝訴している。その後のカーニー弾劾の著書としては、Eunan O'Halpin, *Defending Ireland : The Irish State and its Enemies since 1922*（Oxford, 1999）や Mark M. Hull, *Irish Secrets : German Espionage in Wartime Ireland 1939-1945*（Dublin, 2003）がある。一方、Dermot Keogh, *Ireland and Europe, 1919-1948*（Dublin, 1988）はカーニー vs ウィリアムズ論争をバランスよく解説した著書である。

(49) Cronin, *Frank Ryan*, pp. 172-3, 186-91 ; Manus O'Riordan, 'Frank Ryan', *History Ireland*, vol. 11, issue 1（spring 2003）. これは Feargal McGarry, *Frank Ryan* の書評記事である。ハートマンについては、David O'Donoghue, *Hitler's Irish Voice : The Story of German Radio's Wartime Irish Service*（Belfast, 1998）を参照。アイルランド共和派左派の闘士でスペインでは国際旅団の将校であったライアンをドイツで世話をしたのがアプヴェーアであったことはやや奇異に感じるかもしれないが、カナリス提督指揮下のアプヴェーアは1944年までナチスの中で比較的独立を保っており、カナリス自身も後にヒトラー暗殺計画に関与したとして処刑されている。

(50) H. Gustav Klaus, ed., *Strong Words Brave Deeds : The Poetry, Life and Times of Thomas O'Brien, Volunteer in the Spanish Civil War*（Dublin 1994）, pp. 258-62.

［本稿は平成28年度専修大学研究助成・個別研究「研究課題アイルランドとスペイン内戦」の研究成果の一部である。］

第8章

スペイン内戦と子供たち
──バスクからイギリスに渡った子供たちを中心に

砂山充子

1. はじめに

　スペイン内戦は多くの禍根を人々の心に残した。本稿ではスペイン内戦という災害（＝戦争）によって、親や兄弟姉妹から引き離され、異国に渡った子供たちについて考察をする。多くの子供たちが異国に渡ったが、本稿では 1937 年 5 月にハバナ（アバーナ）[1]号に乗って、スペイン北部のバスク地方から、イギリスのサウサンプトンに渡った約 4,000 名の子供たちについて取り上げる[2]。「バスク・チルドレン」として知られる彼らは、イギリスが第一次大戦後に受け入れた最初の疎開した子供たちの集団であった。人々が戦火を逃れるために他国に渡るというのは、現在でも続いている状況である。クシュナーとノックスは「バスク・チルドレン」の疎開を、今なお発生し終わることのない難民危機の幕開けだと位置づけている[3]。彼らが内戦中に疎開をした子供を代表するわけでも、彼らの経験がその他の疎開した子供たちと同じというわけでもない。すべての「バスク・チルドレン」が同じような経験をしたわけでもない。しかし、この約 4,000 名の子供たちを追うことによって、疎開をした子供たちが戦争をどうとらえていたのか、疎開先でどんな生活を送ったのか、その後どうなったのかについて検討し、スペイン内戦という「災害」が子供たちにどのような影響を与えたのかを考察する。戦争という「災害」に翻弄された人々の人生の一端を垣間みることができればと思っている。

1936年7月、フランシスコ・フランコら軍人によってスペイン領モロッコでの軍事蜂起に端を発するスペイン内戦は、当時のスペイン政府であった左派の共和国を支持する共和国側と、反乱を支持する反乱軍側に別れて戦われ、1939年4月にフランコが率いる反乱軍が勝利するまで、2年9ケ月に及ぶ戦争となった。軍事蜂起が成功した地域は、反乱軍の支配下に、反乱の動きが押さえられた地域は共和国政府の支配下に置かれることになった。イベリア半島東部のカタルーニャやバレンシア、首都マドリードや北部のバスクなどで、反乱軍の動きは阻止された。しかし、1936年7月末までには全土の3分の1が、9月には半分が反乱軍の支配下となった。バスクはカトリックの影響が強い地域ながら、歴史的背景から強い自治権を求める気運も高く、スペイン内戦では共和国を支持していた。スペインの北東部のフランスと国境を接する場所に位置するバスク地方はギプスコア、ビスカヤ、アラバの3県からなるが、そのうち、北部2県のギプスコアとビスカヤは共和国側に、南に位置するアラバ、また隣接している地域で広義でのバスクの一部とされるナバラは反乱軍側の地域となった。スペイン内戦によって、バスクは2つに分断された[4]。

　1937年になると、反乱軍による北方作戦が始まる。反乱軍は共和国側についたバスクの2地域、ギプスコアとビスカヤを奪還しようと攻撃を強めた。そのころ、ビスカヤ県ビルバオには、アラバやナバラから多くの避難民が押し寄せていた。3月にはドゥランゴが爆撃され、4月26日の月曜日、ゲルニカへの空爆が行われる。戦闘が激しさを増し、物資不足も深刻になる中で、それ以前から検討されてきた子供たちの集団疎開が検討され、検討段階より大きな規模で実行に移されることになった。

　内戦が子供たちに与えた影響は様々である。子供たちにとって戦争は、爆撃の恐怖に怯える日々、家族と離ればなれになって寂しい思いをした日々、食料不足でひもじい思いをした日々であった。そして中には、疎開を余儀なくされた子供たちもいた。疎開先は親戚や知り合いのもとであったり、戦闘の激しくない地域であったりしたが、なかには、国外に疎開した子供たちもいる。家族ぐるみで避難した場合もあるが、子供たちだけで疎開したケースもある。今回取り上げる「バスク・チルドレン」は、国外に子供だけで集団疎開した最大のグループである。

内戦中にスペイン国外に疎開した子供の数として、アルテドは約3万3,000
名という数字をあげている[5]。主な行き先は、フランスが最も多く、20,000名、
次いで、ベルギーの5,000名、イギリスに4,000名、ソ連に2,900名、メキシ
コに454名、スイスに800名[6]、デンマークに100名となっている。この他に
アメリカ合衆国に500名の子供を送るという計画もあったが、様々な反対にあ
い頓挫した[7]。

　実際には、疎開した子供の数を確定するのはむずかしい。内戦終結が近づく
と、40万とも50万とも言われるスペイン人が国境を越えたが、そのなかには
子供たちもたくさんいた。1939年、南フランスには、人々のためにキャンプ
が設置されたが、そうしたキャンプには家族と共に来た子供たちがいた。アル
テド自身が、そうしたキャンプに6万8,000名の子供がいたと述べている[8]。
当時の資料が散逸して完全な形で残っていないうえに、一ケ所に行った子供が、
状況に応じて別の場所に行くということもあり、なかなか正確な数を把握する
のは困難である。

　国境を越えた人々の一部は、フランスでレジスタンスに参加したため、ナチ
の強制収容所に収容された。これまでにトレブリンカ、アウシュヴッツ＝ビル
ケナウ、ブーヘンヴァルト、マウトハウゼン、グーセン、ラーフェンスブリュッ
ク[9]の強制収容所に未成年のスペイン人が収容されていたことが確認されてい
る[10]。

　先ほどあげた3万3,000名というのは、スペイン全域から疎開した子供たち
の数であるが、バスクからの子供の疎開について研究したレガレタはバスクか
ら疎開した子供の数として、2万名という数字をあげている[11]。内訳はフラン
スに9,000名、イギリスに3,889名、ベルギーに3,200名、ソ連が2,500名、
メキシコ456名である。今回取り上げる「バスク・チルドレン」はその中の
3,889名である。3,889名という数についても、諸説あり、現時点で確定され
ていないが、「バスク・チルドレン」の子供たちの世代が中心になってイギリ
スで2002年に結成した組織 the Basque Children of '37 the Association UK（以
後 BC37 と略記する）が、2017年の疎開80周年に際してホームページ上にあ
げた数字[12]でこの数字が使われているので、今回は、暫定的にこの人数をあげ
ておくことにする。

2. スペイン内戦と子供たちの疎開

戦闘が激しくなった地域からの避難は内戦当初から行われていた。国内の戦闘が激しくない地域に疎開するか、みずからの支持する陣営へと避難した。国外に疎開する場合もあった。家族ぐるみで避難というケースもあるが、戦闘員である家族を残してはいけないと、子供だけを疎開させる家庭も多かった。

1936年秋には、反乱軍側は共和国政府の首都マドリードの奪取を目指すべく、攻撃を行ったが、マドリードは持ちこたえた。すると、反乱軍は攻撃の矛先を北部に向けた。1937年春になって北部への反乱軍側の攻撃が激しくなると、子供たちを国外へと疎開させる家庭が増えていく。バスクやアストゥリアスなどスペイン北部からの疎開児童が多いのはそういった事情からである。

「バスク・チルドレン」がイギリスに渡ったとき、誰も疎開生活が長引くとは思っていなかった。3ケ月もすれば、故郷に戻れるのだと、子供たち自身も子供を送り出した家族も思っていた。しかし、予想以上に内戦は長引くことになる。疎開生活も3ケ月では終わらなかった。アドリアン・ベルは「バスク・チルドレン」についての著作に『たった3ケ月だけ』[13]というタイトルを付けた。

スペイン内戦下の子供たちの集団疎開の例として、よく知られているのは、「モレリアの子供たち　(Los niños de Morelia)」である。1937年6月7日にメキシコに到着し、数年間、ミチョアカンのモレリアに住んだ5歳から14歳の約500名の子供たちをさす。スペイン内戦勃発後、共和国陣営を支援したのは、ソ連と、ラサロ・カルデナス大統領率いるメキシコであった。ミチョアカンはカルデナス大統領の出身地でもある。メキシコはフランスに次いで多くのスペイン人を受け入れた国である。内戦後、フランコ政権からの子供たちの帰国要請の要求を拒否したこともあり、メキシコに渡った子供で帰国したのはごくわずかであった。

共産党を支持する人々は子供をソ連へと送った。子供たちはオデッサ、モスクワ、クリミアなどにあった数百人を収容する施設で生活していた。ソ連に渡った直後は温かく迎えられた。スペイン語を話す教師と、ロシア語を話す教師が

いて、彼らから十分な教育を受けることができた。ソ連に渡った子供たちは高等教育を受け、エンジニアや医師、専門家などになったケースが多い。その後、ソ連は第二次世界大戦に突入する。内戦時にソ連に渡った子供たちの中には第二次世界大戦中をソ連の兵士として戦い、命を落としたケースもある。よく知られているのはパシオナリアの異名で知られる共産党のドロレス・イバルリの息子ルベンである。

　国境を接しているフランスが内戦中を通じて、最も多くの子供たちを受け入れた。子供たちはマドリードやスペイン北部のアストゥリアス、カンタブリア出身の場合もあったが、多くがバスク出身者だった。1937年9月には約2万名の子供がフランスにいた。彼らのために設置された集団居住地で生活する場合もあれば、個人の家庭に一時的に預けられる場合もあった。なかには、母親や祖父母、兄弟たちと一緒に避難する子供たちもいた。バスク自治州政府が子供たちや避難民の収容所の運営に尽力したが、バスクからの大量の避難民は次第にフランス政府にとって、お荷物になっていく。フランス政府は常に帰国を促し、1938年6月にフランスにいた子供たちは1万1,000名となっていた[14]。約半数がそれまでに帰国していたということになる。

　ベルギーに渡った5,000名のうち、3,350名はバスクからの子供だった。ベルギーでは左派、特に社会党が中心になって子供たちを受け入れた。数週間を海岸に造られた居住地で過ごした後、社会党員の家庭へと引き取られていった。その他にも、カトリック諸団体や赤十字など様々な団体が子供たちを引き取った。カトリック諸団体によって引き取られた子供たちは、1937年6月のビルバオ陥落後に、反乱軍側のプロパガンダに利用される形でスペインに帰国した[15]。内戦が終わって、子供たちが帰国に際して、彼らを「仮養子」として受け入れたベルギーの養父母たちは別れをとても悲しんだという[16]。バスクからベルギーに疎開した子供の一人、ルイス・デ・カストレサナはみずからの体験をもとに1967年に『もう一つのゲルニカの木』という作品を発表した[17]。サンティという名前の主人公は妹とともに、ベルギーに送られる。温かく迎えてくれた養父母の家庭には馴染めずに、施設で生活することになる。同書は文学作品として高く評価され、1967年にスペインですぐれた文学作品に与えられるセルバンテス賞を受賞している。後に映画化もされた。

222

　ソ連やメキシコに渡った子供たちが帰国した割合は、ヨーロッパ諸国に疎開したケースと比較すると極端に低かった。メキシコは同じスペイン語圏でもあり、当時の大統領ラサロ・カルデナスがスペインからの避難民を温かく迎えたこともあり、他国よりは社会に溶け込みやすかったとも考えられる。メキシコには多くの知識人が亡命している。スペインから遠く離れていて簡単に帰国がかなわなかったであろうことも容易に想像ができる。ソ連に渡った子供たちの帰国が実現したのは 1953 年にスターリンが死去し、1956 年になってからである。両国とも内戦後成立したフランコ体制のスペインと国交がなかった。

3.　スペイン内戦とイギリス

　「バスク・チルドレン」の受け入れに際し、イギリスはどのように対応したのだろうか。イギリスはスペイン内戦がヨーロッパ全体に飛び火することをおそれ、スペイン同様に人民戦線政府であったフランスを説得して、不干渉委員会の設置を進めた。内戦への不介入を方針とした不干渉委員会は、ロンドンに本部を置き、最終的な加盟国は 27 ケ国になった[18]。1936 年 9 月 9 日、ロンドンで第 1 回の不干渉委員会が開催され、それまでに協定に参加したドイツ、イタリア、ポルトガル[19]やソ連までも含むヨーロッパのほぼすべての国の代表が集まった。当事国のスペインと永世中立のスイスは参加していない。スペイン共和国の訴えに対して、国際連盟は同委員会の存在を理由に、一切かかわらないとした。「不干渉」というのは協定でも条約でもなかったため、違反しても罰則はなかった。不干渉委員会が行ったのは、武器、物資の補給を阻止するための、互いの監視活動であった。ドイツのヒトラーやイタリアのムッソリーニは、不干渉委員会があったにもかかわらず、公然とフランコ率いる反乱軍を援助し続けた。共和国側にソ連から贈られた武器は古く、ドイツやイタリアの最新鋭の武器と比較すると使い物にならない場合も多かった。不干渉委員会の設置によって、本来、他国に武器を要求する事ができるスペイン共和国政府がその補給路を断たれ、反乱軍側がドイツやイタリアから武器供与を受けるという奇妙な結果になった。当時のイギリス外相イーデンも「この協定は急ごしらえ

の穴だらけの古びた幕だった。しかし、スペインやヨーロッパでの戦争よりは
ましだった」[20]と認めている。

　1937年1月にはビルバオに、1937年3月31日から4月初めにかけてドゥラ
ンゴに爆撃があった。4月26日のバスクの小さな町、ゲルニカへの無差別爆
撃を契機に、イギリス世論のスペイン援助、特にバスク地方の子供たちに避難
場所を提供しようとの機運が一気に高まった。

　イギリス側で子供たちの援助を行ったのは「スペイン救済全国共同委員会」
（National Joint Committee for Spanish Relief 以下、NJCSRと略記する）であ
る。1936年11月に超党派の6名のイギリス議会議員（保守党から3名、労働
党から2名、自由党から1名）が、スペインを訪問し、帰国後、NJCSRが結
成された。スペイン共和国を支援するために医療、食料支援、子供の世話など
様々な活動を行っていた既存の15の組織が取りまとめられ、1937年1月6日
の下院議会でひとつの組織となったものである。NJCSRはあくまでも「人道
的目的」[21]での活動を標榜し、戦争地域からの避難のためのバスの調達、医療
物資の提供、食料、燃料、衣類などを提供するほか、反乱軍の支配地域からの
脱出の援助をしていた。内戦末期にシナイア号でフランスからメキシコへの亡
命者を送った際の船のチャーターにもかかわっていた。スペイン内戦において、
共和国陣営は様々なイデオロギーの人々の集まりで、時には、バルセローナで
1937年5月に起こった事件のように、陣営内部での意見の対立も多かった。
しかし、この組織はいかなる党派にも偏らずに、人道的立場からスペインを援
助することを目指していた。

　NJCSRは、食事や衣料品の提供などの避難民へのケア、戦闘地域からの避
難、救急車や医療スタッフの手配、医療の提供[22]などを行った。NJCSRの代
表を務めたアソル公爵夫人（Duchess of Atholl, Katharine Stewart-Murrey）は
保守党所属の議員でありながら、イギリス政府の宥和政策に反対し、スペイン
共和国支持を明白にした。そのため「赤の公爵夫人」と呼ばれていた。

　1937年4月24日、NJCSRは全国教員連合（the National Union of Teachers）
の代表で元労働党議員のレア・マニング（Leah Manning）[23]をスペインに送り、
「バスク・チルドレン」のイギリスへの受け入れの準備を始めた。マニングは
内戦以前にも、スペインを訪問していたが[24]、内戦中にはスペイン医療支援委

員会（The Spanish Medical Aid Committee）を設立し、スペインに医療物資の供給をしていた。マニングは精力的に様々な人々とコンタクトを取り、東奔西走し、4,000名の子供たちの受け入れを実現した。のちには「バスク・チルドレン」の一部をみずから所有する邸宅に受け入れた。

当時のイギリスは、世界大恐慌の影響も強く残り、第一次世界大戦を経験した人々には強い厭戦気分もあった。世論は必ずしも諸手を挙げてスペイン共和国を支援していたわけではなかった。それでも多くの義勇兵がスペインに戦いに行き、民間レベルでの援助活動は盛んに行われた。しかし、不干渉政策を掲げているかぎり、政府として表立っての援助はできなかった。NJCSRは「バスク・チルドレン」の受け入れを渋るボールドウィン率いる内閣を説得するために盛んにロビー活動を行った。

1937年4月26日に、バスク地方の町、ゲルニカがフランコ側を支援するドイツ空軍機によって爆撃され、非戦闘員にたくさんの死傷者がでる。ザ・タイムズ紙のジョージ・ステアー記者により、世界中にゲルニカでの無差別殺戮のニュースが伝わった。と同時にイギリス世論はスペイン共和国支持へと大きく傾いていく。

スペイン内戦中のバスクでは1936年10月7日は、スペイン共和国内にバスク自治州政府が成立していた。歴史的経緯から自治を要求していたカタルーニャ[25]とならんでバスクも自治州政府を持つことになった。バスク語でレンダカリと呼ばれる首長に就任したのは、ホセ・アントニオ・デ・アギーレだった。ゲルニカが爆撃を受けると、アギーレは全世界に対して、非戦闘員である女性や子供の受け入れを要請するアピールを発表した。

「世界に向けて、私は断固とした怒りに満ちた抗議の声をあげます。（略）ドイツの空軍機が歴史的なゲルニカの町の非戦闘員の市民に向けて3時間半にわたり、機銃掃射を浴びせかけたのです。ゲルニカの町は廃墟となり、機関銃で多くの女性や子供たちが犠牲になりました。（略）諸国の皆様が、ビルバオに避難してきた3万名以上の女性や子供たちに援助の手を差し伸べて下さると信じています。」[26]

アギーレはこれ以前から、バスクとイギリスとの絆を訴えていた。1937年4月14日の下院議会で野党労働党党首のアトリーが紹介したアギーレのアピー

ルには「バスクの船が、先の大戦の困難な時期にイギリスのために尽力したことを忘れないで下さい」とある。第一次大戦中にバスクはイギリスを支援していた。バスクはイギリスに対し鉄、鉱物、食料、燃料の補給に協力し、その結果として船30隻、100名以上の船員を失っていた[27]。

ゲルニカ爆撃を契機にイギリス世論は大きくスペイン共和国援助へと傾いていく。イギリスにとって、スペイン共和国への援助が新しい段階に達した時期だったとも言える。それまでは、一部のクエーカー教徒をのぞくと、スペインを援助していたのは、スペイン共和国を支持するごく一部の政治グループに属する人たちだけだった。それが、あらゆる政治グループ、宗教団体の人々が「バスク・チルドレン」を援助することになった。

バスク自治州政府の成立以降、子供たちの送り出しはバスク自治州政府のイニシアティブで行われた。疎開した「バスク・チルドレン」を支えたのは、イギリス政府ではなくイギリスの市井の人々だった。「バスク・チルドレン」の受け入れの実務を担うためにNJCSRの傘下に「バスク子供委員会」Basque children's Committee（以下BCCと略記）という組織が設置され、全面的に子供たちの面倒を見ることになった。

4月29日、イギリス政府は「バスク・チルドレン」を受け入れる方針をだした。1937年5月1日のザ・タイムズ紙上で、アソル公爵夫人が代表者となったNJCSRの書簡が発表され、「バスク・チルドレン」の受け入れのために、NJCSRの活動へのサポートと資金援助が要請された[28]。5月3日、下院において、この件について取り上げられたものの、外相イーデンは判断を下しかねていた。消極的な姿勢ながらも、5歳から12歳までの2,000名を受け入れるという決定が外務省から出されたのは5月15日である。その後、マニングの粘り強い交渉の結果、引き受ける子供の年齢は7歳から15歳までに引き上げられ、人数も当初の倍の4,000名となった。イギリス政府はビタ一文たりとも子供たちのために出費しないという方針を貫いたので、すべての資金はNJCSRが調達しなければならなかった。

一方、ビルバオでは子供たちを送り出すための準備が始まっていた。リチャード・エリスとオードリー・ラッセルの2名の医師が健康診断のために、スペインへと向かった。レスターの高名なクエーカー教徒の家庭に生まれたエリス

は、ケンブリッジで自然科学を学んだ後、ロンドンで医学を修めた。アメリカ合衆国ボストンの小児病院で研修をしていた。1937年から1939年までNJCSRのメンバーとして疎開した子供たちのために尽力した[29]。エリスは1937年6月10日付のレスターの新聞「レスター・マーキュリー」(the Leicester Mercury)にみずからが訪れたビルバオの町の状況についての記事を寄稿している。エリスによると、ありとあらゆる場所が避難民であふれているが、店はほとんど閉店しており、開くとしても物資不足のため、開店時間は1〜2時間だけ、カフェは人々が集う場所として開いているが、あるのはカモミールティーのみで、砂糖はなかった。ミルクも、卵もバターもなく、町から犬や猫は消えてしまったと述べる。天候の良い日は空爆があるので、雨が降ると人々は安堵していたという[30]。

　こうした状況下ではあったが、子供たちは健康に育っていた。エリスとラッセルはこう述べる。「健康診断で最も驚いたのは、全体として健康状態が良好であったことである。数週間にわたり、物が不足し、不安だらけの人があふれる状態で暮らしていたにもかかわらず、最も貧しい農民までもが、子供の面倒を良く見ていたのだ。物流が遮断される以前には、健全な食生活を送り、子供たちが健やかに育っていたことがわかる。」[31]

　NJCSRに派遣されたレア・マニングがビルバオに到着したのは1937年4月24日だった。マニングは領事館を訪問し、避難民についての交渉をする予定だった。4月26日、ゲルニカ爆撃の当日、マニングはビルバオの社会保険事務所で打ち合わせをしていた。その後、ジャーナリストのフィリップ・ジョルダン（ニュース・クロニクル紙）やジョージ・ステアー（ザ・タイムズ紙）らとの面会の最中にゲルニカの爆撃が起こった[32]。ステアーがザ・タイムズ紙に発表したゲルニカ爆撃のニュースは、瞬く間にイギリスだけでなく世界中に広まった。マニングは、急遽、ゲルニカに向かい、町の惨状を目の当たりにする。当初は、2,000名ほどの子供を受け入れる予定であったが、マニングが面会したバスク自治州政府首長のアギーレは、4,000名の受け入れを要請した[33]。マニングはカンタベリー、ウエストミンスターの大司教や、元自由党党首のロイド・ジョージ、労組の指導者のウォルター・シトリンらと連絡を取り、当初の予定よりも多くの子供の避難を粘り強く交渉し実現した[34]。マニングはロンド

ンで、「スペイン：子供と戦争」という展示が開催された折に「私は奇跡的、偶然にも4,000人の子供の母親になることができました」[35]との一文を寄せたが、まさにそのとおりであった。

　イギリス政府としては、不干渉政策を貫くために細心の注意を払った。そのために以下のような条件を付けた。受け入れるのはあくまでも非戦闘員である一定の年齢以下の子供たちに限る、受け入れる子供の数も当時のバスク州議会の議席の配分数に比例する、フランコ側の支援者であっても子供を送ることを可能とする、状況が落ち着いたらすぐに帰国させる、子供1人当たりの経費（1週間当たり10シリング）は寄附や募金によってまかない、イギリス政府からの資金提供は一切しない、などである[36]。この他にも女子を男子より多く受け入れるなどの条件もあった。

　多くの登録者[37]のなかから4,000名が選ばれた。民兵である父親を戦争で失った29名も含まれていた。そうした子供たちの母親の何人かが教師、世話役という資格で同行することになった。子供たちはバスク州議会の議席の割合に応じて選抜されることになった[38]。申込用紙には両親の所属もしくは支持する政治グループの記入欄があった[39]。実際のところ、どこまでそれが子供の選抜に反映されていたのかは不明だが、それがせめてもの、表向きの「公平さ」を保つための方策だった。反乱軍側を支持する家庭の子供も含まれていたし、実際に渡航した子供のなかには、15歳を越えている子供もいた。疎開できるようにと登録時に年齢を偽り15歳を超えている子供もいた[40]。

　イギリス政府が厳しい条件を付けながらも4,000名の子供の受け入れを決めてから子供が到着するまで、わずか数日しかなかった。30エーカーの土地にイギリス軍から有償で借り受けたベル・テント400張りが設置された。ボーイスカウトや労働組合関係者、地元の有志などが加わって、急ピッチで作業が行われ、わずか数日間で「バスク・チルドレン」を受け入れる準備が整えられた。

4. ハバナ号でサウサンプトンへ

1937年5月21日未明、3,889名のバスクの子供たち、95名の教師、助手120

名、15名の聖職者を乗せたスペインのクルーズ船ハバナ号は、ビルバオ近郊のサントゥルツィ（Santurzi）港[41]から、イギリスのサウサンプトンに向けて出航した。出港した際、反乱軍側の船舶セルベラ号がハバナ号に接近し、スペインに戻らなければ沈没させると脅迫してきたが、無事に外海に出られ、それ以降はイギリスの2隻の駆逐艦が護衛のために並走した。

　登録をした子供は4,000名を超えていたが、乗船しなかった子供もいるので、最終的な人数はそれを下回ることになった。教師は全員が女性で若い独身者だった。子供の世話役のため助手として同行した人たちのなかには子供たちの母親も含まれていた[42]。子供たちは彼女たちをセニョリータスと呼んでいた。

　ハバナ号が疎開者を運んだのはこれが初めてではなく、それまでにも何度か疎開者をフランスなどへ運んでいた。「バスク・チルドレン」の疎開の調整のために、ビルバオにいたマニングは、資金援助を必要としない人たちを募り、何度かハバナ号による疎開をアレンジしていた。5月6日には女性1,000名と、2,500名の子供を、5月16日には4,000名ほどをフランスへと送っていた[43]。

　ハバナ号に乗船した「バスク・チルドレン」の名簿はアリエンの著作に掲載されている[44]。ID番号、名前、出発時の年齢、帰国日、帰国地が記載されている。アリエンの著作に掲載されているのは、名字のアルファベット順だけであるが、前述したBC37のメンバーで、「バスク・チルドレン」と共に渡航した教師の息子であるジェラルド・ホアー（Gerald Hoare）によって、ID番号順の名簿も作成された。これらの名簿はBC37のホームページに掲載されている[45]。乗船名簿にはあるが、実際には乗船しなかった子供もいる[46]ので、実際に渡航した数は乗船予定者名簿とは異なる[47]。子供たちは胸に六角形のボール紙でできた身分証を身につけていた。「バスク社会扶助庁　イギリス行き」の文字とID番号が記され　番号」と、裏側には子供の写真が貼ってあった［写真1］。ある男の子はこれを「紙でできたの心（ハート）」と考えていた。「僕たちは皆、胸のあたりに、札を付けるか、首からかけていました。心（ハート）を身体の外に身につけているように。そう（これは）厚紙で出来た心（ハート）でした[48]。」

　親たちはどのような気持ちで子供を送り出したのだろうか。イギリスの医師イヴォンヌ・クロードが1937年に出版した『イギリスのバスク・チルドレン』

という小冊子[49]には、ある父親から子供に向けた手紙が掲載されている。

[写真1] 身分証

「息子たちよ、深夜の今、急いでこの手紙をしたためている。もうすぐ、君たちはイギリスに旅立つのだから。君たちにこのメモを持って行って欲しい。皆が寂しい思いをしないように、いくつか歌を書き留めることにする。イギリスの子供たちを楽しませてやってくれ。

スペインのどこに行ったって、
ビルバオのより優雅な吊り橋はない
なぜなら、それはビルバオの人が作ったのだから
ビルバオの人は格好良くて、イケてるから

知ってるだろう
この橋は人々をラス・アレナス地区からポルトガレーテに運ぶ運搬橋[50]だ
川の名前はネルビオン川」[51]

父親はその他にもいくつかのバスクの歌を紹介しながら、次のように手紙を締めくくっている。

「我々は悲劇の真っただ中に生きているが、元気になりなさい。そしてもう一度、空を見上げよう。君たちは明日を生きる人間だ。世界中、すべての子供がそうであるように。キスを送ります。そして、君たちから、世界の平和が生まれると信じています。

ビルバオ、1937年　ナルシソ　M.」[52]

アリエンの名簿によると、渡航した子供たちは、男子が2,156名、女子が1,705名である。イギリスからの条件とは異なり男子のほうが多かった。年齢別の人数は7歳が437名、8歳407名、9歳420名、10歳457名、11歳486名、12歳792名、13歳358名、14歳409名、15歳95名となっている[53]。男女比の割合は、7歳から14歳までは男子のほうが多いが、15歳になると、男子36名、女子59名と逆転する。受け入れる子供の年齢については、最終段階で引き上げられたが、反乱軍に占領された場合に年頃の女子が性暴力の犠牲者にならないようにとの配慮があった[54]。名簿を見ると、同じ名字がくり返されていることが多い。つまり、兄弟姉妹と一緒に渡航した子供が多かったということだ。年上の兄姉は、年下の弟妹の面倒を見る保護者の役割を果たさなければならなくなった。一人で渡航した子供は498名にすぎない[55]。

「バスク・チルドレン」の証言によると、船内の状況は凄まじかったようである。もともと、旅客定員800名ほどの船に4,000名以上が乗船し、スペースが限られていたため、多くの子供が床に直接寝ざるを得なかった。その上、外海は荒れていたため、船酔いもひどかったという。後にインタビューやアンケートに答えて、渡航の際、いかに海が荒れていて、船酔いに悩まされたかを語っている。そして、ハバナ号に近寄ってきた反乱軍側のセルベラ号を見ておびえていたという。

大変な船旅を終えて、ハバナ号は5月22日午後5時にサウサンプトンに入港した。上陸前に再び医師による健康診断が行われ、上陸は翌23日だった。子供たちの腕には何色かのリボンが巻かれた。問題がなければ白、シラミがいれば赤、伝染病の疑いがあれば青だった[56]。青のリボンを巻かれた子供たちは、病院へと隔離された。ある少女の回想によると、それぞれの色が何を意味するのかわからなかった子供たちは、勝手にリボンを交換してしまったりしたこともあったという[57]。実際に、友人とリボンを交換し、赤いリボンを腕に巻いた少女は浴室に連れて行かれ、髪の毛を刈られ、たった一つだけ大切に抱えて持ってきた鞄も行方知らずになってしまった[58]。

サウサンプトンでは多くの人々が「バスク・チルドレン」を歓迎した。ちょうど、イギリスはジョージ6世の戴冠（戴冠は5月12日、戴冠記念観艦式は20日）を祝ったばかりで、町中にイギリス国旗がはためいていたが、子供た

ちはそれを自分たちへの歓迎と受けとめた。サウサンプトン市長が子供たちを歓迎するために飾り付けを手配したのだった。ジョージ6世の戴冠を祝うために作られた上質の横断幕は後に子供たちの毛布として使われた。救世軍の人々は音楽を演奏して「バスク・チルドレン」を歓迎した。

5. イギリスでの生活

「バスク・チルドレン」はバスでサウサンプトン近郊のイーストレイのノース・ストーンハム（North Stoneham）[59]のキャンプ地に収容された。ここは地元で農業を営んでいた篤志家から提供された30エーカー（3万6,725坪）の土地だった[60]。キャンプ地について検討段階では、ノース・ストーンハムではなく、ドーセットのスワネージも候補地としてあげられていた[61]。

キャンプの入口には、「バスク子供のキャンプ」という大きな横断幕が掲げられていた。キャンプは3つの区域に分かれ、子供たちは親の政治的信条によって別々に収容された。共和派、社会主義者セクション、共産主義者及びアナーキストセクション、バスク・ナショナリスト党（Partido Nacionalista Vasco）のセクションである。熱心なカトリックとして知られるバスク国民党のセクションにはチャペルも設置されていた。なかには反乱軍側を支援していると考えられる子供たちもいて、彼らは友人たちとの間で上手くいっていなかったとの報告もある[62]。ビルバオは共和国側の地域であったので、反乱軍側を支持する家庭は、早い時期に反乱軍側地域に移動していたことが考えられる。したがって、疎開した子供たちの大部分は共和国側を支持する家庭であったと考えられる。男女は別々で、1テントあたり8〜10名の子供、4テントごとに1名の教師及び助手がついていた[63]。

キャンプでは規則正しい生活が行われた。毎朝7時起床、掃除、8時にパン、バター、ミルクの朝食、10時から11時半までが授業、体育だった。昼食は1時半、肉と野菜、もしくはシチュー、パン、フルーツ。午後には昼寝の時間があった。その後、映画上演、ダンス、サッカー、ボクシングなどの娯楽の時間が設けられていた。キャンプでの映画上映で生まれて初めて映画を見た子供た

[写真2] キャンプの様子
MSS.393/1/1/8 Eleanor Hickman papers, Modern Records Centre, University of Warwick

[写真3] キャンプの様子
MSS.393/1/2/14 Eleanor Hickman papers, Modern Records Centre, University of Warwick

ちもいた。7時の夕食はパンとホットチョコレート。就寝は9時だった[64]。キャンプでの滞在はあくまでも一時的なものであった。子供たちの健康状態をさら

第 8 章　スペイン内戦と子供たち　233

にチェックし、行き先が決まるまでの短期滞在の場所だった。

　子供たちは暖かく迎えられた。イギリスの様々な会社、チョコレートのキャ
ドバリー社、マークスアンドスペンサー、マーマイト、イエーガー、子供服や
玩具を扱っていたウールワースなどが、子供たちのために物資や運転資金を提
供して協力した。様々な政治家や著名人がキャンプを訪問して子供たちを励ま
した。訪問者の中にはボクシングのチャンピオン、ジョー・ベケットもいたと
いう(65)。

　戦時下で、食料も不足し、爆撃の恐怖におびえていた子供たちにとって、家
族と離れる寂しさはあっても、戦争の恐怖から脱出でき、食べ物も十分に与え
られたことで、気持ちが安らいだのは事実である。多くの子供たちが兄弟姉妹
と一緒に疎開していたというのも安堵できる大きな要素であった。食べ物は
違っても、久しぶりに目にした白パンの美味しさは身にしみたという。キャン
プである子供が叫んだ「世の中にこんなにたくさん白いパンがあるなんて、知
らなかった。全部食べるんだ」(66)。すぐに帰国できると思っていた子供たちは、
提供されたパンやチョコレートを持ち帰るために、食べずにとっておいた。行
き先が決まって、キャンプから出るために荷物の整理をすると、乾燥したパン
がたくさん出てくることもあった。

　食べ盛りの子供たちは食事の時にズルをすることもあった。キャンプでは食
事のために行列に並ばなければならなかった。並んで食事をあっという間にか
きこむと、列に再び並んでもう一回食事を貰った子供たちもいた。最初のうち
は運営も試行錯誤だったため、そんなことも可能であったが、その後、リスト
バンドをして、食事と交換にリストバンドを回収する方法が取られた(67)。子供
たちはフランコをとても嫌っていたので、反乱軍側の色である黄色のリボンが
配られると、リボンを捨てて食事を取らないことすらあった(68)という。平時で
は考えられないくらい、子供たちが政治化していたとも言える。

　1937年7月初め、ビルバオの陥落のニュースが伝わると，子供たちは泣き
出し大騒ぎになった。すぐ帰国できると思っていたのが、もう帰国する場所が
なくなったと即座に理解したのだ。子供たちはバスクに残してきた家族のこと
を心配した。実際、多くの子供の親たちが投獄されたり、銃殺されたりしてい
た。

234

　時折、子供たちはトラブルを起こすこともあった。近くの森に逃げ込み、警察が彼らを見つけて，キャンプに連れ戻すというようなこともあった。子供たちの受け入れに反対していた人たちは、こうしたニュースを大げさに取り上げた。暴風雨が来て、テントが水浸しになることもあった。混乱、衛生状態の悪化等が懸念されたが、何ケースかの病気、子供たちの些細ないたずらなどはあったものの、大きな問題は生じなかった。

　NJCSR は運営資金を確保しなければならなかった。資金を集めるために、各地で様々な催しが行われた。子供たち自身も各地で開催された支援集会で、スペインやバスクの歌やダンスを披露して、募金活動に一役買った。編み物をしたりして、資金稼ぎをしたりもした。また、後述するウェールズのカンブリア・ハウス（Cambria House）のように、子供たちが執筆して月刊誌を発行し、売り上げが資金として使われた場合もある。資金集めのために切手も発行された。NJCSR が開催した資金集めの行事のなかで最大規模のものは、1937 年 6 月 24 日、ロンドンのロイヤル・アルバート・ホールで開催された「スペインと文化」という催しである。ピカソ、ハインリッヒ・マンらがスピーチをし、チェリストのパブロ・カザルスはブカレストからメッセージを寄せ、歌手のポール・ロブソンが歌を披露した。コンサート、講演、資金援助のアピール、子供たちの歌、絵画のオークションなどが行われた。プログラムの表紙にはピカソが絵を描いている[69]。イギリス人医師イヴォンヌ・クロードはノース・ストーンハムキャンプについての記録を残している[70]。1937 年にロンドンで出版されたこの本には、親が子供たちに送った手紙、子供たちの健康診断をした医師の報告、クロードによるキャンプの様子が書かれ、写真家エディス・チューダー・ハートによるキャンプの写真も掲載されている。この本も資金集めの目的で出版された。

　戦争の恐怖や空腹や貧しさからは脱出できても、家族と離ればなれになっている寂しさから逃れられるわけではなかった。兄弟姉妹でイギリスに渡ったケースが多いが、それでも、兄弟姉妹が全員一緒に渡航したわけではないし、両親、祖父母などとは離れていた。いきなり、異国に送られて戸惑うことも多かった。食べ物も習慣も違う。子供たちがまず直面した問題は言葉だった。英語ができないために苦労したことも多かったという。

第8章　スペイン内戦と子供たち　235

　ノース・ストーンハムキャンプは一時的な滞在場所だった。子供たちの健康状態のチェックが済み、受け入れ先が見つかると、子供たちはイギリス国内の各地に設置された様々な形態の場所へと引き取られていった。最後の子供がキャンプを出たのは、1937年10月である。

　その後の子供たちの滞在場所のすべてがわかっているわけではないが、ノース・ストーンハムのキャンプから、イギリス各地の施設へと引き取られていった。「バスク・チルドレン」の行き先には4つの種類があった。救世軍が400名の子供たちを引き取った[71]。また、カトリック関係の学校や修道院がバスク国民党を支持する両親の子供を中心に1,200名を引き取った。3つ目に、それぞれの地域で結成された組織が運営するコロニーがあった。4番目に、NJCSRの資金により運営された場所があった。それは篤志家が提供した大邸宅のこともあれば、収容所のような建物の場合もあった。子供たちの行き先は、イギリス全土で100ケ所以上に及んだ。大部分がイングランドであったが、ウェールズにも4ケ所、スコットランドにも1ケ所あった。インタビューや残されている記録を見るかぎり、よい面ばかりが語られているが、実際にはそうではなかったであろうことは予想できる。行き先によって、生活状況は様々だった。

　子供たちをイギリス人家庭に滞在させようという計画もあったが、バスク自治政府からの要請で、子供たちが「バスク人としてのアイデンティティ」を持ち続けられるようにと集団での滞在がアレンジされた[72]。しかし、実際には「バスク人」ではない子供たちもたくさんいた。バスクは重工業地帯で産業の発展した地域だったゆえに、スペインの他地域からバスクに移住してきた人もいたし、内戦勃発後に、反乱軍支配地域になった場所からビルバオに避難してきた人たちもいた。イギリス人医師クロードによると、彼女の予想に反して、子供たちの大半はバスク語ではなく、スペイン語を話していたという[73]。バスク語が独特であるように、バスクの姓も独特である。スペイン人の姓は父親の姓と母親の姓を組み合わせて作るので、姓からバスク人なのかそうでないのかは判別できる。名簿を見るかぎり、バスク人以外の子供たちもかなりいたと言える。

　イギリス中のコロニーに送られた子供たちのうち、ラッキーだったと語るのはウェールズのカーリアン（Caerloen）のカンブリア・ハウスに行った55名の子供たちである。カンブリア・ハウスでの生活は、1937年7月に始まった。

ここでは、マリア・フェルナンデスというカーディフ在住のバスク人女性が子供たちの面倒を見た。マリアは当初、通訳として子供たちを助けていたが、その後、舎監として寮を仕切った。子供たちにスペイン料理を作り、教育レベルが保たれるようにも尽力した。スペイン語と文学の専門の教師による授業もあり、教育レベルも高かった。年に3回、5月、8月とクリスマスには、子供たちは寮を出て、一般家庭で時間を過ごす機会もあった。他の多くのコロニーが資金不足になって閉鎖される中、資金不足に陥ることもなく、運営に必要な資金は協力者からの定期的な資金援助と、様々な活動による収入とでまかなうことができた[74]。彼らを最後までサポートしたのは、ウェールズの炭坑労働者たちだった。炭鉱地帯のバスクからの子供たちを、ウェールズの炭坑労働者たちが温かく支えた。

　彼らは、1938年の11月から1年間、月刊誌「ザ・カンブリア・ハウス（*The Cambria House*）」を発行していた[75]。運営資金稼ぎのための出版だったが、自分たちの活動を宣伝する目的もあり、スペイン語と英語の2ケ国語で出版されていた。子供たちは当初、スペイン語で執筆し、それを英語に翻訳することが多かったが、次第に英語でも執筆できるようになっていった。バスクと同様に固有の言語を持つ地域であるウェールズへの連帯を示すためにウェールズ語の文章がいくつか加えられた。日常生活、サッカー、戦争のトラウマ、別れの辛さ、お祭り、バスクの風習の紹介などの記事が執筆され、毎号約4,000部が発行されていた。美術を勉強している学生がイラストを描いた。フランスに亡命している彼らの家族からの投稿もあった[76]。戦闘がおさまると子供たちは徐々にスペインに帰国していった。39年の11月には、25名の子供たちが帰国した。その際に子供たちは以下のように書いている。「両親のところへ帰れるのは嬉しい。しかし、2年間も兄弟姉妹のように一緒に過ごした仲間と離れるのは寂しい。遠くに行ってしまうけど、イギリスに残る友人たちのことは忘れない。さようなら。そしてこんなに尽くしてくれてありがとう[77]」。

　「バスク・チルドレン」が後年活字や映像で残っているインタビューで語っているのは、おおむねよい経験である。現在、残された記録で得られる状況と、実態とでは乖離があることは十分に考えられる。すべての子供が良い思い出を持って帰ったとは限らない。渡航時の年齢によっても違いがあることは容易に

第 8 章　スペイン内戦と子供たち　237

想像できる。幼い年齢で渡航した子供と、14～15歳になってから渡航した少年少女とでは印象が異なるだろう。どこで生活を送ったかによっても、経験は様々である。修道院に収容された子供たちには厳しい規則が課せられた。「11歳の時からスペイン語を話すことが許されなかった。私はどんな会話をすることも許されなかった。何も。(スペイン語を話すと)私たちは打たれたのです。」(78)

　幼い子供でひとりで来ている場合には、大変だった。ある程度の年齢の子供は、それ以前からの知り合いであろうが、そうでなかろうが、すぐ仲間をみつけたが、幼児の場合にはそうはいかなかった。ホームシックや精神的に不安定になる子供もいた(79)。しかし、そういった問題は多くの場合、時間が解決した。

　熱心なカトリックの多かったバスク・ナショナリスト党を支持する家庭の子供たちには、キャンプを出て、どこかの施設に引き取られる際にちょっとした問題が生じた。なぜなら、カトリックの施設は男女別で、そうなると兄弟姉妹が散り散りになってしまうからだった(80)。したがって、事前に両親から特別の申し出がない限り、熱心なカトリックではないことにするというようなアレンジもなされた(81)。

　ロンドン近郊のセイドン・ボア(Theydon Bois)にあったレア・マニングの邸宅には25名の子供たちが引き取られた。マニングの邸宅に住むことになったビセンテ・ロメーロによると、マニングの家は美しい家々が並ぶ邸宅街にあったという。英語の先生が同居し、授業を行い、時には近くのゴルフ場に行ってサッカーをすることもあった。近郊への遠足も行われた。週末になると、労働党のボランティアがロンドンから来て、子供たちをロンドンに連れて行ってくれたという(82)。マニングの家に引き取られたビセンテたちは幸運だったと言えるだろう。

　どこかのコロニーから引き取りの申し出があると、行く意思がある子供たちが募集され、集められて行った。子供たちは行く先がどんな場所なのか、そこでどんな生活が待っているのかを知らずに、手を挙げていたという(83)。ノース・ストーンハムのキャンプから、どこかに行き先が決まっても、どこかに長く滞在した子供は少なく、大抵の場合、何ケ所かの寮や邸宅、個人の家庭などを転々とすることが多かった。資金不足により、閉鎖されるコロニーもあった。その過程でいろいろな出会いや別れがあった。一緒に疎開した兄弟姉妹がバラ

バラにされてしまうことも多かった。「バスク・チルドレン」が滞在した場所は、まだ、すべてが明らかになっているわけではないが、これまでに約100ケ所が判明している[84]。BC37ではホームページ上や頻繁に開催している様々な催しで情報提供を呼びかけており、今後、さらにいくつかのコロニーの場所が確認されると思われる。

6. スペインへの帰国

多くの子供たちが、数ヶ月もすれば、故郷に戻るつもりだった。両親たちもそう思っていた。イギリス以外の国に疎開した子供たちも、子供を送り出した親もそう思っていた。スペイン内戦が始まった時にも、人々は戦争がそんなに長期化するとは思っていなかった。内戦が勃発した1936年7月、多くの子供はちょっとした夏の冒険が始まったと考えた。しかし、内戦は長引き、2年9ヶ月後、フランコが率いる反乱軍の勝利に終わった。共和国側を支持していた子供たちの親の中には、投獄される人、死亡する人もいた。フランコ体制下のスペインから逃れて外国に亡命した人たちもいた。何度かにわたって子供たちの帰国が計画され、大部分の子供は帰国したが、ほんの数ヶ月のつもりの疎開生活が一生に及んだ子供たちもいた。

1937年6月にビルバオが陥落すると、「バスク・チルドレン」をスペインに戻そうという声が、主として、反乱軍側を支持する人たちからあがった。イギリスのカトリック系新聞では、ビルバオの陥落直後から、子供の帰国を進めようという記事が掲載されるようになった。スペイン北部すべてが反乱軍側の支配下になり、爆撃の心配はなくなったし、食糧事情も改善したという理由である。

「バスク・チルドレン」は時機を見て、何度かのタイミングでスペインに帰国した。彼らの帰国はイギリスとの約束でもあったし、ビルバオが陥落し、バスク地方が反乱軍側の占領地域となってからは、反乱軍政府から子供の帰国について要請があった。強制的に子供の帰国を要請する手紙に署名させられることも少なくなかったという。そのなかには、読み書きのできない親たちも含ま

れていた[85]。

　イギリス政府からも、子供の帰国を促す見解が示された。外相イーデンは
NJCSR にあてた 1937 年 7 月 27 日付の手紙で、北部が陥落しビルバオは安全
になったので子供の帰国が可能になった、両親たちがビルバオにいて、反乱軍
側からの何らかの報復措置が予想されるのでなければ、子供たちは戻ったほう
がよい、と述べている[86]。

　BCC は「バスク・チルドレン」の帰国に慎重に取り組んだ。それぞれの子
供の両親の状況について詳細に調べたうえで、帰国させるかどうかの判断をし
た。北部陥落後、子供たちは徐々に帰国したが、1938 年 2 月の時点でも 2,500
名の子供がイギリスにいた。内戦終結後数ヶ月経った 1939 年 10 月でも 1,054
名の子供がイギリスに残っていたが、そのうち、BCC が帰国可能と判断した
のは 477 名である。両親のいずれかがスペインにいることが確認できた場合と、
両親が死亡している場合、片親が死亡し、もう片親が行方不明の場合だった。
イギリスに残るべきと判断された子供たちは 577 名。両親、もしくは片親が外
国に滞在している場合、両親もしくは片親が投獄されている場合だった。つま
り、スペインに帰国すると、何らかの報復措置が懸念された場合には、帰国は
適当ではないと判断された[87]。大多数が共和国側を支持した家庭の子供たちで、
バスクを含む北部が反乱軍側地域になった以上、子供たちの家族がどのような
状況で生活しているか、わからなかった。フランスなど他国へ脱出していた家
族もいた。親が投獄されたり、殺されたりした子供たちもいる。そこで、BCC
では家族の状況を調査し、帰国が可能と判明した場合にのみ、帰国を許可した。

　親の側でも、すべての親が子供の帰国を望んだわけではなく、イギリスに残
るようにと望んだ両親もいた。たとえ家族と再会ができたにしても、大多数が
共和国側を支持していた家庭の子供たちが、フランコ体制下のスペインに戻っ
て幸せだったのかという疑問の余地は残る。家族との再会よりも、イギリスに
残ることを決断した子供もいた。14 歳以上の場合には、自らの意思で残るこ
とを決めることができた。そして多くが残ることを選んだ[88]。子供との手紙の
やり取りのなかで、何らかの方法で子供に帰国しないようにと伝える親もいた。
手紙は検閲されることも多かったので、慎重な表現が選ばれた。暗に戻ってこ
ないようにと書いたり、実際には存在しない祖父母や兄弟の名前をあげて何か

伝えることもあった[89]。また、面倒を見ていたセニョリータスがどのように振る舞うべきかのアドバイスを与えていた場合もある[90]。

第二次大戦開戦後、1941年11月時点でイギリスに残っていたのは、416名である[91]。「バスク・チルドレン」の戸惑いは以下のような言葉に表れている。「私たちはどんなスペインに戻るのか、よくわからなかったのです。ですが、ここイギリスにいても、どうなるか、わかりませんでした。もう、戦争が始まっていたからです」[92]。開戦のために、帰国の意思がありながら、帰国できなかった子供たちはイギリスに残ったが、大戦後、スペインに戻る子供もいれば、家族の亡命先であるフランスや南米に行く子供たちもいた。

第二次大戦終戦後、1948年にイギリスに残っていたのは約250名である。イギリスに残った理由は様々である。受け入れる家族が死亡したり、亡命先にいたりという場合もあり、また、自身の意思で残った場合もある。16歳以上の子供の場合には、フランコ体制下のスペインへの帰国は、政治責任法の適用の危険性も孕んでいたため、慎重にならざるを得なかった[93]。子供たちに同伴した教師や助手、聖職者についても同様である。政治責任法とは、フランコ体制下の1939年2月に公布された法律で、1934年のアストゥリアス革命から内戦にいたるまで、スペインでの騒乱を巻き起こし、国民運動（反乱軍側の唯一の翼賛政党。ファランへ党）に反対したすべての政党、人々に対して、その責任を問うという法律である。

イギリスに住居を定めながら、一時的に家族に会いに行く場合もあった。しかし、フランコ時代、彼らに発給されていた国連からの旅行証では、スペインへの入国はできなかった[94]。そのため、スペイン国境に近いフランスのサン・ジャン・デ・ルスで家族と会うことも多かったという。1960年代頃になってスペイン政府からパスポートが発行されたものの、4週間以内の滞在という制限がついていた[95]。

7. 結びにかえて：記憶を残す　BC37の活動

スペイン内戦でのフランコ率いる反乱軍側の勝利が濃厚になると、多くのス

ペイン人が国境を越えた。今回のような子供だけの疎開と家族ぐるみの疎開では大きく異なる点があった。まず、第一に、政治的信条による亡命というより、戦火を逃れるための一時的な避難という色合いが強かったことである。様々な信条の家庭の子供がいたにしても、「バスク・チルドレン」の9割以上は帰国している。さらに、こうした子供たちは「スペイン（国家）」の子供としてとらえられることもあった。内戦終了後、フランコ政権は「スペイン」の子供たちの帰国を要求した。親を失った子供たちを劣悪な環境の孤児院や、フランコ派の家庭に引き取り、彼らにとっての「正しい」価値観に再教育し、「正しい」スペイン人を作りあげようとした。

　後年様々なプロジェクトや集会で「バスク・チルドレン」が口々に語るのは、イギリスの市井の人々への尊敬と感謝の気持ちである。戦火から逃れてきた彼らを温かく迎え、支え、育み、優しく見守ったのはイギリスの人々であった。イギリス政府は不干渉という政策のため、子供たちを援助することはできなかったが、多くのイギリスの市井の人々が子供たちを支えた。

　2002 年には the Basque Children of '37 the Association UK が結成された。創設したのは、1937 年に「バスク・チルドレン」とともに渡英した教師の娘のナタリア・ベンジャミン（Natalia Benjamin）と、渡英した少女の息子、マヌエル・モレーノ（Manuel Moreno）である。「バスク・チルドレン」について研究をしていたこの二人は、史料の散逸を危惧し、組織を結成した。彼らが組織を結成したもう一つの大きな理由は、生存している「バスク・チルドレン」に再会の機会を提供し、彼らの声を残しておくことだった。2007 年疎開 70 周年のプロジェクトとして、「バスク・チルドレン」の声を集めた書籍[96]が出版された。ベンジャミンが編者となった同書は英語とスペイン語の 2 ケ国語で構成され、中間にはキャンプやコロニーでの写真が掲載されている。英語で執筆された原稿には、スペイン語訳が、スペイン語の原稿には英語訳が付けられている。イギリスでの生活の後、英語、スペイン語どちらの言語を日常的に使用するようになったかの分析にも利用できる。イギリスに残った子供たちだけでなく、スペインに帰国した子供たちの話も集めている。「バスク・チルドレン」だけではなく、彼らの子供、孫世代による聞き書きも収められている。

　疎開から 75 周年の 2012 年、80 周年にあたる 2017 年には、各地で展覧会、

[写真4] サウサンプトンの記念プレート

「バスク・チルドレン」を招いての講演会や、映画上映会などが実施された。すでに述べたように、疎開80周年を記念して、BC37のホームページにはハバナ号の乗船者名簿が掲載された[97]。

「バスク・チルドレン」が到着したサウサンプトンでは、サウサンプトン大学が中心になって、研究プロジェクトが立ち上げられた[98]。また、疎開の経験を経た子供のアイデンティティの形成の分析を行った研究もある[99]。

BC37は「バスク・チルドレン」ゆかりの各地にブループラーク（記念プレート）の設置を進めている。2003年から2017年までに、イギリス国内9ヶ所にブループラークが設置された。サウサンプトンに70周年記念の2007年に設置されたブループラークには「スペイン内戦中のゲルニカの破壊後、1937年5月にスペインのバスク地方からハバナ号に乗ってやってきた4,000名の子供の避難民を記念して、そして、彼らの面倒を見たサウサンプトンとイギリスの人々に感謝するために」とある。上部にはゲルニカのシンボルの樫の木、下部には子供たちが乗船してきたハバナ号が描かれている。

スペイン側では、出港地のサントゥルツィ港のクレーンの土台の六角形のモザイクがバスク・チルドレンを記念したものになっている。2006年にそれ以前のものを（従来のものがいつ作製されたかは不明）改修して、新しいモザイク作品となった[100]。2003年12月13日、ビルバオにはレア・マニングの名前を冠した広場ができた。フランコ独裁と関連した広場や通りの名前等を廃止するという「歴史の記憶法」[101]との関連で、2016年3月、サントゥルツィには「ハバナ号通り（バスク語名 Habana ontzia kalea/スペイン語名 Calle Vapor Habana）」が新たに誕生した。

イギリスはバスク人に強い親近感を持っていた。新聞の見出しなどを見ても、「スペイン」の子供ではなく、「バスク」の子供を受け入れるのだということが

第8章　スペイン内戦と子供たち　243

何度も書かれている。従来から行き来があり、地理的にもスペインのなかでは最も近いということもある。前述したように、第一次大戦下でバスクの船がイギリスへの物資補給に一役買ったということもある。

　スペインの中でも、バスクはスペイン人というよりも、バスク人という意識の高い地域である。バスク語はいまだに起源が不明のまったく別の言語である。バスクの人たちは，歴史を通じて独自の言語、文化を守ってきた。「バスク・チルドレン」たちは自分たちのアイデンティティを巡って思い悩むことになる。それは、彼ら自身だけでなく、その子供、孫たちも同様である。自分がいったい何者なのかという問題である。バスク人なのか、スペイン人なのか、イギリス人なのか。そうしたアイデンティティの喪失に悩む声はインタビュー等で多く語られている。

　家庭によって、こうした経験の伝え方も異なっている。家庭内で何語を使っていたのかも異なっている。「バスク・チルドレン」の一人はこう語る。「私たちの2人の息子はスペイン語を完璧に話します。夫はスペインに関するものだったら何でも好きでした。私たちは息子たちにスペイン語で話をしたのです。家ではルールがありました。家ではスペイン語をわからない人が家に来た場合を除いて、スペイン語で話すということでした。」(102)

　「バスク・チルドレン」の家庭に生まれ、アイデンティティの模索をする子供たちが組織を作り、研究をし、組織の活動を支えてきた。高齢になった「バスク・チルドレン」の記憶を記録するという試みが各地で行われている。BC 37 では各地で講演会や展示を催している。研究者への資料提供などのサポートも積極的に行っている。

　多くの「バスク・チルドレン」は、戦火から自分たちを救い出し、大きな愛情を持って受け止めてくれたイギリスの人々に大きな感謝の念を抱いている。彼らが戦争の犠牲者となったすべての子供たちではない。彼らと同じように親元を離れて、疎開した子供たちは他にもたくさんいた。スペインを離れたのは、子供たちだけではない。多くの大人も、スペインを後にした。その後、帰国した人もいれば、ずっと亡命先で暮らし続けた人もいる。

　70周年の記念イベントが、2007年5月にサウサンプトンで開催された。イギリスのみならず、スペインや中南米からも「バスク・チルドレン」が一堂に

244

会した。ドキュメンタリー映画『ゲルニカ・チルドレン（*The Guernica Children*)』がスペイン語、英語両言語で上映され、バスクのダンスが披露されるなかで、集会が開かれた。スペイン大使、『たった3ケ月』の著者アドリアン・ベル、サウサンプトン市長、イーストリー市長らがスピーチをした。「バスク・チルドレン」にとっては、（おそらくは最初で最後の）再会の場であったとともに、同席していた彼らの子供孫の世代にまで、体験を受け継いでいくきっかけとなった[103]。

　75周年、80周年のイベントも行われ、「バスク・チルドレン」の体験を受け継いでいくという目的は達成されつつあると言える。「バスク・チルドレン」の生きた人生は、スペイン内戦という時代にバスクにいた4,000名の子供たちの体験であるが、彼らのように戦火を逃れて故郷を去らなければいけない子供たちは現在の世の中にもたくさんいる。これは歴史上の出来事ではあるが、現在も進行中の災害なのである。

注

(1) スペイン語での読み方はアバーナであるが，本稿ではハバナと表記する。

(2) このテーマについて、先駆的な研究は、Dorothy Legarreta, *The Guernica Generation : Basque Refugee Children and the Spanish Civil War*, Reno, Univ. of Nevada, 1984. Jim Fyrth, *The Signal was Spain : Brtitish Aid to Spain*, London, Lawrence & Wishart, 1984. であるが、いずれも「バスク・チルドレン」についての言及はその一部にとどまる。本テーマについての最初の著作は Adrian Bell, *Only for three months*, Norwich, Mousehold Press, 1996. である。同書には政治的背景の説明及び当事者の子供たち、同行した教師たちへのインタビューも掲載されている。アリエンが執筆した Gregorio Arrien, *¡Salvad a Los Niños : Historia del Exilio Vasco en la Gran Bretaña*, Fundación Sabino Arana, 2014. は、彼らについて網羅的に扱っている。800ページを超える労作で、子供たちの名簿、当時の写真、様々な報告書なども掲載された著作となっている。子供たちだけでなく、一緒に渡航した教師や聖職者たちについても言及している。

(3) Tony Kushner & Katharine Knox, *Refugees in an Age of Genocide. Global, National and Local Perspective during the Twentieth Century*, London, Routledge, 1990, pp.103-125.

(4) 自治州憲章に定められたバスクの地理的範囲はギプスコア、アラバ、ビスカヤの3県だったが、当時のバスク自治州政府の統治の範囲は、ビスカヤ県とギプスコアのごく一部に限

られていたという。立石博高、中塚次郎、関哲行『体系世界史　スペイン 2』山川出版社、2008 年、p. 372.

(5) Alicia Alted Vigil, "Los niños de la Guerra Civil", *Anales de Historia Contemporánea*, vol.19, 2003, p.52.

(6) スイスへの避難者数については、432 名という数字もある。アルテドによる引用。Sébastien Farré, "Exilés et internés espagnols en Suisse : les relations bilatérales hispano-suisses *1936-1946*" in Mario Cerutti, et al, *La Suisse et l'Espagne de la République a Franco（1936-1946）*, Lausanne, Antipodes, 2001, pp.110-112. での指摘。Alted vigil, *op.cit.*,p.52.

(7) この点については Susana Sabín Fernández, "Forbidden Heaven to Basque Refugee Children", *AEMI Journal*, Vol.13/14, Association of European Immigration Institutions, 2016, pp.47-69. を参照。

(8) Alted Vigil, *op.cit.*, p.54.

(9) ラーフェンスブリュックのスペイン人収容者については拙稿「ラーフェンスブリュック強制収容所のスペイン人女性亡命者」『人文科学年報』44 号、専修大学人文科学研究所、2014 年を参照。

(10) Verónica Sierra, *Palabras huérfanas : Los niños y la Guerra Civil*, Madrid, Taurus, 2009, p.64.

(11) Legarreta, *op.cit.*

(12) http : //www.basquechildren.org/reference/passengers　2017 年 11 月 23 日最終アクセス

(13) Adrian Bell, *Solo serán tres meses : Los niños vascos refugiados en el exilio*, Barcelona, Plataforma editorial, 2011.

(14) Alted Vigil, *op.cit.*, p.54.

(15) *Ibid.*, p.53.

(16) テレサ・パミエス『子供たちのスペイン戦争』彩流社、1986 年、p. 91.

(17) 日本語訳も出版されている。ルイス・デ・カストレサナ、狩野美智子訳『もう一つのゲルニカの木』平凡社、1991 年。

(18) 参加国は、アルバニア、ドイツ、オーストリア、ベルギー，ブルガリア、チェコスロヴァキア、デンマーク、エストニア、フィンランド、フランス、ギリシア、ハンガリー、アイルランド、イタリア、ラトビア、リトアニア、ルクセンブルク、ノルウェー、オランダ、ポーランド，ポルトガル、イギリス、ルーマニア、スウェーデン、トルコ、ソ連、ユーゴスラビアの 27 ケ国である。

(19) ドイツ、イタリア、ポルトガルの 3 ヶ国は反乱軍側を援助し続けた。

(20) Anthony Eden, *Eden memoires : Facing the dictators*, s.l. Cassells, 1962. p.412.

(21) Cocks, F. Seymour（Frederick Seymour）, *The visit of an all-party group of Members of*

Parliament to Spain : report, 1936, p.1.

(22) *Ibid*, pp. 4–5.

(23) マニングは 1931 年 2 月から 10 月まではロンドンのイズリントン（Islington）選出の、1945 年 7 月から 1950 年 2 月まではエッピング（Epping）選出の労働党議員を務めた。

(24) 1934 年のアストゥリアス革命時にスペインを訪問し、その時の体験を発表している。Leah Manning, *What I saw in Spain*, London, VictorGollancz, 1935.

(25) カタルーニャの自治州政府（ジャナラリタット）は 1931 年に成立し、自治州憲章は 1932 年 9 月に承認されていた。

(26) シエラによる引用。*"Comunicación de la Embajada de España en París de las declaraciones del lendakari Aguirre."* legajo 11.242. Archivo General de la Administración de Alcalá de Henares , Ministerio de Asuntos Exteriores, Sierra, *op cit.*, p.71.

(27) Nicolas Rankin, "G.L. Steer and the Basque Children in 1937", 2011 年 10 月 15 日 BK37 の年次レクチャー講演原稿．p. 8. http : //www.basquechildren.org/-/docs/articles/lecture 2011　2017 年 11 月 14 日最終アクセス。

(28) "To the Editor of the Times", *The Times*, London, 1-May-1937.

(29) Richard Graves, "Dr. Richard Ellis（1902–1966), Dr. Audrey Eva Ellis（née Russel）(1902 –1975)" *Leicestershire Historian*, 2017, pp.21–22. エリスとラッセルは 1941 年に結婚した。

(30) *Ibid.*, p.23.

(31) Cloud による *The Lancet*, 29–May–1937, p.1303 からの引用、Yvonne Cloud, *The Basque Children in Great Britain*, London, Victor Gollancz, 1937, p.31.

(32) Leah Manning, *A Life for Education : An autobiography, s.l.Victor Gollancz, 1970*, p.125.

(33) *Ibid.*, p.125.

(34) マニングの回想録では、このアレンジがいかに困難を極めたかが語られている。*Ibid.*, pp.125–130. 一方で、マニングが回想録で語っている交渉について疑問も呈されている。James Cable, *The Royal Navy and the siege of Bilbao*, Cambridge University Press, 1979, pp.106–107.

(35) Ted Martin, "Leah Manning and the Basque children in Theydon Bois", *Newsletter*, No.191, Loughton and District Historical Society, March/April, 2009, p.2.

(36) Fyrth, *op cit.*, p.221.

(37) 登録者はレガレタによると 20,000 名、フィルスは 10,000 名程度だったという。Legarreta, *op.cit.*, p.104, Fyrth, *op.cit.*, p.221.

(38) Fyrth, *op.cit.*, pp. 221–222.

(39) Bell, 2011 p81.

(40) Natalia Benjamin（ed.), *Recuerdos : The Basque Children Refugees in Great Britain*, Oxford, Mousehold Press, 2007, p. 3.

第 8 章　スペイン内戦と子供たち　247

(41) バスク語での地名。スペイン語名はサントゥルセ Santurce.

(42) Cloud, *op.cit.*, p. 38.

(43) Manning, 1970 *op.cit.*, p.128.

(44) Arrien, *op.cit.*, pp. 711–803.

(45) https : //www.basquechildren.org/reference/passengers　2017 年 12 月 10 日最終アクセス。

(46) 渡航しなかった子供の数はレガレタのあげている 263 名である。しかし、この数字の論拠は不明である。Legarreta, *op.cit.*, p. 106. この数字の論拠が明らかにならないかぎり、正確な渡航者数は判明しない。

(47) アリエンが指摘するように、最終的に渡航した子供の数については、資料によって若干の相違がある。Arrien, *op.cit.*, p. 134.

(48) シエラによる引用。Domingo Eizagauirre (comp), *Corazón de cartón*, Bilbao, Egi-Bizkaia, Fundación Sabino Arana, 1999, p.39. in Sierra, *op.cit.*, p.68.

(49) Cloud, *op.cit.*

(50) 現存し、ビスカヤ橋として知られている橋である。つり下げられたゴンドラで人や車を運ぶ世界遺産にもなっている橋である。

(51) Cloud, *op.cit.*, p. 13.

(52) *Ibid,* p. 16.

(53) Arrien, *op.cit.*, p. 134. なお、この数字はアリエンのあげる数字、3, 861 名に基づくので、合計数は先にあげた 3, 889 名とは異なる。

(54) "Letter from Dr. Richard Ellis", *The Manchester Guardian*, 19-May-1937 に掲載された手紙、レガレタによる引用。Legarreta, *op.cit.*, p. 105.

(55) Arrien, *op.cit.*, p.135.

(56) Legarreta, *op.cit.*, p.108.

(57) Alicia Pozo-Guitiérrez, Padmini Broomfield, *Here, Look After him Voices of Basque Evacuee Children of the Spanish Civil War*, Southampton, University of Southampton, 2012. pp.54–55.

(58) Agustina Pérez San José の証言、Benjamin (ed.), *Recuerdos*, p.127.

(59) ストーンハムという記述も散見されるが、ストーンハムという地名は別にもあるので、今回は正確を期すためにノース・ストーンハムと表記する。

(60) "Care of Spanish War Victims", *The Times*, ,14-May-1937. p.14.

(61) NJCSR, *Minutes of the Committee for the Evacuation of Basque Children*, , May, 1937, p.2.

(62) Cloud, *op.cit.*, p.37.

(63) Natalia Benjamin, *The Basque Children in Great Britain*, Papers of the Basque Children of '39 Association UK MS404 4/2 p.6.

（64）*Ibid.*, pp.7–8.

（65）Steve Bowles, *Guernica Children*（DVD）, Eye Witness Producation, 2007 でのエリック・ホーキンスの証言。ホーキンスはケンブリッジ大学でスペイン文学を専攻し、通訳としてキャンプを手伝った。

（66）Cloud, *op.cit.*, p.29.

（67）*Ibid.*, p.29.

（68）*Ibid.*, p.30.

（69）ピカソの描いた表紙は次の URL から見る事ができる。https : //www.royalalberthall. com/about-the-hall/our-history/explore-our-history/time-machine/1930s/　2017 年 11 月 20 日最終アクセス。

（70）Cloud, *op cit*.

（71）ロンドンの Clapton Congress Hall に引き取られた。

（72）Fyrth, *op.cit.*, p.222.

（73）Cloud, *op.cit.*, p.38.

（74）Hywell M. Davies, *Fleeging Franco : how Wales gave shelter to refugee children from Basque Country during the Spanish Civil War*, Cardiff, University of Wales Press, 2011, p.60.

（75）*Cambria House* 誌の一部の記事は以下の URL から参照可能である。http : //www.caer-leon.net/cambria/basque/　2017 年 11 月 25 日最終アクセス。

（76）Davies, *op.cit.*, p.59.

（77）*Cambria House Journal*, June 1939.

（78）Juanita の証言 Pozo-Gutiérrez, Broomfield, *op.cit.*, p.176.

（79）Cloud, *op.cit.*, p.35.

（80）*Ibid.*, *op.cit.* p36

（81）*Ibid.*, *op.cit.*, p.36

（82）Ted Martin, "Leah Manning and the Basque Children in Theydon Bois", *LHS News* 181, pp.2–3.

（83）Bell, 2011. p.130.

（84）リストは BC37 のホームページ上に掲載されている。明らかになっている場所が 98 ケ所。その他に事例証拠が 8 ケ所。http : //www.basquechildren.org/colonies/directory　2017 年 11 月 7 日最終アクセス。

（85）読み書きができるかどうかは、自分で署名できるか否かで判断されていた。

（86）*Letter from Foreign Office（Antony Eden）to W. Roberts M.P*, National Joint Committee-Basque Children's Committee（transcripts and notes given by R. Thackrah to Prof. R.M. Nadal）Box 2 File B/2, Marx Memorial Library 所蔵。

（87）*Analysis showing Total Number of Basque Children in England With Full Particulars of*

Their Parent's Circumstances, Basque Children's Committee, Correspondence, 1938–1948, Ref. 292/946/38/74 (1), Archives of the Trades Union Congress.

(88) Legarreta, *op.cit.*, p.252.

(89) Luis や María の例。Bell, 2011, pp.36–37.

(90) Helvetica の証言。*Ibid.*, p.44.

(91) National Joint Committee for Spanish Relief, *Report*, Nov, 1941, p.8.

(92) 兄弟とともにイギリスに渡っていた Helvetica の証言。Bell, 2011, p.45.

(93) こうした懸念は BCC とイギリスの国会議員との間で行われた会談でも表明されている。*Record of Interview between Mr. R.A. Butler M/P and Members of the BCC 28, Sept, 1939.* National Joint Committee-Basque Children's Committee (transcripts and notes given by R. Thackrah to Prof. R.M. Nadal) Box B-2, B/5, Marx Memorial Library.

(94) 何年まで入国ができなかったのかについては不明であるが、1960 年頃までにはスペインからのパスポートが発券されていたという。Herminio Martínez Verguizas, in Benjamin (ed.), *op.cit.*, p.110.

(95) *Ibid*, p.110

(96) *Ibid, op.cit.*

(97) http://www.basquechildren.org/reference/passengers　2017 年 12 月 10 日最終アクセス

(98) Pozo-Gutiérrez, Broomfield, *op.cit.*

(99) Susana Sabín-Fernández, *The Basque Refugee Children of the Spanish Civil War in the UK: Memory and Memorisation*, University of Southampton, Faculty of Law, Arts and Social Sciences, School of Humanities, PhD Thesis, 2010. 著者の母親も叔母も「バスク・チルドレン」だった。

(100) https://garciadeiturrospe.wordpress.com/page/26/?app-download=ios 最終アクセス 2017 年 11 月 7 日

(101) 2007 年にスペインで成立した法律で正式名は「内戦及び独裁の間迫害あるいは暴力に苦しんだ人々のため、権利を認知及び拡張し措置を求める法律」

(102) Josefina Savery の証言。Pozo-Gutiérrez , Broomfield, *op.cit.*, p.176.

(103) *Ibid*, pp.173–4.

本稿は 2015 年度専修大学長期国内研究員　『戦争の「記憶」を巡る国際比較』の成果の一部である。

おわりに

　専修大学人文科学研究所の運営委員会は、創立 50 周年を記念する事業の一環として、創立 40 周年に引き続き、所員の研究成果を土台としたものを社会に対して発信していこうということになった。これについて協議した結果、人文科学研究所としては、『災害　その記録と記憶』と題した単行本を出版することにした。

　戦争を始めとする人災、地震などが含まれる天災を、私たちはこの 10 年の間に経験することになったが、それを社会科学や自然科学という直接に問題するような（あるいは、できるような）学問領域ではなく、人文科学という、一見してそのような問題を取り扱うには遠いように見える学問領域でどのように取り扱われてきたか、あるいはどのように考えていくべきか、を問題にしたいと考えた。この趣旨のもとに所員に広く研究成果を募集した結果がこの本の具体的な内容である。これについては、現在人文科学研究所の事務局長を務めている田中正敬所員が手際よく解説を行っている。冒頭に置かれたその文章を見ていただければ幸いである。

　これは本研究所の活動の一環と位置づけられる。私たちは、これをもとに既に一般人向けの公開講演会を行っているが、さらにこうした出版を契機として、「災害と人文科学」をテーマとした催しを進めて行きたいと考えている。

　最後になるが、この本の出版についてはいろいろな紆余曲折があった。しかしながら、大学当局の深い理解があり、その援助のもとに出版することができた。また、専修大学出版局の笹岡五郎氏には編集の過程で大変お世話になった。ここに御礼を述べて、謝意に代えたい。

　2018 年 2 月

専修大学人文科学研究所
所長　伊吹克己

252

●執筆者紹介（五十音順）

赤坂 郁美　（あかさか いくみ）　専修大学文学部准教授
専門：自然地理学（気候学）
著書・論文：「1881～1882年のマニラにおける気候特性に関する予備的解析」（共著、『専修自然科学紀要』48号、2017年）／『気候—変動し続ける地球環境（サイエンス・パレット30）』（共訳、丸善出版、2016年）／「フィリピンにおける19世紀後半から20世紀前半にかけての気象観測記録」（『専修大学人文科学研究所月報』273号、2014年）。

伊吹 克己　（いぶき かつみ）　専修大学文学部教授
専門：現代フランス思想・日本近代思想
著書・論文：「サルトルからラカンへ」（『精神分析と実存　実存思想論集XXXI』理想社、2016年）／『歌舞伎と存在論—折口信夫芸能論考』（専修大学出版局、2010年）／「アンガージュマンと美的なるものの行方—サルトルとアドルノ」（『理想』、665号、2000年）。

大矢根 淳　（おおやね じゅん）　専修大学人間科学部教授
専門：地域社会学・災害社会学・社会調査論
著書・論文：「震災復興とレジリエンス」（石原慎士他編著『産業復興の経営学』同友館、2017年）／「現場で組み上げられる再生のガバナンス—既定復興を乗り越える実践例から」、「小さな浜のレジリエンス—東日本大震災・牡鹿半島小渕浜の経験から」（清水展他編著『新しい人間、新しい社会—復興の物語を再創造する』京都大学学術出版会、2015年）／「生活再建・コミュニティ復興に寄り添う—長期にわたる社会学的被災地研究」（木村周平他編『災害フィールドワーク論』古今書院、2014年）。

砂山 充子　（すなやま みつこ）　専修大学経済学部教授
専門：スペイン史
著書・論文：「ラーフェンスブリュック強制収容所のスペイン人女性亡命者」（『人文科学年報』44号、専修大学人文科学研究所、2014年）／『世界歴史大系　スペイン史』（共著、山川出版社、2008年）／「戦争とジェンダー」（共著、『近代ヨーロッパの探求11　ジェンダー』ミネルヴァ書房、2008年）。

髙島 裕之　（たかしま ひろゆき）　専修大学文学部准教授
専門：考古学（陶瓷史・肥前磁器）
著書・論文：『有田焼のしごと—今右衛門窯・源右衛門窯窯業聞き取り調査報告書』（編著、専修大学陶磁文化研究室、2016年）／「元様式青花瓷はいつまで生産されたか」（佐々木達夫編『中国陶磁　元青花の研究』高志書院、2015年）／「日本染付磁器誕生—有田における磁器生産専業の道程」（同上書）。

田中 正敬　（たなか まさたか）　専修大学文学部教授
専門：朝鮮近現代史・日朝関係史
著書・論文：「近年の関東大震災関連叙述の問題点について」（『季論21』35号、2017年）／『地域に学ぶ関東大震災』（共編、日本経済評論社、2012年）／「関東大震災時の朝鮮人虐殺とその犠牲者をめぐって」（専修大学人文科学研究所編『移動と定住の文化誌』彩流社、2011年）。

永島 剛　（ながしま たけし）　専修大学経済学部教授
専門：社会経済史・医療史
著書・論文：『衛生と近代—ペスト流行にみる東アジアの統治・医療・社会』（共編著、法政大学出版局、2017年）／"Meiji Japan's encounter with the "English system" for the prevention of infectious disease", *The East Asian Journal of British History*, 5（2016年）／「19世紀末イギリスにおける保健行政」（『社会経済史学』68巻、2003年）。

堀江 洋文　（ほりえ ひろふみ）　専修大学経済学部教授
専門：西洋史
著書・論文：「エルトン史学の再評価」（『思想』1115号、2017年）／「ソ連共産党、コミンテルンとスペイン内戦」（『専修大学人文科学研究所月報』281号、2016年）／バージル・ホール著『ヨハネス・ア・ラスコ　1499–1560』（翻訳・解題、一麦出版社、2016年）／「宗教改革後のアイルランドとヨーロッパ」（『思想』1063号、2012年）。

湯浅 治久　（ゆあさ はるひさ）　専修大学文学部教授
専門：日本中世史
著書・論文：「中近世移行期における社会編成と諸階層」（『日本史研究』644号、2016年）／「惣村と土豪」（『岩波講座日本歴史　第9巻　中世4』（岩波書店、2015年）／『動乱の東国史3　蒙古合戦と鎌倉幕府の滅亡』（吉川弘文館、2012年）／『戦国仏教—中世社会と日蓮宗』（中公新書、2009年）／『中世東国の地域社会史』（岩田書院、2005年）。

災害　その記録と記憶

2018 年 3 月 30 日　第 1 版第 1 刷

編　者	専修大学人文科学研究所
代表者	伊吹克己
発行者	笹岡五郎
発行所	専修大学出版局

〒101-0051　東京都千代田区神田神保町 3-10-3
（株）専大センチュリー内
電話 03-3263-4230（代）

印刷
製本　株式会社加藤文明社

ⓒ Senshu University Institute of Humanities　2018　Printed in Japan
ISBN978-4-88125-327-4